AF748587

Une monnaie unique pour l'Afrique de l'Ouest

Collection « Études africaines »

dirigée par Denis Pryen et son équipe

Forte de plus de mille titres publiés à ce jour, la collection « Études africaines » fait peau neuve. Elle présentera toujours les essais généraux qui ont fait son succès, mais se déclinera désormais également par séries thématiques : droit, économie, politique, sociologie, etc.

Dernières parutions

Edwige KOUADIO, *Du fosterage à l'adoption plénière. L'adoption des enfants de la pouponnière d'Adjamé (Abidjan, Côte d'Ivoire)*, 2017.
Patrice MOUNDZA, *Le quotidien des artères urbaines du Congo*, 2017.
Jean-Emery ETOUGHE-EFE, *Les bars populaires de Libreville. Des construits de sociabilités*, 2017.
Guy MVELLE et Laurent ZANG (Dir.), *L'Union africaine quinze ans après, Tome 2*, 2017.
Guy MVELLE et Laurent ZANG (Dir.), *L'Union africaine quinze ans après, Tome 1*, 2017.
Joachim Emmanuel GOMA-THETHET, Marcel IPARI, Raymond Timothée MACKITHA, *Introduction à l'histoire et aux civilisations des peuples de la Lékoumou (Congo)*, 2017.
Alhousseini MOULOUL, *L'intégration économique et juridique en Afrique*, 2017.
Martial JEUGUE DOUNGUE, *La garantie des droits fondamentaux au Cameroun*, 2017.
Mamadou Billo BARRY, *Gouvernance et coopération internationale en éducation, Le cas de la Guinée*, 2017.
Christine THÉODORE, *Objets d'initiation. Rencontre avec un chasseur dozo. Échanges d'objets d'initiation et modifications des interactions*, 2017.
Pierre GIGUÈRE, *L'accès à l'habitat dans l'Afrique des villes. Un toit pour l'Afrique*, 2017.
Daniel MULENDA LOMENA EMAMBA, *La gestion de l'intégration des entreprises par la préservation des écosystèmes naturels*, 2017.
Christelle BELPORO, *La responsabilité des entreprises multina-tionales pour les violations des droits de l'homme en Afrique*, 2017.

Ferdinand BAKOUP

Daniel NDOYE

Une monnaie unique pour l'Afrique de l'Ouest

Pourquoi, comment et quand ?

Préface de Mohamed Ben Omar Ndiaye

L'Harmattan

Des mêmes auteurs

BAKOUP Ferdinand, *L'Afrique peut-elle gagner sa place dans la mondialisation ? Pour une politique économique systémique*, Paris, L'Harmattan, 2009.

BAKOUP Ferdinand, *Africa and Economic Policy : Developing a Framework for Policymakers*, London, Anthem Press, 2014.

© L'Harmattan, 2017
5-7, rue de l'Ecole-Polytechnique, 75005 Paris

http://www.editions-harmattan.fr

ISBN : 978-2-343-12456-8
EAN : 9782343124568

AVANT-PROPOS DES AUTEURS

La quête pour une intégration économique régionale forte et pour une monnaie unique, est un objectif de longue date des pays de la Communauté économique des États de l'Afrique de l'ouest (CEDEAO). L'intégration régionale est indispensable si l'Afrique veut réaliser pleinement son potentiel de croissance et profiter des avantages qu'offre un marché mondial de plus en plus interconnecté. Le Président du Groupe de la Banque africaine de développement, Akinwumi A. Adesina, affirmait récemment : « J'ai la conviction que nous devons intégrer l'Afrique - grandir ensemble, et nous développer ensemble. Notre destin commun est lié à l'enlèvement des barrières qui nous séparent[1]. » C'est fort de ce constat que la Banque africaine de développement fait de l'intégration de l'Afrique l'une de ses cinq hautes priorités pour la transformation du continent africain. Dans cette perspective, nous ne pouvons que saluer les initiatives en cours sur le continent, tant au niveau de l'Union africaine, qu'au niveau des communautés économiques régionales, pour renforcer le processus d'intégration économique en Afrique.

L'intégration monétaire est un aspect très important de cette intégration économique régionale. C'est pour cette raison que la CEDEAO a adopté une feuille de route visant l'instauration d'une monnaie unique, commune à ses quinze États membres, d'ici à l'horizon 2020. Des progrès importants vers cet objectif ont déjà été réalisés au cours des deux dernières décennies. Mais, beaucoup reste encore à faire.

C'est pour contribuer à cette œuvre commune de construction monétaire du continent que nous avons écrit ce livre sur la monnaie unique de la CEDEAO. Notre objectif dans cet ouvrage est ambitieux : Eclairer le débat sur la monnaie unique de la CEDEAO, en procédant à un réexamen de l'opportunité, du rythme et des formes souhaitables d'une intégration monétaire Ouest-africaine. Il s'agit pour nous de trouver une nouvelle rationalité économique au projet de monnaie unique de la CEDEAO. Notre but est aussi de fournir des

---

[1] Akinwumi A. Adesina (2016) : Voir citation sur le site : https://www.afdb.org/fr/the-high-5/integrate-africa/. https://www.afdb.org/fr/the-high-5/integrate-africa/.

conseils aux décideurs sur cet important projet. Bien que le sujet soit complexe et la tâche immense, nous pensons y parvenir remarquablement bien. L'ouvrage combine habilement, dans une analyse économique fine, concepts théoriques et données empiriques issues de l'espace CEDEAO.

L'ouvrage commence par une évaluation exhaustive des problèmes monétaires auxquels les pays membres de la CEDEAO sont actuellement confrontés. Sur la base de cette évaluation, l'ouvrage procède à un examen rigoureux des diverses options qui permettraient à ces pays de remédier à ces problèmes monétaires et, au terme de cette analyse, conclue qu'un renforcement et un approfondissement de l'intégration monétaire, notamment par l'instauration d'une monnaie unique, offrent le meilleur cadre de recherche des solutions à ces problèmes monétaires. L'ouvrage examine aussi les avantages économiques qui découleront de l'instauration de la monnaie unique, les questions liées à la convergence des économies et, formule des propositions visant à renforcer la feuille de route pour une mise œuvre efficiente du projet de monnaie unique de la CEDEAO.

Quelques messages clés se dégagent de l'ouvrage : (i) l'instauration de la monnaie unique au sein de la CEDEAO demeure un projet économiquement pertinent et opportun, en dépit des incertitudes nées de l'évolution récente de l'environnement économique régional et mondial, notamment le report de certaines étapes clés du processus devant aboutir, en 2020, comme prévu dans la feuille de route, à l'instauration de la monnaie unique de la CEDEAO, la crise dans la zone euro, les chocs externes, et plus récemment le Brexit ; (ii) dans l'environnement monétaire international actuel, la CEDEAO fait face à des problèmes monétaires importants, dont certains sont d'origine externe, et qu'aucun de ses pays membres ou sous-ensemble de pays, n'est en mesure de résoudre seul. La monnaie unique offre donc aux pays membres de la CEDEAO une opportunité de mutualiser leurs moyens monétaires en vue de poursuivre plus efficacement leurs objectifs monétaires individuels et collectifs ; (iii) la monnaie unique offre aussi à la CEDEAO une opportunité de résoudre collectivement d'autres problèmes monétaires d'origine interne qu'aucun de ses pays membres ou sous-ensemble de pays n'est en mesure de résoudre seul efficacement dans la situation actuelle ; et (iv) les autorités ouest-africaines ont adopté une feuille de route prévoyant l'introduction de la monnaie unique dans la CEDEAO en 2020. Sur la base des progrès déjà accomplis depuis le lancement du projet et des perspectives de convergence macroéconomique, cette échéance semble tenable.

En réaffirmant clairement la rationalité économique de la monnaie unique au sein de la CEDEAO, l'ouvrage renforce et rassure les décideurs sur cet important projet. Ce faisant, l'ouvrage apporte une contribution majeure à la mise en œuvre du projet de monnaie unique de la CEDEAO. L'ouvrage est aussi une contribution à la mise en œuvre de quatre des cinq grandes priorités que la BAD vient de se fixer pour promouvoir la transformation économique du continent à l'horizon 2025, notamment intégrer l'Afrique, industrialiser l'Afrique, nourrir l'Afrique et améliorer les conditions de vie des populations africaines. En effet, la monnaie unique offre des perspectives favorables en matière de renforcement de l'intégration économique, de réduction substantielle des coûts de transactions, d'intensification des échanges, et d'amélioration de l'environnement monétaire et macroéconomique en général, pour une croissance plus forte, plus inclusive et créatrice d'emplois dans les secteurs productifs, notamment agricole et industriel.

Nous voudrions aussi noter la contribution de l'ouvrage au débat sur le système monétaire international du point de vue de l'Afrique. En effet, l'ouvrage pose la question de savoir quel système monétaire international conviendrait le mieux à l'Afrique dans le contexte économique actuel. L'intention des auteurs ici semble être de relancer la réflexion sur la place de l'Afrique dans les mutations en cours du système monétaire international. En effet, il est nécessaire, au regard des progrès accomplis par les pays africains dans la consolidation de la stabilité macroéconomique, mais aussi de leurs performances économiques récentes, que la voix de ces pays soit plus entendue dans les débats sur la gouvernance monétaire et financière mondiale.

Dans le cadre de la préparation de cet ouvrage, nous avons bénéficié de soutiens sous diverses formes de plusieurs personnes que nous nous devons de remercier vivement. Leurs diverses contributions ont aidé à l'aboutissement de cette œuvre. Nous ne pourrons pas tous les citer ici car la liste serait longue. Qu'ils trouvent ici l'expression de toute notre reconnaissance et de nos sincères remerciements.

Nos remerciements vont aussi à tous nos collègues de la Banque Africaine de développement pour les échanges continus que nous avons eus tout au long de la préparation de cet ouvrage. Leurs observations et suggestions, et les très riches discussions que nous avons eues nous ont permis de préciser notre pensée sur certains points.

Nous sommes également reconnaissants envers plusieurs collègues dans les différentes institutions africaines et hors d'Afrique, en particulier les institutions d'intégration régionale en Afrique de l'Ouest, pour les informations et la documentation mises à notre disposition, et pour les échanges que nous avons eus. Ces interactions nous ont beaucoup édifiés. Nous remercions aussi les participants à divers séminaires de recherche organisés à la Banque africaine de développement au cours desquels les idées émises dans cet ouvrage ont été testées et discutées.

Bien entendu, en dépit de l'importance de toutes ces contributions, les opinions exprimées dans cet ouvrage sont celles des auteurs, et ne reflètent en aucun cas, le point de vue de notre employeur, la Banque africaine de développement, ni celui des personnes avec qui nous avons échangé.

Nous remercions aussi notre maison d'édition l'Harmattan pour la qualité du partenariat et les efforts déployés, sans relâche, pour la publication et la diffusion de l'ouvrage.

Nous tenons à adresser des remerciements tout particuliers au Professeur Mohamed Ben Omar Ndiaye, Professeur titulaire d'économie à l'Université Cheikh Anta Diop de Dakar, qui a accepté de nous faire l'insigne honneur de rédiger la préface de notre ouvrage.

Enfin, nous ne saurions terminer sans témoigner notre infinie gratitude aux membres de nos familles respectives, en particulier nos épouses et nos enfants, pour leurs conseils avisés, leur patience et pour leur accompagnement dans tous nos projets. Cet ouvrage n'aurait pas vu le jour sans leur soutien indéfectible.

Ferdinand Bakoup
Daniel Ndoye
Abidjan, 13 août 2016

PREFACE

Mohamed Ben Omar NDIAYE

Ce livre vient apporter une riche contribution au débat et élargit la réflexion sur les opportunités et la faisabilité de la monnaie unique de la CEDEAO. En effet, les auteurs démontrent que, loin de la ralentir, l'expérience récente de la monnaie unique européenne montre plutôt l'intérêt d'accélérer l'introduction de la monnaie unique ouest-africaine. Celle-ci offrirait aux pays membres de la région une opportunité de résoudre plus efficacement les nombreux problèmes monétaires auxquels ils sont actuellement confrontés. Cela passera nécessairement par une adhésion forte mais aussi par une appropriation soutenue de ce projet de monnaie unique par toutes les parties prenantes. Ainsi, en faisant une démonstration de la rationalité économique d'une monnaie unique pour l'espace CEDEAO, ce livre présente d'abord les perspectives et l'efficacité d'intégration économique et monétaire dans un contexte de coopération monétaire international et ensuite, apporte une réponse aux questions fondamentales que sont : Pourquoi, Comment et Quand instaurer une monnaie unique dans la CEDEAO ? Enfin, ce livre fait un examen approfondi des questions d'économie politique que ne manque pas de soulever le projet de monnaie unique de la CEDEAO dont l'échéance est fixée en 2020 par les autorités de politique économique.

L'ouvrage s'adresse en premier lieu aux décideurs ouest-africains comme public cible, mais aussi à toutes les parties prenantes de l'intégration régionale africaine, notamment le secteur privé, la société civile, les partenaires au développement, les enseignants et les étudiants en économie. À vrai dire, tous ceux qui travaillent en général pour le développement économique et le progrès social en Afrique, trouveront en cet ouvrage un intérêt certain.

Les auteurs Ferdinand Bakoup et Daniel Ndoye ont écrit un livre d'une grande portée sur l'intégration économique et monétaire en Afrique. Je souhaite plein succès à ce livre.

Mohamed Ben Omar NDIAYE,
Professeur titulaire d'Economie, Maître de Conférences agrégé,
Université Cheikh Anta DIOP (UCAD) de Dakar, Sénégal.

INTRODUCTION GENERALE

Dans le cadre de l'intégration monétaire ouest-africaine, une monnaie unique, l'Eco, devait être lancée en janvier 2015 dans les six pays membres de la zone monétaire de l'Afrique de l'Ouest (ZMAO)[2], première étape d'un processus devant conduire à l'horizon 2020, à une monnaie unique pour l'ensemble des quinze pays membres de la Communauté économique des États de l'Afrique de l'Ouest (CEDEAO)[3]. Mais en juillet 2014, arguant du niveau insuffisant des préparatifs et de convergence économique entre les États membres, la CEDEAO a renoncé à l'objectif de lancer l'Eco en janvier 2015. Bien que l'objectif d'introduire, en 2020, une monnaie unique pour l'ensemble de la CEDEAO ait été maintenu, ce nouveau rendez-vous manqué avec l'Eco, après les trois précédents reports en 2003, 2005 et 2009 respectivement, ne peut manquer d'alimenter le débat sur l'opportunité de la monnaie unique de la CEDEAO et sur la question de savoir si cette monnaie unique verra le jour. Ce débat a été en outre renforcé par l'expérience récente de la monnaie unique européenne, notamment la crise des dettes souveraines en Europe et leur impact sur l'euro.

Dans cet ouvrage, nous tentons d'éclairer le débat sur la monnaie unique en Afrique de l'Ouest en procédant à un réexamen de l'opportunité, du rythme et des formes souhaitables de l'intégration

---

[2] Les pays membres de la ZMAO sont : la Gambie, le Ghana, la Guinée, le Libéria, le Nigeria et la Sierra Leone. Bien que n'y participant pas encore, le Cabo Verde aurait exprimé le souhait de faire partie de cette zone monétaire.

[3] Les pays membres de la CEDEAO sont : le Bénin, le Burkina Faso, le Cabo Verde, la Côte d'Ivoire, la Gambie, le Ghana, la Guinée, la Guinée-Bissau, le Libéria, le Mali, le Niger, le Nigeria, le Sénégal, la Sierra Leone et le Togo. Parmi ces pays, le Bénin, le Burkina Faso, la Côte d'Ivoire, la Guinée-Bissau, le Mali, le Niger, le Sénégal, et le Togo sont déjà dans une union monétaire mise en place en 1962, et utilisent une monnaie unique qui est le Franc CFA.

monétaire ouest-africaine. Nous concluons que, loin de la ralentir, l'expérience récente de la monnaie unique européenne montre plutôt l'intérêt d'accélérer l'introduction de la monnaie unique ouest-africaine. En effet, les pays d'Afrique de l'Ouest connaissent des problèmes monétaires d'origine extérieure très importants qu'aucun de ces pays, pas même le Nigéria, devenu la première économie du continent par la taille de son produit intérieur brut, n'est en mesure, seul, de résoudre. L'on note par ailleurs que les mécanismes de la coopération monétaire internationale ne fonctionnent que de façon imparfaite. Dans un tel contexte, une monnaie unique à l'échelle de la CEDEAO offrirait, pour les pays d'Afrique de l'Ouest, une opportunité de mutualiser leurs moyens monétaires, indispensable à la poursuite de leurs objectifs monétaires individuels et collectifs.

Il est cependant bien connu que l'introduction d'une monnaie unique commune à plusieurs États est presque toujours autant une décision de politique économique qu'une décision d'économie politique. Le défi majeur pour les pays d'Afrique de l'Ouest est donc de promouvoir l'appropriation de ce projet de monnaie unique par les parties prenantes. L'appui de la Côte d'Ivoire, du Ghana, de la Guinée, du Nigéria et du Sénégal, qui, tous, jouent un rôle moteur dans la dynamique ouest-africaine, nous paraît à cet égard important. En outre, tenant compte des considérations d'économie politique, l'appropriation des partenaires internationaux, notamment la France, mérite une attention particulière. C'est en effet dans l'appropriation du projet par ces parties prenantes clés que se trouvent l'imagination et la créativité des politiques attendues des décideurs ouest-africains dans cet important projet.

Ce livre comporte six parties. Dans la première partie, nous présentons l'Afrique de l'Ouest dans une perspective d'intégration économique et monétaire et rappelons le débat récent sur l'opportunité du projet d'union monétaire et de création d'une monnaie unique dans la CEDEAO. Débat relancé par la crise de la zone euro. Dans la deuxième partie, nous analysons les problèmes monétaires en Afrique de l'Ouest, avant d'évaluer dans la troisième partie, l'efficacité de la coopération monétaire internationale comme cadre de recherche de solutions aux problèmes monétaires des pays membres de la CEDEAO. Dans la quatrième partie, nous tentons de répondre à la question fondamentale « pourquoi instaurer une monnaie unique dans la CEDEAO ? ». Dans la cinquième partie, nous répondons à la question « quand instaurer une monnaie unique dans la CEDEAO ? ». Et nous examinons ensuite, dans la sixième partie, les questions d'économie politique que ne manque pas de soulever le projet de monnaie unique de la CEDEAO. L'ouvrage se termine par une conclusion générale.

PREMIERE PARTIE

SITUATION RECENTE DU PROJET DE MONNAIE UNIQUE DE LA CEDEAO

Dans cette première partie, notre objectif est, d'une part, d'analyser le contexte économique de l'Afrique de l'Ouest (Chapitre 1) et, d'autre part, de comprendre le positionnement récent du projet de monnaie unique de la CEDEAO, en particulier à la lumière du débat que ce projet a récemment suscité suite à la crise de la zone euro (Chapitre 2). L'analyse du contexte de l'Afrique de l'Ouest nous permettra de faire la lumière sur le rôle de l'intégration économique dans les politiques de développement de l'espace CEDEAO, tandis que la compréhension du sens du débat que le projet de monnaie unique de la CEDEAO a suscité après la crise de la zone euro nous permet de planter le décor pour réitérer la rationalité économique de ce projet, une tâche que nous considérons comme importante dans le contexte actuel et que nous entreprenons dès la deuxième partie.

Chapitre I

La CEDEAO : Un espace économique en intégration

L'Afrique de l'Ouest est aujourd'hui l'une des régions du continent africain qui contemple avec le plus d'ardeur un projet d'intégration monétaire dans sa forme la plus avancée, c'est-à-dire la création d'une monnaie unique commune à plusieurs États indépendants[4]. La création, en mai 1975, de la CEDEAO a permis de faire des progrès importants dans le processus d'intégration en Afrique de l'Ouest, notamment grâce à l'impulsion qu'elle a donnée aux nombreuses politiques mises en place pour faciliter la mobilité des personnes et des biens dans la région (mise en place d'une union douanière, adoption d'un tarif extérieur commun, adoption de règlementations encourageant la libre circulation des personnes au sein de l'espace communautaire, délivrance d'un passeport CEDEAO, etc.).

Avec une population estimée à un peu plus de 300 millions d'habitants (29 % de la population du continent), l'Afrique de l'Ouest

---

[4] L'Afrique de l'ouest est un espace qui couvre actuellement quinze pays et huit monnaies, à savoir le cedi (monnaie du Ghana), le dalasi (monnaie de la Gambie), le dollar libérien (monnaie du Libéria), l'escudo (monnaie du Cabo Verde), le franc guinéen (monnaie de la Guinée), la léone (monnaie de la Sierra Léone), le naira (monnaie du Nigéria), et le franc CFA (monnaie utilisée par les 8 pays membres de la Zone franc d'Afrique de l'Ouest qui sont le Bénin, le Burkina Faso, la Côte d'Ivoire, la Guinée-Bissau, le Mali, le Niger et le Togo). Selon un document de l'Institut monétaire de l'Afrique de l'Ouest, l'organe chargé de préparer l'introduction de la monnaie unique de la ZMAO, cette monnaie unique devrait contribuer à élargir les marchés, réduire les coûts de transactions, renforcer les économies d'échelle, éliminer les risques liés aux taux de change, réduire les taux d'intérêts, réduire les taux d'inflation et contribuer à la stabilité des prix avec pour effet, une croissance économique plus forte et plus durable qui renforcera la sécurité de l'emploi dans les pays membres (voir Zone monétaire de l'Afrique de l'Ouest « Conséquences de l'Union économique et monétaire (UEM) résultant de la Zone monétaire de l'Afrique de l'Ouest », préparée par Institut monétaire de l'Afrique de l'Ouest).

est une région qui présente quelques traits caractéristiques qui déterminent grandement ces performances économiques. Il s'agit notamment de ces importantes ressources humaines, énergétiques et minérales, le poids important du Nigéria, qui représente 80 et 68 % respectivement de la population et du PIB de la région ; la taille modeste des autres marchés nationaux et l'accès limité au marché des trois pays enclavés (Burkina Faso, Mali et Niger) ; ainsi que la fragilité politique et économique qui touche certains pays de la région.

La croissance économique réelle dans la CEDEAO a été assez soutenue au cours de la période 2010-2015, ressortant en moyenne annuelle à 6,0 % contre une moyenne de 5,1 % à l'échelle du continent africain[5]. La croissance a été la plus forte dans cette région du continent et a été impulsée par les bonnes performances enregistrées dans la ZMAO en particulier au Ghana et au Nigéria, et plus récemment par le redressement économique de la Côte d'Ivoire après la période d'instabilité que ce pays a connue entre 2010 et 2011. Bien que ces taux paraissent élevés, ils demeurent cependant insuffisants pour réduire significativement la pauvreté.

Graphique 1 : Croissance en Afrique de l'ouest (en %)
source : BAD

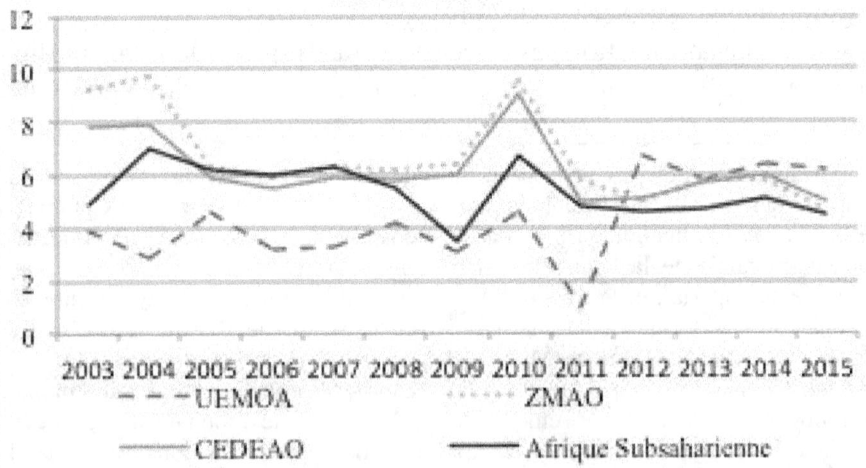

[5] Les données utilisée dans cette dans cette partie sont ceux de la Banque africaine de développement. Voir African Development Bank : *Socio Economic Database*, 2016.

D'une manière générale, l'amélioration de l'environnement macroéconomique soutenue par des réformes structurelles, la bonne dynamique du secteur pétrolier jusqu'en 2014 et la relance de l'économie ivoirienne expliquent la croissance dans la CEDEAO. L'inflation dans la région s'est inscrite sur une tendance baissière mais est demeurée encore au-dessus de la moyenne continentale, avec un niveau de 9,0 % entre 2010 et 2015[6]. Comparée aux autres régions du continent, l'inflation en Afrique de l'Ouest reste la plus élevée après celle de l'Afrique de l'Est (graphiques 2 et 3). La maitrise de l'inflation dans la zone CEDEAO, à travers notamment la politique monétaire, demeure donc un défi pour permettre une durabilité de la croissance économique. La maitrise des déficits budgétaires ressortis pour plusieurs pays au-dessus de la norme communautaire de 4 % du PIB mérite également une attention. En outre, il est important pour assurer la viabilité externe dans la Zone, d'accroitre et de diversifier les exportations, qui sont encore fortement concentrées sur les produits pétroliers et agricoles, et les flux financiers extérieurs.

L'orientation de la politique monétaire au sein de la CEDEAO n'est pas uniforme et poursuit des cibles différentes d'un pays ou groupe de pays à un autre, liées à l'inflation, au taux de change ou à la liquidité. La masse monétaire a connu une forte progression entre 2011 et 2014, évaluée à 16 % en moyenne annuelle contre 13 % en Afrique subsaharienne (FMI). Cette évolution de la masse monétaire est en partie à l'origine de l'inflation, en particulier dans les pays non-membres de l'UEMOA, bien que n'étant pas la seule source.

---

[6] L'inflation ressort sur la période à 1,9 % dans l'UEMOA et à 10,1 % dans la ZMAO.

Graphique 2 : Inflation en Afrique de l'Ouest (en %)
Source : BAD

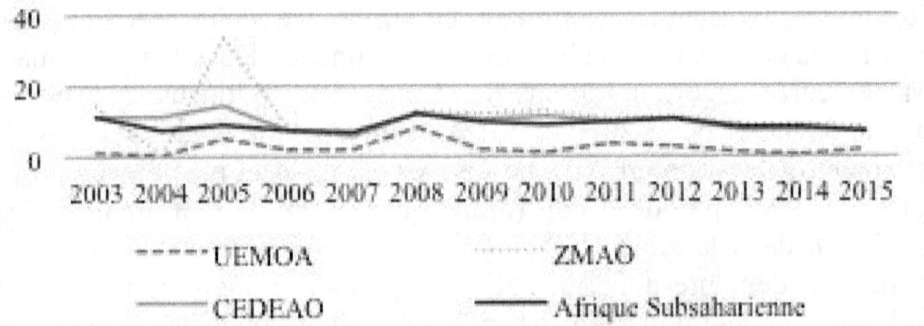

Graphique 3 : Inflation dans les différentes régions en Afrique (en %)
Source : BAD

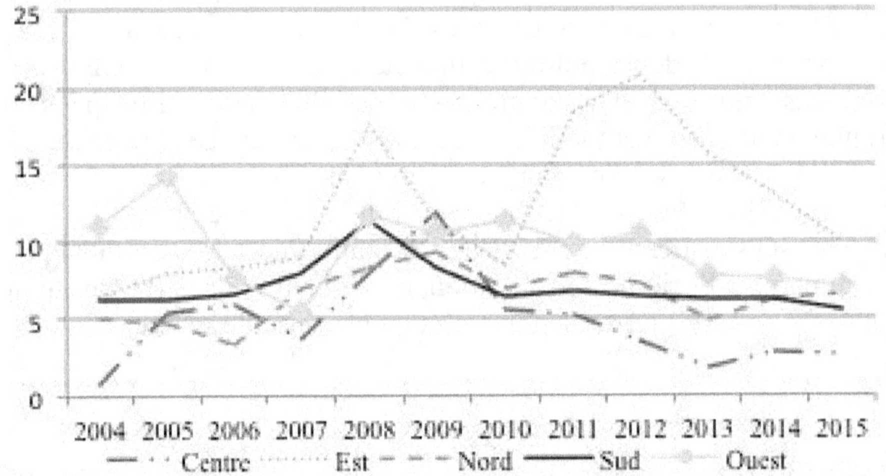

La région a été en outre confrontée à une fréquence de chocs d'ordre socio-économique et/ou politique qui fragilisent les pays, freinent les performances économiques et posent un défi supplémentaire à la politique monétaire. La région ouest-africaine a été l'une des plus affectées au cours des cinq dernières années par des crises socio-politiques[7]. Certaines de ces crises se sont traduites par des conflits armés occasionnant des dégâts importants dans l'appareil

[7] On peut citer les crises politiques survenues en Côte d'Ivoire, au Niger, au Mali, en Guinée-Bissau, en Guinée et au Burkina Faso.

de production et dans le secteur financier. Le cas de la Côte d'Ivoire est illustratif à cet égard. Le secteur bancaire a été durement touché dans ce pays par la crise politique qui a suivi les élections de décembre 2010 et qui a engendré la fermeture temporaire des banques et de l'agence de la Banque centrale des États de l'Afrique de l'Ouest en Côte d'Ivoire. Les fondements de l'institution d'émission et de la monnaie ont pu cependant être préservés, bénéficiant notamment du caractère régional de la Banque centrale et une reprise de la politique monétaire a été possible dès la fin de la crise. La région ouest-africaine a été aussi frappée en 2014 et 2015 par l'épidémie à virus Ebola qui a aggravé la situation de fragilité des pays touchés (Liberia, Sierra-Leone, Guinée). Les chocs sont également exogènes, notamment dans les pays du Sahel dont le secteur agricole est fortement dépendant de la pluviométrie. L'inflation peut connaitre une relative instabilité dans certains pays de la région, du fait notamment du caractère fluctuant de la production vivrière qui constitue un important déterminant de la hausse du niveau général des prix dans les pays de la CEDEAO (voir graphiques plus haut). Le défi pour les politiques monétaires dans la région de l'Afrique de l'Ouest est d'accompagner la croissance économique tout en maitrisant les tensions inflationnistes et en renforçant la viabilité extérieure des économies de la région.

Conclusion du Chapitre I

La CEDEAO est un espace économique qui continue à faire face à des problèmes de développement importants. Pour tenter de résoudre ces problèmes, la région a lancé un ambitieux programme d'intégration économique régionale, qui comprend un important volet monétaire lequel vise la création d'une monnaie unique en 2020. En dépit d'un certain engouement initial, il semble que la crise de la zone euro et certains faits récents ont plus créé des incertitudes que rassuré les acteurs sur l'avenir du projet monétaire de la CEDEAO. C'est ce que nous allons voir dans le deuxième chapitre.

Chapitre II

La monnaie unique de la CEDEAO de nouveau en débat ?

Introduction

Notre objectif dans ce deuxième chapitre est de montrer comment certains faits récents ont fait monter les incertitudes sur l'avenir du projet de création d'une monnaie unique au sein de la CEDEAO. Ces faits sont d'une part, le rendez-vous manqué de l'introduction de l'Eco dans les pays membres de la zone monétaire de l'Afrique de l'Ouest (ZMAO) et d'autre part, la crise de la zone euro et son impact sur les politiques d'union monétaire, étant donné que, pour certains acteurs, l'Europe est souvent considérée comme modèle à suivre.

L'abandon du projet de la monnaie unique de la ZMAO

En 2000, les pays membres de la CEDEAO ont exprimé leur volonté d'accélérer le processus d'intégration monétaire entamé au début des années quatre-vingt. Cette volonté fut traduite dans un projet d'intégration monétaire qui prévoit la création, en deux étapes, d'une monnaie unique en Afrique de l'Ouest. Ce plan d'intégration monétaire prévoyait dans une première étape, le lancement, en janvier 2015, d'une monnaie unique, l'Eco, par les pays membres de la zone monétaire d'Afrique de l'Ouest (ZMAO)[8]. Dans une deuxième étape, la ZMAO devait fusionner avec l'Union monétaire ouest-africaine (UMOA)[9] pour créer, en 2020, une monnaie unique commune à

---

[8] Les pays membres de la ZMAO sont : la Gambie, le Ghana, la Guinée, le Libéria, le Nigeria et la Sierra Leone. Bien que n'y participant pas encore, le Cabo Verde aurait exprimé le souhait de faire partie de cette zone monétaire.

[9] Les pays membres de l'UMOA sont : le Bénin, le Burkina Faso, la Côte d'Ivoire, la Guinée-Bissau, le Mali, le Niger, le Sénégal, et le Togo. Ces pays sont déjà dans une union monétaire mise en place en 1962, et utilisent une monnaie unique qui est le franc CFA.

l'ensemble des quinze pays membres de la CEDEAO. Après trois précédents reports en 2003, 2005 et 2009 respectivement, les responsables ouest-africains ont, en juillet 2014, renoncé à l'objectif de lancer l'Eco en janvier 2015, arguant du niveau insuffisant des préparatifs et de convergence économique des États membres de la ZMAO. A cette occasion, ils ont aussi décidé de changer de stratégie pour la création de la monnaie unique ouest-africaine, en abandonnant l'étape intermédiaire de la monnaie unique de la ZMAO en 2015 et en fixant comme objectif la création d'une monnaie unique pour l'ensemble de la CEDEAO en 2020.

Même si la rationalité économique de l'Eco ne faisait déjà pas consensus, comme cela est démontré dans l'encadré 1 ci-dessous, il n'en demeure pas moins que le fait pour la CEDEAO de renoncer à son lancement quelques mois seulement avant la date prévue, et surtout compte tenu du fait que la CEDEAO et ses pays membres avaient déjà passé plusieurs années à travailler sur son lancement, fut de nature à susciter des interrogations chez les parties prenantes.

Encadré 1

La pertinence de l'introduction de l'Eco en débat

Comme nous l'avons déjà souligné, le plan d'intégration monétaire prévoyait, dans une première étape, le lancement en janvier 2015 d'une monnaie unique, l'Eco, par les pays membres de la zone monétaire d'Afrique de l'Ouest (ZMAO). Cette monnaie devrait être fondue dans une seconde étape dans la monnaie unique commune à l'ensemble des quinze pays membres de la CEDEAO. L'option d'introduire l'Eco, bien qu'ayant été retenue, présentait des risques qui avaient été mis en évidence par l'Agence monétaire de l'Afrique de l'Ouest (AMAO) dans une étude réalisée en 2008, intitulée *Plan stratégique pour la création d'une monnaie unique au sein de la CEDEAO.* Les risques identifiés avaient trait à la capacité de l'Eco, une monnaie transitoire, à assurer la fonction de réserve de valeur, avec comme conséquences la probabilité de fuite des capitaux des pays de la ZMAO, le ralentissement des investissements directs étrangers vers les pays de la ZMAO, et les perturbations dans les systèmes de paiements et des prix.

- Le premier risque c'est que la monnaie ne jouerait

plus une de ses fonctions fondamentales, celle de réserve de valeur. En effet, la valeur de l'épargne publique comme privée, du patrimoine des agents économiques devrait pouvoir être convertie en cette monnaie. Mais du fait de son caractère transitoire, les agents économiques allaient trouver risqué le fait de placer leur épargne dans cette monnaie.

- La fuite des capitaux serait une suite logique de la précédente, du fait des anticipations de certains agents économiques. Il pourrait y avoir des placements en monnaies étrangères (dollar, euro…) ou à l'étranger durant la période de transition pour « sécuriser » leur épargne par exemple, en attendant que la monnaie finale de la CEDEAO (appelée à être plus durable) soit émise.

- Le ralentissement des investissements directs étrangers qui serait dû au fait que les investisseurs ne prendraient pas le risque d'investir dans une monnaie qui serait appelée à disparaître. Cela pourrait par ailleurs affecter le fonctionnement et le développement du marché monétaire et du marché financier.

- Les perturbations dans les systèmes de paiements seraient liées au changement d'unité de compte ou à la création d'un nouvel instrument financier de paiement. Cela entraînerait des réaménagements du système avec toutes les implications en termes de coûts.

- Les perturbations dans le système des prix seraient liées quant à elles, au changement d'unité de compte. Cela entraînerait des changements dans le système des prix absolus (et peut-être des prix relatifs). Le risque ici serait plus important dans les pays d'Afrique de l'Ouest où le niveau d'éducation des populations est relativement faible pour comprendre et assimiler rapidement ces changements.

- Enfin, l'échec de l'Eco, de la ZMAO, aurait pu compromettre à jamais la poursuite et la réalisation de l'intégration monétaire et la création de la monnaie unique de l'ensemble de la CEDEAO.

C'est pour éviter, ou du moins, minimiser ces risques, que l'AMAO avait jugé qu'il était plus opportun de ne pas passer par une monnaie transitoire et d'emprunter la voie directe menant à la monnaie finale et commune pour toute la CEDEAO.

Source : AMAO

En effet, la réalisation de cette première phase du projet d'union monétaire de la CEDEAO devait être l'élément matériel de la volonté des États d'aller vers l'Union monétaire au sein de la CEDEAO. La décision prise en 2014 de renoncer pour une quatrième fois au lancement de l'Eco, première étape du processus d'union monétaire en Afrique de l'Ouest, ne manqua pas de conforter les doutes sur l'engagement des dirigeants ouest-africains pour ce projet. Quoi qu'il en soit, et en dépit des mesures prises pour insuffler plus de dynamisme au processus d'intégration monétaire ouest-africaine et parvenir à la création d'une monnaie unique dans cette zone en 2020[10], le non-respect de l'échéance de 2015 pour le lancement de la monnaie unique dans la ZMAO, après trois reports successifs, alimente un débat sur la monnaie unique de la CEDEAO. La nouvelle échéance de 2020 sera-t-elle tenue au regard de l'expérience récente de ce projet ? La volonté politique pour créer une monnaie unique pour l'ensemble des pays membres de la CEDEAO existe-t-elle toujours ? Quel est le niveau de crédibilité de l'engagement des responsables ouest-africains pour cet important projet ? Les responsables ouest-africains finiront-ils par enterrer ce projet une fois pour toutes ? L'abandon du projet de monnaie unique de la ZMAO préfigure-t-il l'abandon du projet de la monnaie unique de la CEDEAO ? Telles sont quelques-unes des questions que les

[10] Au moment de décider de viser directement la création de la monnaie unique de la CEDEAO en 2020 sans plus passer par l'étape intermédiaire de la création d'une monnaie unique pour la ZMAO, les chefs d'État et de gouvernement de la CEDEAO ont aussi pris un certain nombre de mesures pour accélérer la mise en place de la monnaie unique en Afrique de l'Ouest : Ainsi, lors de leur sommet extraordinaire tenu à Dakar en octobre 2013, les chefs d'État et de gouvernement de la CEDEAO ont chargé les Présidents John Dramani Mahama du Ghana et Mahamadou Issoufou du Niger de présider un groupe de travail présidentiel chargé de suivre le projet de création de la monnaie unique.

nombreuses parties prenantes au projet de monnaie unique de la CEDEAO n'ont pas manqué de se poser[11].

Le débat sur la monnaie unique de la CEDEAO est aussi attisé par des développements récents, notamment la crise des dettes souveraines en Europe et son impact sur la monnaie unique européenne, l'euro. Commençons par dire un mot sur le débat qui agite l'euro avant d'examiner l'impact de ce débat sur celui portant sur la monnaie unique de la CEDEAO.

L'euro en débat

L'Union européenne connait, depuis 2008, l'une des plus graves crises de son existence. La crise économique mondiale, née des dérives de la finance internationale, qui a débuté au printemps 2007, a exacerbé les difficultés d'un continent déjà en proie à une croissance au ralenti. Cette crise économique en Europe s'est progressivement muée en crise existentielle de la monnaie unique. Beaucoup ont posé la question de savoir si la décision prise il y a maintenant près de deux décennies de créer une monnaie unique en Europe avait été une décision sage. Pour certains observateurs, le fait d'associer des pays aux performances économiques inégales dans une union monétaire était l'un des points faibles du projet de construction européenne. Un autre argument souvent avancé par ce courant de pensée est que l'euro n'est pas une monnaie viable parce qu'elle n'est pas une monnaie qui est émise par un État. Ce point de vue considère implicitement que le mode de fonctionnement intergouvernemental qui caractérise la gouvernance politique de la zone euro ne suffit pas à garantir à l'euro les mêmes attributs politiques et économiques que ceux qui sont habituellement reconnus à une monnaie émise par un État et qui fonde sa viabilité à long terme[12]. Pour ce courant de pensée, l'euro ne serait donc pas une monnaie viable. Nous pensons que ce point de vue est quelquefois exagéré, surtout si l'on considère que les institutions de la zone euro ont démontré une certaine capacité de résilience. Annonçant, samedi 19 février 2016, devant le 10 Downing Street, les

---

[11] L'on peut aussi noter le peu d'attrait d'une monnaie unique depuis toujours en Asie, une région qui connait pourtant un développement économique accéléré. Voir à ce sujet, Shanmugaratnam T (2006), « Asian Monetary Integration: Will it Ever Happen», *The Per Jacobson Lecture* ou encore Joseph C. K. Yam, JP (1997), «Asian Monetary Cooperation», *The Per Jacobson lecture*.

[12] Voir, par exemple, Piketty T. (2013) in *Le Capital au XXIe siècle*, Seuil.

résultats qu'il venait d'obtenir à l'issue de plusieurs jours de négociations très serrées avec ses pairs européens sur les réformes nécessaires pour que la Grande-Bretagne reste dans l'Union européenne, David Cameron, Premier ministre britannique, avait cru devoir insister sur le fait que son pays n'adopterait jamais l'euro. Il avait cité aussi le fait que son pays ne participerait jamais à une armée européenne, et ne participerait jamais à un super État européen. Le fait que l'obtention de la garantie obtenue que la Grande-Bretagne ne ferait jamais partie de la zone euro lui paraissait une victoire aussi importante est certainement emblématique du peu de consensus existant encore en Europe sur la monnaie unique. Il s'agit là certainement d'un choix politique qui va bien au-delà des seules considérations économiques. La Grande-Bretagne souhaite peut-être demeurer fondamentalement différente du reste de l'Europe[13], car nous pensons que sur le plan purement économique, la Grande-Bretagne a intérêt à rejoindre la zone euro. C'est certainement averti de cette réalité que le Premier ministre aurait, semble-t-il, demandé pendant les négociations, que son pays ait un droit de regard sur les politiques de la zone euro, bien que ne faisant pas partie de cette zone. Il semble que les pays membres de la zone euro n'ont pas accédé à cette demande.

Au vu des difficultés que rencontre l'Europe à se sortir de la crise de sa dette souveraine, et à relancer une croissance partagée et créatrice d'emplois, faut-il abandonner ce projet de monnaie unique et revenir aux monnaies nationales en Europe ? Telle est, en substance, la question qui se pose encore en Europe aujourd'hui, plus de six ans après le début de la crise, et à laquelle aucune des multiples réponses apportées jusqu'ici par les responsables européens ne semble avoir satisfait l'opinion publique européenne. Certains observateurs européens ont même avancé l'idée selon laquelle la seule façon de sauver l'euro serait d'abandonner l'euro. En Europe, certains continuent à penser que, dans sa forme et son organisation actuelles, l'Union européenne est incompatible avec une monnaie unique qui fonctionne bien. Ceux-là voient souvent que deux scénarii sont possibles pour sortir de l'impasse actuelle : soit une Union européenne débarrassée de la monnaie unique, qu'ils ne jugent pas viable ; soit

[13] C'est ce que traduit sans doute le résultat du referendum du 23 juin 2016 qui s'est soldé par la victoire du « Brexit », c'est-à-dire la sortie de la Grande Bretagne de l'Union européenne.

une réorganisation profonde de l'Union européenne, ce qui demanderait une réécriture de plusieurs des traités et textes fondateurs de l'Union européenne, une direction que les Européens ne veulent pas non plus prendre à l'heure actuelle parce qu'elle impliquerait une union politique. Face à cette impasse, ceux des détracteurs de la monnaie unique européenne parmi les irréductibles se résignent souvent à continuer à réclamer la fin de l'euro ; quant aux plus modérés d'entre eux, ils espèrent que les sentiments évoluent en Europe et qu'un jour, l'union politique finisse par devenir une idée acceptable.[14]

Le scénario souvent décrit du coup fatal de la crise des dettes souveraines européennes porté à l'euro est à peu près le suivant : la Grèce, dont la dette souveraine est devenue insoutenable et dont les besoins de financement publics sont les plus urgents, pourrait chercher à sortir de la zone euro, pour retrouver sa monnaie nationale, le drachme, et ensuite dévaluer celui-ci dans une stratégie de relance de sa croissance visant à résorber ses déficits publics. Une sortie de la Grèce de la zone euro pourrait, par effet de contagion, entraîner d'autres pays ayant des niveaux de dettes publiques élevés tels que le Portugal, l'Italie et l'Irlande vers la sortie de la zone euro ; ce qui marquerait la désintégration, et donc la fin de la zone euro. Une union monétaire dans laquelle certains pays ne respecteraient pas les critères de convergence ne serait donc pas viable. Dans les projets d'intégration monétaire en cours sur le continent africain, ce risque de désintégration de la zone euro né de la crise des dettes souveraines a été interprété comme un appel à plus de prudence, un signal à un ralentissement des progrès vers l'introduction de la monnaie unique.

La monnaie unique de la CEDEAO et le débat sur l'euro

A l'instar du reste du continent, l'Afrique de l'Ouest n'est pas restée en marge de ce qui se passe dans l'Union européenne et dans la zone euro en particulier, tant du point de vue des effets négatifs de la crise européenne sur la croissance économique africaine que de celui du débat que cette crise a engendré. Ainsi, bien qu'il soit encore trop tôt pour l'affirmer, l'on peut noter que la crise de l'euro a certainement remis au gout du jour le débat sur l'opportunité de la

[14] Pour un aperçu concis du débat qui agite l'Europe au sujet de la monnaie unique voir Wolfgang Münchau (2013) «Worry about the euro, not the European Union», *Financial Times*, Monday, November 4, 2013.

monnaie unique de la CEDEAO. La décision des chefs d'État et de gouvernement de la CEDEAO prise en juillet 2014 de se passer de la phase de lancement de la monnaie unique de la ZMAO, prévu en janvier 2015, peut amener à s'interroger sur la volonté des responsables ouest-africains à conduire ce projet d'union monétaire en Afrique de l'Ouest à son terme. Cette décision qui intervient après trois reports de la date d'entrée de la monnaie dans la ZMAO n'est pas une surprise lorsqu'on sait bien lire les déclarations des responsables politiques en Afrique de l'Ouest. Lors de leur sommet extraordinaire consacré aux questions économiques qu'ils ont tenu à Dakar le 25 octobre 2013, les chefs d'États et de gouvernement de la CEDEAO ont tout simplement affirmé leur attachement au processus d'intégration monétaire en ces termes : « Les chefs d'État et de gouvernement réaffirment leur volonté politique pour la création d'une monnaie unique en Afrique de l'Ouest ainsi que leur attachement au programme de coopération monétaire et à la feuille de route adoptés à cet effet. Tout en saluant les efforts engagés dans la mise en œuvre de cette feuille de route, la Conférence exprime sa détermination pour l'avènement de la monnaie unique. À cet égard, le sommet exhorte les États membres, en particulier ceux de la seconde zone monétaire de l'Afrique de l'Ouest (ZMAO), à prendre toutes les dispositions utiles pour assurer la convergence de leurs politiques macroéconomiques nécessaires à l'opérationnalisation de cette zone monétaire[15]. » Bien qu'il soit toujours délicat d'interpréter les communiqués finaux, surtout lorsqu'il s'agit d'un communiqué final sanctionnant une réunion de chefs d'État et de gouvernement, l'on peut pour le moins s'interroger sur l'absence de mention de la date butoir de 2015 dans le communiqué final ayant sanctionné les travaux d'un sommet extraordinaire des chefs d'État et de gouvernement des pays membres de la CEDEAO consacré aux questions économiques. Cela d'autant plus que ce sommet se tenait à moins de 14 mois seulement de la date prévue dans la feuille de route pour l'entrée en vigueur de la monnaie unique de la ZMAO. Ngozi Okonjo-Iweala, l'ex-ministre des Finances nigériane et aussi l'un des responsables

[15]Voir ECOWAS (2013), «Extraordinary Session of the ECOWAS Authority of Heads of States and Government» Dakar, Republic of Senegal, 25 October 2013", Final Communiqué, disponible sur : http://ecowas.int/publications/en/communique_final/session_extra/comfinal_dakar_25102013.pdf.

économiques les plus importants d'Afrique de l'Ouest, affirmait récemment, au sujet de l'intégration monétaire ouest-africaine : « Il faudra du temps avant que nous aboutissions à une véritable convergence économique et à une monnaie unique. Chacun de nos États doit d'abord mettre de l'ordre dans sa maison [16].»

Lors de la réunion du Conseil des ministres et des gouverneurs des banques centrales de la ZMAO qui se tenait en janvier 2014, le Président gambien, Yaya Jammeh affirmait, dans une déclaration lue en son nom par sa Vice-présidente, Dr. Isatou Njie-Saidy, : " A key lesson from history was that creating a credible monetary union was a process and not an event. There should therefore be no illusion about how difficult it would be to establish a well-functioning WAMZ. Reaching these objectives would require courage and determination to sustain convergence. One of the lessons learnt from the euro zone countries, was that tough fiscal rules were necessary to lay grounds for homogeneous zone. A permanent funding mechanism contributed by members was also necessary to help countries access finance in periods of temporary difficulty. The building blocks, he emphasized, should come not only from government but from strong partnership with the private sector as the key beneficiaries of economies of scale that would accrue from integration[17]. "

Une étude récente[18] qui vise à tirer les enseignements de la crise de l'euro semble, elle aussi, recommander une pause dans les processus d'union monétaire en cours en Afrique de l'Est et en Afrique de l'Ouest. Dans le cas de la ZMAO, l'étude indique que l'établissement de priorités et l'adoption d'une approche pragmatique, progressive et réaliste pourraient faciliter et encourager la mise en œuvre de réformes et restaurer progressivement la confiance dans le processus. À cette fin, cette étude recommande le recentrage du rôle et le renforcement des capacités de l'Institut monétaire de l'Afrique de l'Ouest (IMAO) pour lui permettre de jouer un rôle efficace, en tant que plateforme de

---

[16] Voir Ngozi Okonjo-Iweala, Interview accordée au Journal *Jeune Afrique* n° 2755-2756, du 27 octobre au 9 novembre 2013, page 108.

[17] Source: *Report of the 30th meeting of the committee of governors of central banks of the West African Monetary Zone (WAMZ)*, Banjul, The Gambia, January 16, 2014.

[18] Voir Mougani Gabriel (2014), « Défis de l'intégration financière régionale et de la coordination monétaire dans la zone monétaire de l'Afrique de l'Ouest et dans la communauté de l'Afrique de l'Est : analyse et recommandations » ; *Regional Integration Policy Paper*, n° 003, Banque africaine de développement, juillet 2014.

coopération soutenue entre les banques centrales des pays de la ZMAO.

Ce n'est pas seulement en Afrique de l'Ouest que l'union monétaire et la monnaie unique, une idée qui fut longtemps considérée comme acquise, semble de nouveau faire débat, suite à la crise de l'euro. Dans un ouvrage sur l'Euro qu'il a récemment publié, le prix nobel d'économie Joseph Stiglitz affirme : "the problems in achieving a successful monetary union in Europe have dampened enthusiasm elsewhere, for instance in both Africa and Asia, for this form of economic integration[19]." Certains responsables internationaux de premier plan ont aussi récemment mis en garde contre une précipitation vers la monnaie unique. Ainsi, lors d'une visite en Afrique de l'Est, région où le Burundi, le Kenya, l'Ouganda, la Tanzanie et le Rwanda, déjà membres de la Communauté économique de l'Afrique de l'Est, venaient de signer, le 30 novembre 2013, un protocole d'accord pour la création d'une union monétaire, Christine Lagarde, Directrice générale du Fonds monétaire international, déclarait : « La feuille de route récemment signée pour la mise en place de l'union monétaire de l'Afrique de l'Est est très ambitieuse. Ne vous précipitez pas, prenez toutes les mesures et apprenez des erreurs de l'Europe et d'autres unions monétaires. »

Il serait en effet aisé de lire dans ces évolutions un engagement à minima derrière le projet d'intégration monétaire de la CEDEAO. À l'approche de l'échéance de 2015, l'on a semblé en effet observer, dans les déclarations politiques de plusieurs responsables ouest-africains, un déplacement progressif vers l'illustration des obstacles à franchir plus que vers un enthousiasme à progresser vers l'objectif visé qui est la création de la monnaie unique. Les progrès insuffisants en matière de convergence sont souvent cités pour justifier ce relâchement qui semble de plus en plus s'installer dans les esprits.

Conclusion du Chapitre II

En conclusion de ce deuxième chapitre, nous dirons qu'une lecture attentive des évolutions récentes semble indiquer que l'enthousiasme

[19] Joseph Stiglitz (2016) *L'Euro Comment la monnaie unique menace l'avenir de l'Europe,* Les Liens qui Libèrent, Paris.

pour la création de la monnaie unique de la CEDEAO, mais aussi en Afrique en général, semble de plus en plus s'affaiblir aussi bien chez les décideurs que chez diverses autres parties prenantes. Cet affaiblissement est principalement dû à l'impact de la crise de la zone euro et à la conclusion que certains en tirent qu'il faut reconsidérer les projets d'union monétaire.

Conclusion de la première partie

La CEDEAO est un espace économique qui a un fort potentiel économique, mais où les défis de développement sont encore importants. La volonté d'intégration économique y est manifeste en dépit des nombreux défis que cette intégration pose. La crise de l'euro a remis en débat les projets de création des monnaies uniques et celui de la CEDEAO ne semble pas avoir échappé à ce débat. Dans ce contexte de montée des incertitudes sur la monnaie unique de la CEDEAO, notre ambition dans ce livre est de montrer que, loin de la ralentir, les évolutions récentes, y compris la crise de l'euro, indiquent plutôt l'intérêt d'une accélération de l'intégration monétaire en Afrique de l'Ouest, et la nécessité d'une mise en place rapide de la monnaie unique. Pour bien amorcer cette tâche, nous allons, dans la deuxième partie de ce livre, commencer par examiner les problèmes monétaires auxquels les pays membres de la CEDEAO font face, individuellement et collectivement.

DEUXIEME PARTIE

LES PROBLEMES MONETAIRES DE L'AFRIQUE DE L'OUEST

À partir du moment où la situation naturelle pour un pays est celle de l'existence d'une monnaie et d'une politique monétaire nationales, l'intégration monétaire, y compris celle consistant à appartenir à une union monétaire, doit être un choix explicite des autorités nationales. Pour être rationnel, ce choix d'une politique d'intégration monétaire avec d'autres pays doit viser principalement à résoudre un ou plusieurs problèmes monétaires, c'est-à-dire une difficulté que le pays rencontre dans la conduite de sa politique monétaire et qu'il ne peut pas, seul, résoudre de façon optimale. Pour cette raison, l'évaluation de l'opportunité de l'intégration monétaire en Afrique de l'Ouest doit nécessairement s'appuyer sur une évaluation précise et approfondie des difficultés monétaires que rencontrent les pays de cette région individuellement et collectivement. C'est ce que nous allons faire dans la deuxième partie de ce livre. Cette démarche a l'avantage de ne pas considérer l'intégration monétaire comme une fin en soi, c'est-à-dire comme un objectif à rechercher pour lui-même, mais plutôt comme un moyen pour atteindre un objectif monétaire de rang supérieur et plus désirable.

Certains observateurs trouveront cette démarche qui conçoit l'intégration monétaire seulement comme un moyen de résoudre les problèmes monétaires un peu réductrice. Après tout, ne cite-t-on pas souvent la recherche de la cohésion sociale, le sens d'appartenance à l'Europe parmi les objectifs que la création de l'euro visait à atteindre ? Soit, mais notre but dans cet ouvrage est de faire une évaluation d'abord monétaire de l'intégration monétaire et d'une monnaie unique. En effet, sans sous-estimer les autres effets qui peuvent découler d'un processus d'union monétaire, notre objectif ici est d'évaluer l'intégration monétaire d'abord sur ses mérites monétaires.

Quels sont donc les problèmes monétaires majeurs de l'Afrique de l'Ouest d'aujourd'hui ? Le Chapitre III tentera d'abord une définition du concept de problème monétaire. Le Chapitre IV examinera les problèmes monétaires d'origine externe. Le Chapitre V examinera les problèmes monétaires d'origine interne. Le Chapitre VI conclura cette partie en montrant que les problèmes monétaires de l'Afrique de l'Ouest sont tels qu'aucun de ces pays, pas même le géant nigérian, ne peut les résoudre seul.

Chapitre III

Notion de problème monétaire

Introduction

Dans ce chapitre, nous allons chercher une définition du concept de problème monétaire qui soit non seulement satisfaisante d'un point de vue conceptuel, mais qui soit aussi opérationnelle, c'est-à-dire qui soit utilisable pour identifier un problème monétaire. Commençons par illustrer le défi que peut poser l'identification d'un problème monétaire.

Vous avez dit problème monétaire dans la zone euro ?

Pour illustrer la difficulté que peut poser l'identification d'un problème monétaire, revenons encore un instant à la crise de la zone euro. Lorsque, en 2009, la crise de la dette grecque a commencé et que les Européens s'employaient à trouver les moyens de venir en aide à ce pays, la Banque centrale européenne s'était dans un premier temps opposée à ce que le Fonds monétaire international soit partie prenante à l'élaboration du programme économique et financier que la Grèce devait mettre en œuvre, en échange de l'aide financière que ce pays souhaitait recevoir. La Banque centrale européenne arguait que le problème de la Grèce était un problème de finances publiques et non pas un problème monétaire. Le point de vue de la Banque centrale européenne était que l'euro, la monnaie utilisée par la Grèce qui, elle, était en crise, n'avait pas de problèmes et que, par conséquent, l'intervention du Fonds monétaire international, une institution chargée de régler les problèmes monétaires, ne se justifiait pas. En somme, la Banque centrale européenne disait que la Grèce était en crise mais que l'euro n'était pas en crise. Peut-être cette posture initiale était-elle motivée par le fait qu'étant en charge de l'euro, la Banque centrale européenne souhaitait dès le départ tout faire pour que l'euro ne paraisse pas comme une monnaie en difficulté quelques années seulement après son lancement. Surtout que nous étions dans un contexte où les marchés s'interrogeaient encore sur l'avenir de cette monnaie face aux autres grandes monnaies internationales. C'est surement ce qu'il faut comprendre de la déclaration d'un membre du directoire de la Banque centrale européenne, Lorenzo Bini Smaghi, qui estimait que « si on avait recours au FMI, l'image de l'euro deviendrait celle d'une devise qui ne peut survivre que grâce à l'aide d'une organisation internationale dans laquelle les Européens n'ont pas la majorité et où les Américains et les (représentants) asiatiques ont de plus en plus d'influence [20]». Cette posture reflétait peut-être aussi la conviction profonde de la Banque centrale européenne. Toujours est-il que la suite des évènements démontra amplement que la crise, peut-être budgétaire au départ, faillit emporter l'euro, et donc qu'elle avait aussi des conséquences monétaires. Qu'est-ce donc qu'un problème monétaire ?

Problème monétaire : un concept aux contours fuyants

Le concept de problème monétaire fait partie de ceux dont le sens parait évident a priori mais qui, en réalité, se révèlent un peu fuyants quand il s'agit de les définir rigoureusement. Commençons par rappeler la définition de la monnaie elle-même. En sciences économiques, la monnaie est généralement définie comme un actif créé par les autorités monétaires et qui remplit trois fonctions essentielles à la bonne performance économique des nations : la monnaie est un actif qui sert à la fois d'unité de compte, de réserve de valeur et d'intermédiaire des échanges[21]. Si une monnaie ne remplit pas convenablement ses trois fonctions immuables susmentionnées, elle va se révéler être un obstacle majeur à la bonne performance de l'économie dans son ensemble. Nous pouvons donc définir un problème monétaire simplement comme une situation à laquelle les

---

[20] Dépêche publiée le 24 mars 2010 sur le site internet du journal *Le Figaro* (http://www.lefigaro.fr/flash-eco/2010/03/24/97002-20100324FILWWW00693-grece-la-bce-ne-veut-pas-du-fmi.php).

[21] En tant que unité de compte, la monnaie sert à mesurer la valeur des autres biens et services produits dans une économie. En tant que réserve de valeur, la monnaie permet de reporter dans le temps les actifs accumulés à un moment donné, et, en tant qu'intermédiaire d'échanges, la monnaie facilite les transactions et les échanges entre agents économiques.

autorités responsables de la politique économique sont confrontées et qui se traduit par une incapacité de la monnaie nationale à remplir pleinement ses fonctions essentielles susmentionnées. Bien que cette définition soit pleinement satisfaisante d'un point de vue conceptuel, elle a cependant une portée opérationnelle limitée. Pour qu'elle soit également pleinement opérationnelle, nous devons la lier à la politique monétaire, qui est l'instrument opérationnel pour permettre à la monnaie de remplir convenablement ses trois fonctions.

Ainsi, pour que la monnaie remplisse convenablement ses trois fonctions essentielles, les autorités monétaires doivent-elles veiller à ce que la politique monétaire atteigne un ensemble d'objectifs. Si tel est le cas, quels sont donc les objectifs de la politique monétaire ?

Traditionnellement, la stabilité des prix a été présentée comme étant l'objectif final de la politique monétaire. Mais un examen rigoureux de la théorie de la politique monétaire et des pratiques dans le monde montre que les autorités monétaires ont aussi l'obligation de contribuer aux autres objectifs importants de la politique économique globale de la nation qui sont la promotion d'une croissance économique forte, inclusive et durable et la création d'emplois. Ainsi, les statuts des banques centrales leur assignent-elles généralement l'objectif de veiller à la stabilité des prix, bien entendu, mais aussi l'objectif de contribuer le plus possible à la croissance économique et à la création d'emplois. Aux États-Unis par exemple, trois objectifs sont fixés pour la politique monétaire par le Federal Reserve Act, à savoir : le plein emploi, la stabilité des prix et des taux d'intérêt à long terme modérés. L'article 8 des statuts de la BCEAO indique que l'objectif prioritaire de la politique monétaire est d'assurer la stabilité des prix, mais que sans préjudice de cet objectif, la Banque centrale apporte son soutien aux politiques économiques de l'UEMOA, en vue d'une croissance saine et durable. En plus de cet objectif final, il existe aussi d'autres objectifs et indicateurs de politique monétaire qui, bien que moins médiatisés, ne sont pas moins importants dans le processus d'élaboration et de conduite de la politique monétaire. Il s'agit notamment des objectifs intermédiaires tels que les agrégats monétaires[22] et de crédits, les taux d'intérêts à long terme, le taux de

[22] En politique monétaire, l'on distingue les agrégats monétaires suivants : M1 (billets, pièces et dépôts à vue), M2 (M1 plus les comptes sur livrets et les dépôts à termes <2ans), et M3 (M2 plus les dépôts > 2 ans et les instruments négociables sur le marché monétaire). M3 représente la masse monnaie au sens large. Bien que ce

change et des objectifs opérationnels tels que la base monétaire et les taux d'intérêts à court terme. Il y a aussi les instruments de la politique monétaire qui permettent d'atteindre les objectifs (pouvoir réglementaire de la Banque centrale, opérations d'*Open market*, réserves obligatoires, le taux d'intérêt directeur, le taux d'escompte). Lorsque la politique monétaire fonctionne bien, la relation qui existe entre les objectifs et les instruments de la politique monétaire est une relation de cause à effet. Dans cette relation, les instruments sont censés influencer les objectifs opérationnels qui, à leur tour, vont impacter les objectifs intermédiaires, lesquels à leur tour vont influencer les objectifs finals de la politique monétaire.

Puisque la stabilité des prix est souvent présentée comme étant l'objectif final de premier rang de la politique monétaire et qui, si elle est atteinte, permettra à la monnaie de remplir convenablement ses trois fonctions essentielles d'unité de compte, de réserve de valeur et d'intermédiaire des échanges, une définition opérationnelle du concept de problème monétaire serait de définir un problème monétaire comme une situation où l'objectif de stabilité des prix n'est pas atteint. Une telle définition a l'avantage de la simplicité, mais un examen attentif montre qu'elle ne peut être pleinement satisfaisante. En effet, non seulement nous venons de voir que la stabilité des prix n'est qu'un des objectifs finals de la politique monétaire, les autres étant la contribution à une croissance économique inclusive et créatrice d'emplois, mais aussi l'atteinte de cet objectif même de stabilité des prix dépend du bon fonctionnement de toute la chaîne de transmission de la politique monétaire. Un fonctionnement inadéquat de l'un des maillons de cette chaîne peut donc, *in fine*, se traduire par la non-atteinte des objectifs finals de la politique monétaire et donc par une monnaie qui ne remplit pas pleinement ses trois fonctions essentielles d'unité de compte, de réserve de valeur et d'intermédiaire des échanges.

Sur la base du raisonnement analytique qui précède, nous pouvons énoncer deux définitions opérationnelles du concept de problème monétaire : une définition opérationnelle au sens strict et une définition opérationnelle au sens large. Au sens opérationnel strict, nous définirons un problème monétaire comme une situation qui se

---

soit le taux d'inflation qui fasse souvent la *Une* des nouvelles en matière de politique monétaire, l'évolution de ces différents agrégats est aussi suivie de très près par les autorités et les analystes de la politique monétaire.

traduit par la non-atteinte de l'objectif final de stabilité des prix. Au sens opérationnel large, nous définirons un problème monétaire comme une situation qui se traduit soit par la non-atteinte de l'un des objectifs finals de la politique monétaire, soit par la non-atteinte de l'un des objectifs intermédiaires et/ou opérationnels de la politique monétaire, soit par un fonctionnement inadéquat des instruments ou de l'un des maillons de la chaîne de transmission de la politique monétaire. L'on voit bien que la seconde définition est beaucoup plus large puisqu'elle prend en compte la première et embrasse un ensemble plus vaste de facteurs pouvant avoir des conséquences sur la capacité de la politique monétaire à atteindre ses objectifs et, par ricochet, sur la capacité de la monnaie nationale à remplir convenablement ses trois fonctions essentielles d'unité de compte, de réserve de valeur et d'intermédiaire des échanges. Ainsi, d'après cette seconde définition, une croissance économique plus faible, un faible taux de création d'emplois dans l'économie, ou même un taux de change qui se situerait à un niveau non adéquat pour les objectifs de croissance et de création d'emplois peuvent l'un ou l'autre traduire des problèmes monétaires.

Si nous revenons un instant au débat sur la nature monétaire ou pas de la crise récente que plusieurs pays de la zone euro ont connue à partir de 2007, que nous avons évoquée ci-dessus, on peut constater que cette crise n'était pas un problème monétaire au sens strict puisque la stabilité des prix au sein de la zone euro n'était pas véritablement menacée. Cependant, si l'on adopte la définition de problème monétaire au sens large, l'on se rend compte que même si l'origine de la crise de la dette souveraine dans la zone euro n'était pas monétaire, cette crise a fini par devenir un problème monétaire. En effet, la hausse des risques de défauts souverains qui a caractérisé cette crise s'est traduite par un affaiblissement des mécanismes de transmission de la politique monétaire de la Banque centrale européenne (BCE), des risques accrus de rationnement du crédit aux entreprises et aux ménages avec, au final, des risques pour la croissance économique et l'emploi dans la zone euro. Puisque la croissance économique au sein de la zone euro était ainsi menacée, il n'était pas superflu de réfléchir à ce que cette faible croissance économique eut impliqué pour la politique monétaire de la BCE et pour la monnaie unique européenne. La suite des évènements a d'ailleurs montré le rôle extraordinaire que la politique monétaire a joué dans les efforts visant à endiguer cette crise.

Au regard de l'analyse qui précède et du lien entre la politique monétaire, ses objectifs et la capacité de la monnaie à remplir convenablement ses fonctions essentielles, la seconde définition opérationnelle nous semble plus adaptée. C'est donc cette seconde définition que nous allons adopter dans le cadre du présent ouvrage, notamment pour examiner les problèmes monétaires des membres de la CEDEAO.

Conclusion du Chapitre III

Le concept de problème monétaire qui parait sans ambiguïté au départ, se révèle rapidement avoir des contours fuyants dès lors qu'il s'agit de l'appréhender avec précision. Munis de la définition élaborée dans ce chapitre, nous allons maintenant examiner les principaux problèmes monétaires que rencontrent les pays membres de la CEDEAO, individuellement et collectivement.

Chapitre IV

Les problèmes monétaires de la CEDEAO d'origine externe

Introduction

Maintenant que nous sommes munis d'une définition claire et opérationnelle du concept de problème monétaire, nous allons nous pencher sur l'examen des principaux problèmes monétaires que rencontrent les pays membres de la CEDEAO, individuellement et collectivement. Le présent chapitre examinera ceux de ces problèmes qui sont d'origine externe, c'est-à-dire qui trouvent leur source dans le fonctionnement de l'économie monétaire mondiale. Les problèmes monétaires d'origine interne feront l'objet du chapitre suivant.

Parmi les problèmes monétaires d'origine externe, cinq retiennent notre attention : les contraintes inhérentes au système monétaire international et qui imposent, par exemple, un biais déflationniste à la politique économique en général et à la politique monétaire en particulier dans ces pays ; la volatilité des flux de capitaux et les contraintes que cette volatilité impose à la conduite de la politique monétaire dans ces pays ; le problème de la non-convertibilité des monnaies de ces pays ; les chocs exogènes extérieurs que subissent ces économies et enfin le problème du déséquilibre entre les monnaies. Nous allons les examiner successivement.

Les contraintes du système monétaire international

Comme nous allons amplement le démontrer dans les lignes qui vont suivre, le système monétaire international actuel génère, dans son fonctionnement, des problèmes monétaires redoutables et extrêmement compliqués à résoudre pour les pays africains en général, et ceux d'Afrique de l'Ouest en particulier. Mais avant d'évoquer ces problèmes, attardons-nous un instant sur la définition et les principales caractéristiques de ce système. Cette définition permet de bien fixer les idées et de bien comprendre de quoi on parle quand on évoque le système monétaire international.

Les échanges économiques internationaux, un des moteurs de la croissance de l'économie mondiale, mettent inévitablement en présence des agents économiques relevant de circonscriptions monétaires différentes, c'est-à-dire utilisant des monnaies (ou des moyens de paiement) différentes émises par les différents pays qui composent l'économie mondiale. Il apparait dès lors la nécessité de définir un actif ou des actifs qui pourront être acceptés par les parties en présence comme moyen de mesure de la valeur des biens et services échangés et comme moyen de paiement. La tâche de définir ce ou ces actifs incombe au système monétaire international. Le système monétaire international peut dès lors être défini comme l'ensemble des mécanismes qui permettent de déterminer (i) le ou les actifs qui, dans le contexte des échanges internationaux de biens et services, vont remplir les mêmes fonctions qu'une monnaie nationale remplit dans les échanges qui ont lieu à l'intérieur des frontières d'une circonscription monétaire nationale donnée[23], c'est-à-dire les fonctions d'instrument de mesure de la valeur, de moyen de paiements et de réserve de la valeur et, (ii) la valeur relative de chaque monnaie nationale par rapport à ce ou ces actifs qui jouent le rôle de monnaie internationale. Le système monétaire international joue, pour les échanges entre pays, le même rôle que la monnaie nationale joue dans une économie nationale. Tandis que dans une économie nationale, la monnaie nationale sert d'instrument de mesure de la valeur monétaire des biens et services que les agents économiques résidents s'échangent entre eux et de moyen de paiement pour les transactions qui ont lieu entre ces mêmes agents économiques, le système monétaire international permet de déterminer l'actif ou les actifs qui servent d'instrument de mesure de la valeur monétaire des biens et services que des agents économiques résidents dans des économies différentes s'échangent entre eux et de moyen de paiements pour les transactions qui se nouent entre ces mêmes agents économiques.

---

[23] Les frontières d'une circonscription monétaire coïncident habituellement avec celles d'un État, puisque l'émission monétaire est l'un des attributs traditionnels d'un État. Mais il se peut aussi que les frontières d'une circonscription monétaire coïncident avec celles de plusieurs États, c'est le cas des monnaies supranationales émises par les banques centrales supranationales dans le cadre des unions monétaires.

Si, sur le plan national, la monnaie nationale et la qualité de sa gestion jouent un rôle de tout premier plan pour les efforts de développement économique du pays, il en est de même sur le plan international. Si l'on admet que les échanges avec l'extérieur sont un déterminant important de la croissance et du développement économique des pays, alors l'on doit aussi admettre que le système monétaire international, qui est un déterminant important du rythme, de l'intensité et de l'orientation de ces échanges, est aussi un déterminant important de la croissance et du développement économique des pays. Le système monétaire international a connu plusieurs mutations au cours de l'histoire de l'économie mondiale, depuis l'étalon or qui, de 1880 à 1914, constitua le système monétaire international, jusqu'au système de Bretton-Woods qui fut mis en place à la Conférence monétaire internationale de 1944 et au système post Bretton-Woods dans lequel nous vivons actuellement depuis la désintégration du système de Bretton-Woods en 1971[24]. Ces évolutions ont souvent été le résultat du jeu combiné des forces économiques, politiques et géopolitiques, et idéologiques entre les pays à un moment donné de l'histoire du monde[25].

À partir de ce qui précède, l'on voit immédiatement que deux variables économiques matérialisent de manière emblématique le système monétaire international, et affectent les vies économiques nationales et l'économie mondiale dans son ensemble. Il s'agit d'abord de la situation des taux de change entre les monnaies dans le monde, et plus particulièrement de la situation des taux de change entre les monnaies qui ne sont pas des monnaies internationales et les monnaies internationales, dites aussi monnaies de réserve ou moyens

---

[24] Dans le système de l'étalon or, la monnaie internationale était l'or. Dans le système de Bretton-Woods, l'or et le dollar américain jouaient conjointement le rôle de monnaie internationale. Dans le système post Bretton-Woods, plusieurs devises dont le dollar américain, l'euro (depuis l'introduction, en 1999, de cette monnaie par les pays membres de la zone euro), le yen japonais, la livre sterling britannique et, plus récemment, le yuan chinois (depuis la décision prise, le 30 novembre 2015, par le Fonds monétaire international d'inclure cette monnaie chinoise dans le panier des monnaies qui composent le Droit de tirage spécial), jouent conjointement le rôle de monnaie internationale. En plus de ces principales devises, d'autres monnaies sont aussi acceptées dans les paiements internationaux. Il s'agit essentiellement du franc suisse et du rand sud-africain.

[25] Pour une discussion de l'évolution du système monétaire international, voir Mistral J. (2014), *Guerre et paix entre les monnaies*, Fayard, Paris.

de paiements internationaux. La seconde variable concerne la situation des réserves de change des banques centrales à travers le monde qui, dans une certaine mesure, traduit aussi le niveau d'adéquation entre l'offre des monnaies de réserves (ou offre des moyens de paiements internationaux) et la demande de ces mêmes monnaies de réserve générée par le fonctionnement des économies nationales. C'est ce niveau d'adéquation que le concept de liquidité internationale, bien connu en économie monétaire internationale, tente de saisir.

Nous allons maintenant montrer que, sur ces deux variables emblématiques, le fonctionnement actuel du système monétaire international est incontestablement l'une des sources majeures des problèmes monétaires que rencontrent les pays africains en général et l'Afrique de l'Ouest en particulier.

Difficultés d'accès à la liquidité internationale

L'un des tout premiers problèmes monétaires posé par le système monétaire international actuel (où ce sont les monnaies nationales émises par certains pays qui jouent le rôle de moyens de paiements internationaux, et où par conséquent l'offre de liquidités internationales dépend de la politique de ces pays) est l'inadéquation, devenue maintenant structurelle, entre cette offre, insuffisante, de liquidités internationales et les demandes de liquidités internationales exprimées par les pays non émetteurs de monnaies internationales. Dans un rapport préparé à la demande du Secrétaire général des Nations-Unies sur la réforme du système monétaire international, le comité d'experts présidé par le prix Nobel Joseph Stiglitz notait : « US [le principal pays émetteur de liquidités internationales dans le système actuel[26]] monetary policies have been implemented with little consideration of their impact on global aggregate demand or demand for global liquidity and are thus a potential cause of instability in exchange rates and global activity[27]».

---

[26] Les explications entre parenthèses sont des auteurs.

[27] United Nations (2009), *Report of the Commission of Experts of the President of the United Nations General Assembly on Reforms of the International Monetary and Financial System*; September 21, 2009, page 110. Rapport disponible sur le site : http://www.un.org/ga/econcrisissummit/docs/FinalReport_CoE.pdf. Extrait le 28 octobre 2015. Cette Commission d'experts était présidée par l'économiste Joseph Stiglitz, Prix Nobel d'économie.

Cette offre déficitaire de liquidités internationales représente, à notre avis, une contrainte majeure au financement des économies périphériques et donc à la mise en œuvre par ces pays des politiques les plus appropriées pour promouvoir leur développement économique. Bien que cette contrainte touche tous les pays non émetteurs de monnaie internationale, la situation des pays africains nous semble particulièrement préoccupante dans la mesure où ces pays sont aussi ceux où les problèmes de développement sont les plus pressants et les plus coûteux en termes de développement humain. Ces pays ont donc les besoins les plus pressants de liquidités internationales. Bien que les pays africains soient aujourd'hui parmi les pays les plus concernés par ce problème, ils ne semblent pas en mesurer la portée. On en veut pour preuve le peu d'appropriation du débat sur la réforme du système monétaire international que l'on observe sur le continent.

Les problèmes de financement du déficit de leur balance des paiements, que beaucoup de pays sur le continent connaissent et qui constituent l'une des barrières les plus importantes à leurs efforts de relance économique, est l'une des traductions les plus visibles de ce problème d'offre inadéquate de liquidités internationales qui est inhérent au système monétaire international actuel. Dans certains milieux économiques sur le continent, beaucoup considèrent ce problème de liquidités internationales comme un problème économique pur alors que ce n'est un problème que parce que nous sommes dans le système monétaire international dans lequel nous sommes actuellement. Un autre système monétaire international (nous en parlerons plus loin) pourrait atténuer ce problème et ouvrir de nouvelles perspectives de financement et de croissance économique aux pays africains. Lorsque les pays émetteurs de monnaie de réserve se sont retrouvés en crise à partir de 2008, c'est grâce à une politique monétaire très accommodante qu'ils se sont tirés d'affaires. S'ils ont pu mettre en œuvre une telle politique monétaire accommodante, c'est justement parce qu'ils n'ont pas de problème de liquidités internationales, étant eux-mêmes émetteurs de liquidités internationales dans le système monétaire international actuel.

Ce problème de contrainte de liquidités internationales n'est pas nouveau. Il y a longtemps que ce problème a été reconnu et admis par la communauté internationale. C'est d'ailleurs pour tenter de l'atténuer que le Fonds monétaire international créa, en 1969, les

Droits de tirage spéciaux (DTS) dont les allocations périodiques devaient servir à renflouer les liquidités internationales des pays et, ainsi, permettre d'alléger cette contrainte de financement international des économies. Mais, l'expérience a montré que, aussi bien la périodicité des allocations des DTS que les montants et la répartition de ces allocations entre les pays n'ont pas été en adéquation avec les besoins en liquidités internationales exprimés par les pays, en particulier les pays en voie de développement, y compris et surtout ceux d'Afrique[28]. Si bien que le problème de l'accès insuffisant aux liquidités internationales est resté entier. À titre d'illustration, le Tableau 1 ci-dessous présente les données sur la répartition des 250 milliards de dollars de l'allocation DTS décidée en 2009 dans le cadre des actions mises en œuvre par le FMI pour aider ses pays membres à faire face à la crise financière et économique internationale qui est partie du marché des crédits hypothécaires *subprimes* aux États-Unis.

[28] Comme son nom l'indique, le DTS est un droit créé par le FMI et alloué aux pays. Ce droit peut être converti en monnaies de réserve soit par accord entre banques centrales, soit par désignation du FMI. Le montant total des droits créés est réparti entre les pays en fonction de leur quote-part au FMI. Les DTS ne sont donc pas une véritable monnaie internationale puisque leur usage est restreint aux banques centrales (les DTS ne sont donc pas utilisables dans les échanges internationaux entre agents économiques privés) ; et même les banques centrales doivent d'abord les convertir en devises qui la composent avant de pouvoir les utiliser pour effectuer les paiements internationaux. En plus, la liquidité des DTS est restreinte pour les pays qui ne font pas face à un problème de balance des paiements. Le fait aussi que le taux d'intérêt payé pour utiliser les DTS est un taux d'intérêt non concessionnel peut aussi freiner l'utilisation des DTS par les pays en voie de développement.

Tableau 1 : Répartition des DTS créés en 2009

Pays	Part du total des quotes-parts (en pourcentage du total des quotes-parts du FMI)	Montant de l'allocation des DTS (en milliards de dollars US)
Économies avancées	61,6	150
Pays émergents et pays en voie de développement	38,4	100
-Afrique	5,5	15,6
-Pays à faible revenu	4,7	18
Total	100	250

Source : (1) FMI. Données disponibles sur le site http://www.imf.org/external/np/sec/pr/2011/pdfs/quota_tbl.pdf, extraites le 28/12/2015 ; et calculs des auteurs.

Comme il apparait, ce mode d'allocation a eu pour résultat que ce sont les pays émetteurs de monnaie de réserve, c'est-à-dire essentiellement les pays développés, qui reçoivent la plus grande partie des droits créés, c'est-à-dire des liquidités internationales créées par le FMI, alors qu'ils sont aussi ceux qui en ont le moins besoin puisqu'ils peuvent eux-mêmes créer des liquidités internationales. Les pays africains ont reçu un peu plus de 15 milliards de dollars, soit 6 % du total des DTS créés. Bien qu'ils ne furent pas les premiers pays touchés par la crise des *subprimes*, ils étaient tout autant confrontés à des difficultés structurelles de liquidités internationales, difficultés aggravées par les effets de second tour de la crise (ralentissement des exportations, baisse des flux de financement extérieur) et avaient donc grandement besoin de liquidités internationales, ne pouvant en générer eux-mêmes. Dans un contexte de raréfaction des liquidités internationales, ces allocations DTS avaient pour objectif principal de renforcer les réserves internationales et de permettre ainsi aux pays bénéficiaires de faire face à leurs besoins de financement de la balance des paiements. En effet, à cause de la consolidation des avoirs extérieurs de la banque centrale qu'elles permettaient, ces allocations de DTS donnaient un potentiel additionnel d'émission monétaire. Dans le cas des pays de l'UEMOA, par exemple, l'option qui avait été retenue pour l'utilisation de ces allocations de DTS fut que la BCEAO rétrocède aux États membres la contrevaleur en FCFA de leurs allocations de DTS, pour leur permettre d'apurer leurs arriérés de paiement intérieurs. Cela se justifiait par l'urgence pour les États de procéder à l'apurement de ces arriérés, afin de ne pas accentuer les effets néfastes de la crise mondiale sur l'activité économique.

L'accès insuffisant aux liquidités internationales agit donc comme un frein qui empêche les banques centrales des pays non émetteurs de monnaie de réserve, comme les pays membres de la CEDEAO, de mener une politique monétaire optimale du point de vue du financement de l'économie. Plus précisément, à cause de l'accès insuffisant aux liquidités internationales, les monnaies de ces pays ne remplissent pas convenablement les trois fonctions essentielles de la monnaie que nous avons rappelées ci-dessus, en particulier leur fonction d'intermédiaire des échanges. Il en est ainsi parce que leurs monnaies ne servent pas d'intermédiaire dans leurs échanges internationaux, qui représentent pourtant une grande partie de leurs échanges, tout simplement parce qu'elles ne sont pas utilisées dans ce type d'échanges. Il faut rappeler ici que ce problème n'est pas spécifique aux pays membres de la CEDEAO, mais se pose à tous les pays non émetteurs de monnaie de réserve dans le système monétaire international actuel.

L'autre problème monétaire important que rencontrent les pays africains, et qui est intimement lié au fonctionnement actuel du système monétaire international, est celui du désalignement des taux de change des pays africains par rapport à leurs objectifs de développement et qui résulte des politiques économiques mises en œuvre par les pays émetteurs de monnaie de réserves et par certains grands pays émergents. C'est ce second problème que nous allons maintenant examiner.

Difficultés de mise en œuvre d'une politique de change qui contribue à la croissance et au développement économique

Le système monétaire international actuel peut aussi être considéré comme l'une de sources principales des problèmes monétaires pour les pays d'Afrique de l'Ouest, comme pour la plupart des pays en développement en général, dans la mesure où il ne garantit pas de façon effective, un système multilatéral de taux de change raisonnables et stables. Les politiques monétaires menées par les grands pays industrialisés, et même certains grands pays émergents sont parfois à l'origine de désalignements profonds, durables et économiquement préjudiciables des monnaies d'Afrique de l'Ouest[29]. Ces désalignements, qui se traduisent souvent par des appréciations non désirées des taux de change de ces monnaies, handicapent durablement et considérablement la compétitivité des secteurs productifs dans les pays de cette partie de l'Afrique[30].

Il est bien connu que le problème de la valeur du yuan, la monnaie chinoise, a pendant longtemps constitué un point de contentieux important entre la Chine et les pays occidentaux, dont principalement les États-Unis et l'Union européenne. Ces pays se plaignant que pour améliorer la compétitivité de son économie, la Chine pratiquait une politique de sous-évaluation du yuan. Plus récemment encore, pour faire face à la crise financière qu'elles vivaient depuis 2008, plusieurs banques centrales des pays industrialisés ont mis en œuvre une politique monétaire non conventionnelle dont la mesure emblématique est ce qu'il est aujourd'hui convenu d'appeler « politique d'assouplissement quantitatif ». L'assouplissement quantitatif fait référence aux outils de politique monétaire utilisés pour doper l'activité économique lorsque les mesures traditionnelles comme les objectifs de taux d'intérêt ont été épuisées. Les banques centrales approvisionnent plus que nécessaire, le système bancaire en liquidités

---

[29] Sur le continent africain, il n'y a pas que les monnaies ouest-africaines qui subissent ces effets indésirables. Le Kenya, la Tanzanie, l'Ouganda et même l'Afrique du Sud, pour ne citer que ces exemples, sont autant de pays qui ont vu leur monnaie subir le contrecoup des décisions monétaires prises ailleurs.

[30] Les taux de change dans la région sont relativement instables (pour l'espace UEMOA, taux de change effectifs instables et taux de change bilatéraux avec les monnaies autres que l'euro instables, même si ces pays ont un taux de change bilatéral nominal qui est fixe par rapport à l'euro et, pour les autres pays hors UEMOA, taux de change effectifs et taux de change bilatéraux instables).

afin de maintenir les taux d'intérêt officiels à des niveaux très bas ou à zéro, avec pour objectifs de consolider le système financier et de favoriser le crédit. En d'autres termes, la Banque centrale crée la monnaie centrale et l'utilise pour acheter divers types d'actifs financiers détenus par les agents économiques privés, en particulier les banques et les autres institutions financières. Ce faisant, la Banque centrale vise à augmenter la monnaie centrale dont disposent les agents économiques privés et les pousser ainsi à accroître leur demande de biens et services, ce qui stimule la croissance économique.

Cette politique d'assouplissement quantitatif fut donc mise en œuvre par la FED, la Banque d'Angleterre, la Banque du Japon, ainsi que la Banque centrale européenne. Dans le cas du Japon, cette politique qui porta même le nom *d'Abenomics*, aida la dépréciation du yen d'environ 18 % face au dollar en l'espace de 12 mois, une augmentation des profits dans un groupe de 500 entreprises nipponnes cotées à la bourse de Tokyo, et des chiffres d'affaires de 11 %. En Europe, les grandes entreprises notaient elles aussi une amélioration substantielle de leur situation financière après la mise en œuvre par la Banque centrale européenne de la politique d'assouplissement quantitatif.

Si les pays développés semblaient créditer cette politique de les avoir aidés à endiguer la grave récession qu'ils subissaient ou, à tout le moins, d'avoir limité son ampleur, beaucoup de pays émergents n'ont pas manqué de critiquer cette politique, arguant qu'elle a produit des effets négatifs chez eux, surtout sur leur monnaie. En effet, beaucoup de pays émergents pensent que cette politique a entrainé une dépréciation des monnaies des pays qui l'ont pratiquée et au contraire conduit à une appréciation des monnaies émergentes, dans un contexte où ces pays connaissaient eux aussi une récession et n'avaient donc pas besoin de voir leur monnaie s'apprécier. Guido Mantega, ministre brésilien des Finances, a d'ailleurs acquis la notoriété pour avoir lancé une mise en garde aux pays industrialisés à ce sujet en disant que si ces pays ne mettaient pas fin à cette politique, cela pourrait conduire à une guerre des monnaies. Les exemples ci-dessus montrent bien que les problèmes monétaires d'un pays peuvent trouver leur source non pas dans le pays, mais à l'extérieur du pays[31]. Les études récentes ont d'ailleurs montré que la politique monétaire non conventionnelle mise en œuvre par les États-Unis a eu un impact significatif sur la valeur du dollar. Ainsi, les annonces, par la Réserve fédérale américaine, des plans successifs d'achat des actifs QE1, QE2 et QE3 ont eu un effet de dépréciation sur le dollar de 62, 24 et 14 points de base respectivement[32].

Les pays africains sont restés bien loin de ce débat. Est-ce à dire qu'ils ne sont pas concernés ? Est-ce à dire que la valeur des monnaies internationales ne représente pas une source de problèmes monétaires chez eux ? En des termes plus concrets, est-ce à dire que la politique monétaire de la Chine, et la valeur du yuan qui en découle, n'ont pas d'implications monétaires en Afrique et donc d'implications sur les performances économiques des pays africains ? Est-ce à dire que la politique monétaire des États-Unis ou de la Banque centrale européenne, et la valeur du dollar ou de l'euro qui en découle, n'a pas d'implications monétaires en Afrique et donc d'implications sur les performances économiques des pays africains ? Il serait difficile de répondre par l'affirmative à ces questions, surtout dans un contexte où les pays africains échangent principalement avec ces zones économiques, et que ces échanges, notamment avec la Chine, sont depuis quelques années sur une trajectoire exponentielle (voir annexe 1 pour une description de l'évolution de la structure des échanges extérieurs de l'Afrique de l'Ouest).

Deux études récentes réalisées par des économistes de la Banque africaine de développement établissent la réalité de la transmission aux pays africains des politiques économiques et monétaires mises en œuvre dans le reste du monde. Ainsi, Gurara et Ncube (2013), utilisant une modèle global d'autorégression vectorielle montrent que la mise en œuvre de la politique d'assouplissement quantitatif pratiquée par les pays industrialisés génère des pressions inflationnistes et des pressions vers l'appréciation et/ou dépréciation sur les taux de change

---

[31] La théorie économique a d'ailleurs bien analysé ce phénomène à travers le concept de « politique d'appauvrissement du voisin », plus connue sous son appellation anglaise de *beggar-thy-neighbor policies*.

[32] Voir Glick R., Leduc S. (2013), «The Effects of Unconventional and Conventional U.S. Monetary Policy on the Dollar», *Federal Reserve Bank of San Francisco Working Paper* n° 2013-11. Available at: http://www.frbsf.org/economic-research/files/wp2013-11.pdf. Extrait le 8 novembre 2015.

dans les pays africains[33]. En étudiant l'évolution du taux de change effectif réel (TCER) du FCFA entre 1999 et 2011, Gnansounou et Verdier-Chouchane ont aussi conclu que la courbe de mésalignement du FCFA est étroitement liée à celle du taux de change euro/dollar sauf en situation d'augmentation des prix du principal produit de base exporté par chaque pays. En effet, dans les pays de l'UEMOA, la politique monétaire est liée à celle conduite dans la zone euro du fait de l'arrimage du FCFA à l'euro. L'objectif d'inflation dans l'UEMOA est fixé à 2 %, aligné à celui de la Banque centrale européenne, et le taux de change effectif nominal du FCFA dépend fortement de l'évolution de la parité euro-dollar.

Dans une autre étude plus récente et plus vaste, car portant sur l'ensemble des pays africains, Guillaumont et Hua (2014) montrent que l'appréciation des monnaies des pays africains par rapport à la monnaie chinoise, le yuan, exerce un effet significatif important sur la croissance des exportations de la Chine vers l'Afrique et n'a pas d'effet sur les importations de la Chine en provenance de l'Afrique[34]. Selon cette étude, l'évolution du taux de change de la monnaie chinoise par rapport aux monnaies africaines a été différente de celle par rapport aux autres monnaies du monde : sur la période 2000-2011, le taux de change effectif réel du yuan s'est déprécié de 29 % par rapport aux monnaies africaines alors qu'il s'est apprécié de 13 % par rapport aux autres monnaies du monde. Ces deux auteurs montrent aussi que le rattachement de certaines monnaies africaines aux grandes monnaies internationales comme le dollar ou l'euro, qui sont elles-mêmes parfois surévaluées par rapport à la monnaie chinoise, est un facteur important de l'appréciation de ces monnaies africaines par rapport à la monnaie chinoise. Cette étude mentionne aussi les conséquences très souvent négatives de l'appréciation des monnaies africaines par rapport au yuan sur le développement industriel, et donc économique, de l'Afrique. Ce constat ne s'applique pas seulement au yuan, il est certain que l'on ferait le même constat si l'on examinait, avec le niveau de précision exercé par ces auteurs, les effets des

---

[33] Voir Gurara, D.Z; M. Ncube (2013), «Global Economic Spillovers to Africa: A GVAR Approach», *African Development Bank Working Paper*, n° 183, September 2013.

[34] Voir Guillaumont S., Hua P. (2014) «China's African Financial Engagement, Real Exchange Rates and Trade between China and Africa», *Journal of African Economies*, 2014, 1-25, doi: 10.1093/jae/eju020, Oxford.

variations des autres grandes monnaies du monde sur le développement industriel et économique de l'Afrique.

Lorsqu'on examine l'évolution du taux de change effectif réel dans les pays africains entre 2007 et 2014, période qui a connu la crise financière internationale et la mise en œuvre des politiques d'assouplissement monétaire dans les pays industrialisés, on relève une appréciation des taux de change en moyenne en Afrique subsaharienne (cf. graphique 4). Le même constat est valable dans la région de l'Afrique de l'Ouest, en particulier au Nigéria, dans les pays de l'UEMOA et au Ghana. Il y a certainement des facteurs internes aux pays qui expliquent cette appréciation mais il serait difficile de ne pas y voir un impact des politiques monétaires des pays développés et de la dépréciation de leurs monnaies sur la compétitivité des économies africaines.

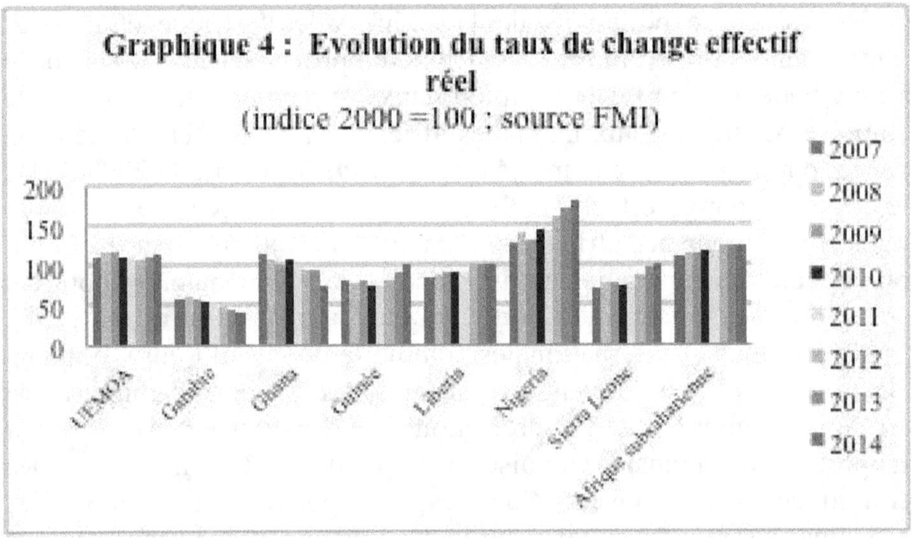

La volatilité des flux de capitaux et ses conséquences négatives sur la gestion monétaire

Les flux de capitaux peuvent procurer des bénéfices économiques importants pour les pays qui les reçoivent, mais ces mêmes flux peuvent aussi être source de problèmes économiques graves, notamment en cas de retournement subit de la conjoncture suivi d'un retrait massif des capitaux. Le retrait subit des capitaux exerce des pressions sur le taux de change, ce qui complique davantage la conduite de la politique monétaire et peut avoir des conséquences économiques importantes, notamment sur le secteur réel.

Certains pays de l'Afrique de l'Ouest, notamment le Nigéria, le Ghana et le Sénégal considérés parmi les marchés pionniers[35]d'Afrique subsaharienne ont, à l'instar des pays émergents, enregistré au cours des dernières années une progression des entrées de capitaux de portefeuille, résultant partiellement de l'assouplissement monétaire dans les pays industrialisés et de la diversification des portefeuilles des investisseurs des pays développés et émergents. Les entrées nettes d'investissements de portefeuille vers l'Afrique ont fortement augmenté en 2009 et 2010 pour s'établir respectivement à 10,5 milliards de dollars et 8,1 milliards de dollars contre un flux annuel moyen de 3 milliards de dollars dans les années 1990[36]. Selon les estimations du FMI, les flux d'investissements de portefeuille à destination du Nigéria et du Ghana ont atteint respectivement 2,7 % du PIB et 1,9 % du PIB entre 2010 et 2012 contre 0,2 % et 0 % entre 2000 et 2007. Bien que les flux de capitaux de portefeuille vers les marchés pionniers de l'Afrique de l'Ouest demeurent encore faibles par rapport aux flux vers les autres économies émergentes et en développement, leur ampleur par rapport à la taille de ces pays est à peu près égale.

Ainsi s'il est vrai que la plupart des marchés pionniers d'Afrique subsaharienne, et en particulier de l'Afrique de l'Ouest, ont échappé aux difficultés éprouvées par les économies émergentes, des fluctuations des indicateurs monétaires ont été notées suite au mouvement de retrait des capitaux débuté par les pays industrialisés en mai 2013. Au Nigéria, un des marchés pionniers d'Afrique subsaharienne figurant dans les grands indices d'obligations d'État des pays émergents, le naira a été quelque peu sous pression. Après la première phase de vente massive débutée en mai 2013, le naira s'est

[35] La notion de « marché pionnier » ou *frontier market* renvoie à un groupe de marchés émergents qui ont un secteur financier peu développé mais qui sont relativement ouverts et accessibles aux investisseurs étrangers. Le principal attrait des marchés pionniers d'actions est qu'ils peuvent offrir des rendements élevés à long terme et qu'ils sont peu corrélés aux autres places. Trois pays de l'Afrique de l'Ouest sont classés dans cette catégorie selon le rapport du FMI sur les *perspectives économiques régionales en Afrique subsaharienne* (octobre 2013) : le Nigeria, le Ghana et le Sénégal.

[36] Voir Mougani, G. (2012), *Afrique : prochaine destination des investissements mondiaux ? Contraintes, risques et opportunités*, Phoenix Design Aid, Danemark.

légèrement déprécié et les rendements des obligations d'État se sont tendus. La Banque centrale du Nigéria (CBN) indiquait sur son site[37] que la performance du marché des capitaux s'est repliée en 2014 avec une chute de l'indice *All Sare Index (ASI)* de 18,42 % par rapport à 2014 ; repli que la CBN attribue largement aux facteurs externes, notamment le retour à la croissance dans certains pays développés et les effets de l'orientation prise par la FED de mettre fin à la politique d'assouplissement monétaire.

Le Ghana est un autre pays important d'Afrique à avoir subi le contrecoup des flux de capitaux liés à la mise en œuvre de la politique d'assouplissement quantitatif aux États-Unis. Ce pays, confronté à une inflation supérieure à 10 % ainsi qu'à une dégradation du solde budgétaire, a également connu une dépréciation de sa monnaie. Ce qui a conduit la Banque du Ghana à augmenter ses taux d'intérêts de 200 points de base en février 2014 et à prendre certaines mesures de contrôle sur le marché des changes (voir encadré 2). En annonçant ces décisions, la Banque du Ghana a lié, en plus des facteurs d'origine interne, les difficultés du cédi au mouvement de reflux des capitaux dans les pays émergents et en développement suite à la décision de la Réserve fédérale d'arrêter son programme de stimulus monétaire. Commentant les pressions que subissait, en février 2014, la monnaie ghanéenne, le cedi, le quotidien londonien *Financial Times*, habituellement bien informé sur les questions économiques et financières mondiales, écrivait : " Ghana has endured a difficult start to the year as investors sold its currency, the cedi, amid growing concerns about soaring fiscal deficits… The sell-off, which forced the Ghanaian Central Bank to raise rates and impose capital controls, was accentuated by the general turmoil in emerging and frontiers markets because of US Federal Reserve's move to tighten monetary policy… the cedi last year lost 25 per cent against the US dollar and depreciated a further 7.3 per cent before the intervention of the central bank… after the rate rise and the introduction of partial capital controls, the cedi has strengthened, reducing losses against the dollar to 5.5 per cent…[38]. "

---

[37] Voir le lien : http://www.cbn.gov.ng/MonetaryPolicy/Conduct.asp

[38] Voir Blas J, (2014) «Ghana to unveil economic reforms», *Financial Times*, Tuesday, February 18, 2014.

Encadré 2

Ghana : Quelques mesures récentes de politique de change

Pour endiguer la dépréciation rapide que subissait, au début de l'année 2014, la monnaie nationale, le cedi, les autorités prirent un certain nombre de mesures, dont :

- Les limitations sur toutes les transactions en devises.
- Restrictions sur les retraits d'argent à partir de comptes en devises uniquement pour des fins de voyage à un maximum de 10 000 USD par personne et par voyage.
- Interdictions des transferts en comptes en devises.
- Tous les transferts à partir des comptes en devises sont justifiés par des documents appropriés.
- Interdiction de transaction de devises par des sociétés résidentes. Les exportateurs sont tenus de recueillir et de rapatrier l'intégralité des recettes de leurs exportations vers leurs banques locales dans les 60 jours suivant l'achat. Ces produits seront convertis en cedi par les banques locales dans les cinq jours ouvrables.
- Révisions des procédures pour les bureaux de changes, incluant une limite de 10 000 dollars des États-Unis par transaction.

On peut ainsi le constater, bien que l'intégration de l'Afrique de l'Ouest au système financier international ne soit pas aussi forte que pour les pays émergents, les flux de capitaux internationaux peuvent avoir des effets déstabilisants pour les taux de change et la politique monétaire en général de beaucoup de pays d'Afrique de l'Ouest. Le Président ghanéen, John Dramani Mahama, avait d'ailleurs reconnu cette réalité sur sa page Facebook au plus fort de la récente crise du cedi. Bien que certains responsables ouest-africains aient dans un premier temps voulu minimiser ce problème, l'accélération des événements a montré qu'il était réel. Ainsi, lorsque le retrait progressif de la politique d'assouplissement quantitatif était encore au stade de discussion à la FED, Lamido Sanusi, alors Gouverneur de la Banque centrale du Nigéria déclarait : “ … the impact of tighter monetary policy in the US would be felt more acutely in larger emerging economies like India and South Africa than in frontier markets such as Nigeria or Ghana… tapering is not going to happen as quickly [as the markets fear] [39] . " M. Tiémoko Meyliet Koné, Gouverneur de la Banque centrale des États d'Afrique de l'Ouest, indiquait également que « dans l'UEMOA, il n'y a pas un volume important de flux de capitaux spéculatifs qui conduirait à des sorties de fonds importantes » (Agence Écofin, 14/04/2014). Mais les constats exposés ci-dessous qui ont été faits au Nigéria et au Ghana montrent que la volatilité des flux de capitaux internationaux est un problème important dont les pays d'Afrique de l'Ouest doivent de plus en plus tenir compte dans l'évaluation de leurs difficultés monétaires et des réponses appropriées que celles-ci appellent. Il est donc important que les pays de l'Afrique de l'Ouest se dotent des moyens techniques et institutionnels pour mener une bonne analyse de ces évolutions et adapter leur politique économique en vue d'atteindre les objectifs de croissance et d'emplois.

Non-convertibilité des monnaies

Admettons, d'entrée de jeu, qu'il ne nous a pas été aisé de catégoriser le problème de la convertibilité comme un problème monétaire d'origine externe. Certains pourraient questionner notre choix en arguant que si leurs monnaies ne sont pas convertibles, c'est parce que les politiques monétaires et de change menées par ces pays conduisent à un niveau inadéquat de leurs réserves de change. Nous pensons que c'est parce que le système monétaire international actuel repose sur l'utilisation de certaines monnaies nationales comme monnaie de réserve que le problème de convertibilité se pose. Un autre système monétaire international (nous reviendrons longuement sur ce point plus loin) éliminerait complètement le problème de la convertibilité des monnaies.

Il est aujourd'hui couramment admis que la convertibilité d'une monnaie peut se définir par la possibilité pour les agents économiques d'échanger librement cette monnaie contre devises, au moins pour les transactions relevant du compte courant de la balance des paiements. Lorsqu'une monnaie n'est pas convertible, comme c'est le cas pour la quasi-totalité des huit monnaies utilisées dans les quinze pays

---

[39] Voir Blas J, (2013), « IMF warns of capital flow 'sting'»; *Financial Times*, Friday, November 1st, 2013.

membres de la CEDEAO, la principale conséquence est une augmentation considérable des coûts de transactions pour les agents économiques. Ce niveau élevé des coûts de transactions qui en résulte pèse considérablement sur la capacité de cette monnaie à remplir pleinement sa fonction d'intermédiaire des échanges. Le résultat final est que, au lieu d'être un moyen pour promouvoir le développement économique, la monnaie en devient l'un des obstacles majeurs. La non-convertibilité des monnaies est donc un problème monétaire majeur auquel font face les pays membres de la CEDEAO aujourd'hui. La multiplicité des monnaies dans une région est déjà un problème en soi, même lorsque ces monnaies sont convertibles les unes par rapport aux autres ; ce problème devient exponentiel si, en plus, les monnaies ne sont pas convertibles entre elles. Pour comparer, avant l'introduction de l'euro, les pays européens avaient chacun sa monnaie, mais ces monnaies étaient librement convertibles les unes par rapport aux autres et, même dans ce cas-là, les estimations disponibles montraient que les coûts de transactions que subissaient les agents économiques en Europe étaient très élevés, parce qu'il fallait passer constamment d'une devise à une autre pour les échanges transfrontaliers. Imaginez le cas de l'espace CEDEAO dans lequel il y a non seulement multiplicité des monnaies mais non-convertibilité de celles-ci. Est-ce qu'une intégration monétaire plus forte serait un moyen pour remédier à ce problème ? Nous répondrons à cette question plus loin dans cet ouvrage.

Chocs exogènes extérieurs

Qu'il s'agisse de chocs nés dans le reste du monde et qui se propagent dans l'économie (chocs sur les exportations ou chocs sur les importations) ou de chocs nés dans l'économie nationale (chocs affectant les capacités de production ou affectant la demande intérieure), les économies africaines sont souvent, peut-être plus que d'autres économies du monde, soumises à des chocs économiques variés. Ces chocs compliquent la conduite de la politique monétaire et de la politique économique en général. Lors d'un séminaire tenue dans le cadre des assemblées annuelles du FMI, Kofi Wampah, Gouverneur de la Banque de Ghana, affirmait ainsi : " Monetary policy in low, and lower-middle income countries faces important challenges, including exogenous shocks that can hit the country's reserves and lead to volatile exchange rates. Ghana's economy has indeed been hit hard by the falling commodity prices. Three commodities form 80 percent of exports: gold, cocoa, and oil," Wampah said, "therefore, the price shocks have had a significant effect on the country's reserves and accelerated volatility in some cases. For example, between 2012 and now, gold shocks have led to a loss of more than $2 billion in revenue, while shocks in cocoa prices have resulted in more than $1 billion in revenue. These fluctuations complicate monetary policy implementation[40]." Comme il apparait, les chocs économiques fréquents que connaissent les pays africains, y compris ceux de la CEDEAO, sont des problèmes monétaires en soi.

Déséquilibre entre les monnaies

Il y a déséquilibre entre les monnaies dans une économie lorsque les changements de taux de change ont des répercussions importantes sur les actifs nets ou les revenus nets des agents économiques. Ce déséquilibre entre les monnaies peut s'apprécier soit au niveau global de l'économie, soit au niveau de certains secteurs. Les recherches ont montré qu'en présence de déséquilibre entre les monnaies, la politique monétaire devient une contrainte, parce qu'une baisse ou une hausse des taux d'intérêt d'une ampleur non maîtrisée peut alors avoir des conséquences importantes sur la solvabilité de certains agents économiques, et même provoquer ou accentuer une récession (voir les travaux de Barry Eichengreen, Olivier Jeanne). Divers indicateurs sont souvent utilisés pour mesurer ce déséquilibre entre les monnaies : Morris Goldstein et Philip Turner ont proposé une mesure qui comprend trois composantes : les avoirs nets en devises étrangères (ANDE), la part de la dette extérieure en devises (%DEenDev), et les importations de biens et services (X&M). Sur la base de ces trois variables, ces auteurs calculent le déséquilibre entre les monnaies comme la valeur ci-dessous :

---

[40] Source : *IMF Survey Magazine*: Policy.
http://www.imf.org/external/pubs/ft/survey/so/2015/POL102015A.htm.
Pour une discussion intéressante de l'impact sur la conduite de la politique monétaire d'un choc sur les prix des produits alimentaires, voir par exemple Berg A., O'Connell S., Patillo C., Portillo R., Unsal F., (2015) «Monetary Policy Issues in Sub-Saharan Africa», in Monga, C., Yifu Lin, J, (2015) (eds) *The Oxford Handbook of Africa and Economics, Volume II : Policies and Practices*, Oxford University Press, United Kindgom, pages 62-87. Voir aussi Ndulu, B., Leina Masawe, J, (2015), « Challenges of Central Banking in Africa», in Monga, C., Yifu Lin, J, (2015), *op. cit.*, pages 156-170.

Déséquilibre entre les monnaies = (ANDE/PIB)(PIB/X&M)(%DEenDev)[41]

Une valeur négative importante de cet indicateur traduit des engagements nets vis-à-vis de l'extérieur qui sont appelés à s'accroître selon l'importance de la part de la dette en devise. Ce qui tend à indiquer une surévaluation de la monnaie comme l'ont montré les calculs de Goldstein et Turner lors des crises monétaires en Asie dans les années 1990 et de la crise financière en Argentine en 2002.

Les calculs effectués dans la zone CEDEAO avec cette méthode n'ont pas révélé de déséquilibres importants, l'indicateur ressortant régulièrement positif (voir annexe 2). Cet indicateur est toutefois ressorti négatif jusqu'en 2009 au Libéria, mais est devenu positif depuis 2010. Le retour à la normale de l'activité économique dans ce pays peut expliquer ce retournement mais l'on ne peut s'empêcher de faire un lien avec les efforts du pays pour respecter les critères de convergence définis au niveau de la ZMAO.

Conclusion du Chapitre IV

En conclusion de ce chapitre, nous dirons que chacun des pays membres de la CEDEAO fait face à une multitude de problèmes monétaires importants qui sont d'origine externe. Puisqu'ils sont d'origine externe, l'on peut aisément conclure que la probabilité que les solutions à ces problèmes d'origine externe soient hors de la portée de chacun de ces pays agissant seul est élevée. Nous allons maintenant examiner les problèmes monétaires qui sont d'origine interne.

[41] Pour plus détails sur la définition et la mesure du concept de *Currency mismatch*, voir Goldstein M., Turner P. (2004), *Controlling Currency Mismatches in Emerging Markets*; Institute for International Economics, Washington, D.C, 2004.

Chapitre V

Les problèmes monétaires de la CEDEAO d'origine interne

Introduction

Les problèmes monétaires de l'espace CEDEAO ne sont pas seulement d'origine externe (même si cette catégorie de problèmes est importante). Nous allons, dans ce chapitre, examiner les problèmes monétaires qui ne sont pas liés à des facteurs situés en dehors de ces pays. Ces problèmes nous semblent trouver leur origine dans la gestion monétaire interne de ces pays. Cinq vont retenir notre attention : la faiblesse des capacités en matière de gestion monétaire ; l'indépendance des banques centrales ; les possibilités de domination fiscale ; le faible niveau de développement des systèmes financiers et de paiements ; et la faible effectivité des canaux de transmission de la politique monétaire. Examinons-les successivement.

Faiblesse des capacités en matière de gestion monétaire

Les capacités des banques centrales des pays d'Afrique de l'Ouest en matière de gestion monétaire et de politique monétaire présentent encore des insuffisances, du reste plus prononcées dans certains pays, notamment les pays dits fragiles. Le faible niveau de ces capacités peut par exemple s'apprécier en référence à l'imagination que les pays du Nord ont déployée dans le domaine de la politique monétaire pour faire face à la récente crise financière et économique internationale. En effet, pendant la crise, ces pays se sont rendu compte que leur politique monétaire faisait face à de nouveaux défis : impossibilité pour les taux d'intérêt directeurs de baisser en dessous de la limite de zéro, relâchement des liens entre les actions de la Banque centrale et les prêts des banques commerciales aux entreprises et aux ménages. Pour faire face à ces nouveaux défis, les pays du Nord ont développé un ensemble de mesures de politique monétaire qui sont aujourd'hui connus sous l'appellation de « politique monétaire non conventionnelle ». Par comparaison, les pays d'Afrique de l'Ouest qui font face eux aussi à d'importants défis, notamment celui d'un lien assez ténu entre les actions de la Banque centrale et les prêts aux entreprises et aux ménages, ne parviennent pas à développer des mesures de réponses suffisamment appropriées au contexte des économies ouest-africaines. Des faiblesses sont relevées dans la définition des objectifs, l'organisation des marchés monétaires et la gestion des liquidités bancaires. À titre d'illustration, le marché monétaire de l'UEMOA reste encore peu efficient pour la transmission de la politique monétaire en raison notamment de l'absence de plusieurs établissements financiers (moins de la moitié des banques y participent) et des difficultés de prévision de la liquidité bancaire.

Dans le rapport du programme d'évaluation du secteur financier pour le Nigéria en 2013 (PESF, FMI 2013), il a été relevé un manque de précision dans la définition des objectifs, perçus comme multiples et pouvant entrainer des actions conflictuelles, ainsi que les difficultés dans la gestion de la liquidité. En effet, la Banque centrale du Nigéria a, selon ses textes (Central Bank of Nigeria Act, 2007), plusieurs objectifs, notamment le maintien de la stabilité monétaire et des prix, la promotion d'un système financier solide et le maintien des réserves extérieures pour préserver la valeur du naira, sans qu'il n'y ait une priorisation clairement établie entre ces objectifs. L'atteinte simultanée de ces objectifs est possible lorsque les conditions économiques sont stables et favorables, comme ce fut le cas durant la période de hausse progressive des cours du pétrole entre 2008 et 2012. Mais on voit bien que dès que le pays est confronté à des chocs comme la baisse drastique des cours du pétrole observée depuis juin 2014, la poursuite de tous ces objectifs devient très difficile et se traduit souvent par des distorsions sur les marchés monétaires et/ou de change. Il a été ainsi noté un écart grandissant entre les taux de change sur le marché interbancaire et ceux dans les bureaux de change, lequel a atteint 10 % en juin 2015.

Bien entendu, des initiatives ont été mises en œuvre ou sont en cours pour renforcer les cadres de politique monétaire dans les pays d'Afrique de l'Ouest, mais celles-ci restent à consolider. La BCEAO a pris plusieurs mesures visant à améliorer la conduite de la politique monétaire, notamment l'augmentation du capital des banques, la révision de la réglementation prudentielle des banques, l'élargissement des titres admis en refinancement, la création de l'Agence UMOA-Titres, pour permettre un meilleur fonctionnement du marché régional des titres publics. Les concertations avec les banques ont également permis de s'accorder sur un allégement des frais bancaires à partir d'octobre 2014, afin de favoriser l'inclusion financière et les conditions de financement des économies de l'Union. Ces initiatives ont certainement contribué à la tendance haussière du crédit intérieur qui s'est accru dans cette zone de plus de 60 % entre 2012 et 2015[42]. Il y a lieu toutefois de les renforcer à travers notamment l'accroissement de l'efficacité des marchés monétaire et interbancaire, afin de permettre une transmission adéquate des décisions de politique monétaire à la distribution des crédits aux entreprises et aux ménages et donc aux objectifs d'inflation et de croissance. Au Ghana, une des mesures phares pour le développement du secteur financier a été l'introduction en 2013 du *Ghana Alternative Exchange (GAX)* destiné à fournir des financements alternatifs aux petites et moyennes entreprises. Le Nigéria pour sa part a mis en œuvre des réformes qui ont permis de consolider la stabilité financière après la crise bancaire que le pays a connue en 2009. La mesure du relèvement du capital s'est traduite par un regroupement des banques pour donner des structures plus robustes et plus conformes aux normes internationales. La Banque centrale du Nigéria a également renforcé ses outils de gestion et de prévision de la liquidité, qui constitue un aspect hautement important pour un pays pétrolier comme le Nigéria dont la politique monétaire est exposée aux fluctuations des ressources pétrolières.

L'indépendance des banques centrales

Le constat général est que les banques centrales dans les pays à faible revenu comme ceux de la région de l'Afrique de l'Ouest présentent un degré d'indépendance bien en deçà de ceux des pays développés, voire émergents. Le manque d'indépendance de la Banque centrale a tendance à affecter la crédibilité et donc, l'efficacité de la politique monétaire et de ses effets sur l'économie. L'efficacité de la politique monétaire dépend en effet, en grande partie, de la perception et de la compréhension de ses signaux, lesquelles sont grandement biaisées pour une banque centrale sous contrôle de l'État.

---

[42] Source : *Bulletin des statistiques monétaires de la BCEAO*, novembre 2015.

L'indice d'indépendance[43] de la Banque centrale calculé par Arnone, Laurens and Segalotto (2009), pour les pays de l'Afrique de l'Ouest donne les scores de 0,69 pour la BCEAO, 0,63 pour la Guinée, 0,50 pour le Ghana, 0,44 pour le Nigéria pour une moyenne de 0,47 en Afrique. Le caractère régional de la BCEAO semble être un atout pour lui conférer plus d'indépendance vis-à-vis des pouvoirs publics. Il est en effet généralement reconnu que les institutions supranationales présentent un degré plus important d'indépendance et de crédibilité, dans la mesure où elles sont plus difficilement influençables que les structures sous tutelle nationale.

Possibilité de domination fiscale

Parmi tous les problèmes monétaires, la domination fiscale est celui sur lequel la littérature sur l'intégration monétaire s'est le plus souvent appesantie. La question fréquemment posée est celle de savoir si le fait de confier la responsabilité de la politique monétaire à une autorité supranationale peut réduire la domination fiscale. La domination fiscale existe lorsque la politique monétaire est dominée par la politique fiscale, c'est-à-dire que la création de la monnaie pour financer les déficits budgétaires est une pratique courante. Cette pratique constitue généralement une source d'inflation et d'éviction du financement du secteur privé. Le Ghana, qui a été le second pays en Afrique subsaharienne à adopter la politique de ciblage d'inflation en 2007, n'a pu atteindre les résultats escomptés en matière de maitrise de l'inflation en raison notamment des fortes pressions budgétaires. Ces pressions se sont traduites par une monétisation des déficits publics et des incitations à maintenir une politique monétaire plus accommodante que ce qui était nécessaire. En effet, après les progrès faits entre 2007 et 2009 pour réduire l'inflation (passée de 20 % en 2009 à 8 % en 2011), celle-ci est repartie à la hausse, au-delà de l'objectif à moyen terme de 8 %, après les élections de 2012,

[43] Il s'agit d'une combinaison de l'indépendance politique (autonomie du Gouverneur de la Banque centrale et de la politique monétaire par rapport au gouvernement) et de l'indépendance économique (en particulier, absence d'avance directes à l'État). L'indice calculé pour 2003 varie de 0 à 1, 1 correspondant au niveau le plus élevé d'indépendance sur l'échantillon de 163 pays sélectionnés par les auteurs.

marquées par une hausse du déficit budgétaire, passé de 4 % en 2011 à 11,5 % en 2012 sur financement monétaire[44].

En dépit des progrès en direction de la réduction du financement monétaire direct, la persistance de déficits budgétaires importants demeure une contrainte à un financement optimal des économies de l'Afrique de l'Ouest. Les autorités nationales s'orientent en effet de plus en plus vers le financement bancaire intérieur, donnant ainsi lieu à une concurrence sur les ressources financières disponibles. Les banques ont en effet tendance à prêter à l'État qui présente suffisamment de garantie plutôt qu'à financer le secteur privé. On note par exemple dans le contexte des pays de l'UEMOA que certaines banques font tourner leurs liquidités sur le marché des titres d'État, entretenant une situation de rente, au détriment du financement du secteur privé. Les conditions favorables dont bénéficient les obligations d'État en termes de taux d'intérêt, d'imposition et de réglementation, présentent en effet des avantages par rapport au crédit privé. Les titres publics bénéficient notamment d'une exonération fiscale des intérêts et de l'admissibilité au refinancement de la BCEAO. La part des placements sur titres publics des banques dans leur actif est passée de 14 % en 2011 à près de 20 % en 2014. [45] Cette situation traduit un renforcement des liens entre l'État et les banques sur un marché financier peu actif, ce qui amplifie, comme note le FMI[46], les risques en cas de resserrement des conditions de liquidité ou de défaut partiel des obligations souveraines. En outre, les engagements communs des banques vis-à-vis de l'État établissent une forte corrélation entre leurs portefeuilles ; ce qui est de nature à générer un risque macroprudentiel. S'il est vrai qu'il est nécessaire de renforcer la confiance et la rentabilité du secteur privé pour lui permettre d'attirer le financement bancaire, il n'en demeure pas moins que la discipline budgétaire est de nature à laisser plus d'espace pour l'accès des entreprises aux ressources financières.

---

[44] IMF background paper, « Evolving monetary policy frameworks in low income and other developing countries », October 2015.

[45] Source : Rapports annuels de la Commission bancaire de l'UEMOA

[46] IMF, 2015, *West African Economic and Monetary Union: Selected Issues, "Financial Inclusion in UEMOA" and "Developments in Central Bank Liquidity Provision: A Harbinger of Wider Macrofinancial Risks in the UEMOA ?* IMF country report n° 15/101. Washington:International Monetary Fund.

La stabilité du système bancaire

La stabilité du système bancaire ou, si l'on veut, la présence de vulnérabilités importantes dans le système bancaire, a des implications pour la conduite de la politique monétaire. Lorsque les vulnérabilités sont importantes dans le système bancaire, la Banque centrale peut faire face à un dilemme : soit elle conduit la politique monétaire en ayant à l'esprit ses objectifs macroéconomiques seulement et dans ce cas, le risque qu'elle court est qu'une telle politique accentue les difficultés de certaines banques. Soit alors la Banque centrale peut vouloir éviter que les difficultés de certaines banques ne s'aggravent et dans ce cas, le risque est que la politique monétaire soit plus déterminée par cet objectif microéconomique que par les considérations macroéconomiques qui doivent normalement guider la politique monétaire. Il se peut aussi que les implications budgétaires d'une éventuelle intervention publique visant à renforcer la stabilité du système bancaire et financier aient des répercussions sur la conduite de la politique monétaire. Les leçons de la crise financière de 2008 et les réponses des banques centrales sont encore présentes dans les esprits pour illustrer cette interrelation entre stabilité financière et politique monétaire. Les problèmes de stabilité du système bancaire et financier peuvent aussi avoir des conséquences sur le comportement du taux de change, sur le contenu informationnel des agrégats de monnaie et de crédit et de plusieurs autres variables monétaires (taux du marché monétaire, fonctionnement et taux du marché interbancaire), ainsi que sur l'efficacité des instruments de la politique monétaire en général.

Cela dit, les pays de l'Afrique de l'Ouest présentent globalement un niveau relativement satisfaisant de stabilité bancaire avec notamment les renforcements des dispositifs prudentiels suivant les accords de Bâle. Les pays ont aussi tiré les leçons des crises qu'elles ont connues (par exemple fin des années 1990 pour les pays de l'UEMOA et 2009 au Nigéria) pour restructurer et assainir leur secteur bancaire.

Systèmes financiers et de paiements peu développés

Le développement des systèmes financiers et de paiements est un facteur important d'efficacité de la politique monétaire dans la mesure où le système financier constitue la principale courroie de transmission de la politique monétaire. Deux étapes caractérisent en effet le mécanisme de transmission : celle liant les actions de la banque centrale à des variables financières telles que les taux d'intérêt et le taux de change ; et celle correspondant au lien entre les variables financières et l'économie réelle. Lorsque le secteur financier est faible, les effets de la politique monétaire sur les variables financières auront tendance à avoir peu d'effets sur la demande ou l'offre globale. Les pays d'Afrique de l'Ouest se caractérisent par des secteurs financiers parmi les moins développés au monde. Le ratio des crédits à l'économie rapportés au PIB demeure le plus élevé dans l'UEMOA et en particulier au Sénégal sur la période 2010-2014, avec cependant des niveaux bien en dessous des pays les plus performants dans ce domaine en Afrique subsaharienne, notamment l'Afrique du Sud et l'île Maurice (voir graphique 5).

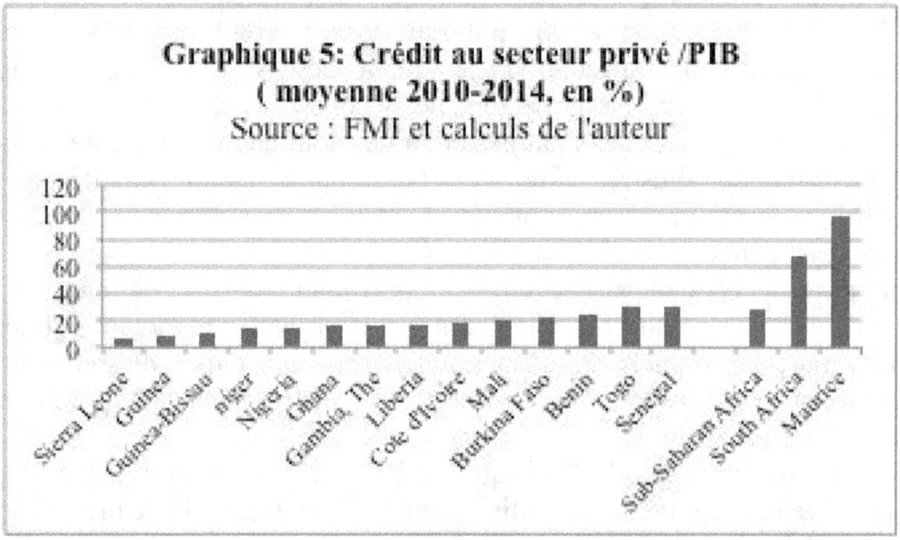

Le secteur financier dans les pays de l'Afrique de l'Ouest demeure également caractérisé par la faiblesse des marchés financiers qui peuvent constituer un puissant canal de transmission des impulsions monétaires. Quatre institutions boursières sont recensées en Afrique de l'Ouest (BRVM, Nigeria Stock Exchange – NSE, Ghana Stock Exchange – GSE et Sierra Leone Stock Exchange) mais elles restent peu capitalisées et souffrent de la faiblesse du marché secondaire de titres. La capitalisation boursière se situe en 2013 à 13 % du PIB pour l'UEMOA, 8,5 % du PIB pour le Ghana et 21 % pour la Nigéria contre une moyenne d'environ 65 %[47] en Afrique subsaharienne.

Des systèmes de paiements et de règlements efficaces, sûrs et fiables permettent de réduire les coûts de transaction et sont indispensables pour la mise en œuvre efficace de la politique monétaire et pour le fonctionnement harmonieux des marchés monétaires et des capitaux. Un large consensus international a émergé sur la nécessité de renforcer les systèmes de paiements par la promotion des normes et pratiques acceptées au niveau international pour la conception et le fonctionnement de ces systèmes. Les systèmes de paiements et de règlements de plusieurs économies africaines et en particulier, ceux de l'Afrique de l'Ouest, restent peu efficaces par rapport à ceux des pays développés et émergents. Ces systèmes sont encore marqués par la dépendance à l'égard des documents en papier et principalement, des chèques. Par exemple, dans l'UEMOA, la ventilation des échanges interbancaires par type d'instrument de paiement révèle la prédominance de l'utilisation du chèque dans les instruments de paiement scripturaux tant en volume qu'en valeur avec respectivement 70 % et 85 % des instruments échangés en 2014, contre un ratio de moins de 15 % pour les pays membres du Comité sur les systèmes de paiements et de règlements[48]. Les opérations de compensation et de règlement se font souvent manuellement, ce qui allonge les délais et augmente les coûts de transaction. C'est pour pallier ces faiblesses qu'au niveau de la région Afrique de l'Ouest, des réformes ciblant les systèmes de paiements ont été mises en œuvre dans la zone monétaire de l'Afrique de l'Ouest (ZMAO) et de l'Union économique et monétaire ouest-africaine (UEMOA). Ces projets appuyés par la BAD, portant sur la mise en place de systèmes SWIFT et de systèmes de règlement brut en temps réel (RTGS), sont fortement orientés vers l'harmonisation et vers la promotion de l'intégration financière régionale. Au Nigéria, la Banque centrale a lancé depuis 2007 son projet « Payments System Vision 2020 », qui a pour objectif d'aligner les systèmes de paiements du pays avec les meilleures pratiques internationales à l'horizon 2020. Des avancées

[47] Source : Base de données, Banque mondiale

[48] Ce comité qui inclut 25 banques centrales essentiellement de pays industrialisés et émergents sert de forum pour les banques centrales pour suivre et analyser les développements dans les systèmes de paiement, de compensation, et de règlement ainsi que les dispositifs de règlements transfrontaliers et multi-monétaires.

ont été notées dans la mise en œuvre de ce projet avec notamment des limitations fixées pour les paiements en espèces et des facilités accordées pour les paiements électroniques. La Banque de Ghana a également adopté en 2014 une stratégie nationale des systèmes de paiements pour la période 2015-2019 avec pour objectif ultime la mise en place d'un système de paiements sûr et sécurisé, intégrant à la fois les paiements locaux, transfrontaliers et multidevises.

Toutes ces initiatives et projets sont, bien entendu, louables et contribuent à améliorer les systèmes des paiements en Afrique de l'Ouest. Il est clair cependant, qu'au regard de l'intégration des marchés de l'Afrique de l'Ouest et de l'interconnexion de plus en plus grande de leur système bancaire, il faudrait assurer une coordination de ces initiatives et une synergie des actions et des moyens à un niveau régional pour une plus grande efficacité.

Effectivité des canaux de transmission de la politique monétaire

Les canaux de transmission font référence aux circuits par lesquels les actions de la Banque centrale se répercutent effectivement sur les cibles visées par celle-ci, qu'il s'agisse des cibles opérationnelles, intermédiaires ou finales, c'est-à-dire le niveau d'inflation et la croissance économique. L'effectivité de ces canaux de transmission est un déterminant important de l'efficacité de la politique monétaire. Dans une étude récente, le Fonds monétaire international notait : « La politique monétaire est plus efficace en Afrique subsaharienne qu'on ne le croit peut-être généralement. Les variations de la base monétaire et des taux d'intérêt directeurs se répercutent respectivement sur la croissance des agrégats de la monnaie au sens large et sur les taux d'intérêt de marché ; l'effet est plus marqué en Afrique subsaharienne que dans les autres grands groupes de pays. Les liens entre les taux d'intérêt, d'une part, et l'activité économique et l'inflation, d'autre part, sont plus ténus et des facteurs mondiaux interviennent aussi[49]. » La même étude notait aussi : « En Afrique subsaharienne, les autorités monétaires font souvent face à des dilemmes qui compliquent la stabilisation macroéconomique. Ils s'expliquent par la nature des chocs qui frappent les économies de la région. Pendant la crise récente, la croissance de la base monétaire et le taux d'escompte ont

---

[49] Voir Fonds monétaire international (2010), « L'efficacité de la politique monétaire en Afrique sub-saharienne » in *Perspective économiques régionales : Afrique sub-saharienne*, octobre 2010.

parfois donné des impulsions expansionnistes et restrictives qui se sont compensées (la Zambie en est un exemple caractéristique). Dans de nombreux pays d'Afrique subsaharienne, les principaux freins au mécanisme de transmission monétaire sont : un excédent important de liquidité dans le système financier, le sous-développement des marchés de capitaux et un financement monétaire substantiel des déficits budgétaires ("domination budgétaire"). Il faudrait que les pays apportent des solutions à ces problèmes pour rendre la politique monétaire plus efficace. »

Cette étude qui, bien entendu, couvrait l'ensemble des pays africains, semble montrer que le problème de la transmission de la politique monétaire en Afrique subsaharienne ne se trouve pas tant au niveau de sa transmission aux objectifs intermédiaires, mais bien au niveau de sa transmission aux objectifs finals que sont l'activité économique et l'inflation. À l'échelle plus spécifique de l'Afrique de l'Ouest, les banques centrales ont depuis la fin des années 1980 progressivement opté pour la gestion monétaire reposant principalement sur les instruments indirects de régulation des liquidités des banques. Mais force est de constater que dans la pratique, la transmission des décisions de politique monétaire aux objectifs finaux est insuffisante. Sodokin et Gammadigbe (2013)[50] montrent que les taux directeurs de la BCEAO n'ont pas d'influence sur la trajectoire des taux débiteurs des banques commerciales de l'UEMOA et cela, pour deux raisons principalement : (i) le problème de surliquidité structurelle du système bancaire qui fait que les banques primaires n'ont pas vraiment besoin de la Banque centrale pour se refinancer ; (ii) la structure oligopolistique de l'industrie bancaire dans l'UEMOA qui conférerait aux banques un pouvoir de marché source d'un *pass-through* incomplet et des asymétries dans l'ajustement aux conditions de refinancement de la Banque centrale. Dans l'UEMOA, près de 80 % des actifs bancaires ne sont détenus que par un tiers des banques[51]. Ce manque de compétition dans le secteur bancaire a été aussi relevé par Buchs and Mathisen (2005) dans le cas du Ghana comme un handicap dans la conduite de la politique monétaire basée sur le ciblage de l'inflation. Saxegaard (2006), utilisant un modèle VAR non linéaire avait également

[50] Koffi Sodokin et Vigninou Gammadigbe (2013), « A la recherche de la dynamique du *pass-through* des taux d'intérêt dans l'UEMOA », juin 2013.
[51] Source : Rapport 2014 de la Commission bancaire de l'UMOA.

démontré que les innovations de la politique monétaire avaient de faibles effets sur la production et l'inflation au Nigéria dans un contexte d'excès de liquidités. Il faut noter également, comme relevé plus haut, que le recours important au financement monétaire du déficit budgétaire[52] pour la promotion du développement ainsi que la faible profondeur des marchés financiers ont affecté les performances de la politique monétaire. Le défi qui se pose donc aux autorités monétaires dans la sous-région est de lever ces contraintes et d'amener le secteur financier dans une configuration qui permettrait d'assurer une transmission optimale des décisions de politique monétaire aux objectifs de croissance et d'inflation.

Conclusion du Chapitre V

En conclusion, les problèmes monétaires d'origine interne auxquels fait face l'espace CEDEAO ne sont pas moins nombreux ni moins importants. Pour que la monnaie remplisse pleinement ses fonctions essentielles et donc, joue pleinement son rôle de moyen pour promouvoir le développement économique dans ces pays, cette catégorie de problème doit recevoir toute l'attention des autorités de cette région, conjointement avec les problèmes monétaires d'origine externe. Nous allons, dans le chapitre suivant, montrer que ces problèmes sont tels qu'aucun pays membre de la CEDEAO ne peut les résoudre seul.

[52] Ce mécanisme n'est plus autorisé dans l'UEMOA depuis 2002.

Chapitre VI

Les problèmes monétaires d'Afrique de l'Ouest sont tels qu'aucun pays ne peut les résoudre seul

Introduction

Les problèmes monétaires d'Afrique de l'Ouest peuvent-ils, *in fine*, être efficacement résolus au niveau de chaque pays agissant seul ? La recherche des solutions aux problèmes monétaires de l'Afrique de l'Ouest serait-elle plus efficace si entreprise dans un cadre supranational ? Telles sont, en substance, les deux principales questions auxquelles nous allons tenter de répondre dans ce chapitre. Nous montrons successivement que certains problèmes peuvent être effectivement résolus dans un cadre national (cas de certains problèmes d'origine interne), mais qu'il existe aussi un ensemble de problèmes qui appellent clairement une approche multilatérale (cas des problèmes monétaires d'origine externe).

Certains problèmes peuvent être résolus dans un cadre national

Un examen attentif des problèmes monétaires auxquels les pays de la CEDEAO font actuellement face, montre qu'il est possible de les regrouper en deux grandes catégories : une première catégorie pourrait être constituée des problèmes qui peuvent, dans une certaine mesure, être effectivement résolus dans le cadre des efforts nationaux de chaque pays, pris individuellement. Les problèmes tels que l'insuffisance des capacités ou le renforcement des canaux de transmission de la politique monétaire pourraient aisément faire partie de cette catégorie. À côté de ce premier type de problèmes, l'on note qu'il existe d'autres problèmes plus complexes qui nécessitent, pour être résolus efficacement, une approche supranationale.

Importance des problèmes qui appellent une approche supranationale

Pratiquement tous les problèmes monétaires d'origine externe que nous avons longuement évoqués feraient partie de cette catégorie. Il en est ainsi des problèmes que pose le fonctionnement inadéquat du système monétaire international, les effets déstabilisateurs des flux de capitaux internationaux et les chocs extérieurs, voire certains problèmes d'origine interne comme l'indépendance des banques centrales.

En principe, les deux catégories de problèmes cités ci-dessus doivent tous être solutionnées pour que la politique monétaire accomplisse, pour les pays de la CEDEAO, individuellement et collectivement, pleinement sa mission. Par ailleurs, dans le contexte actuel de la mondialisation, où les taux de change entre les monnaies et les autres problèmes monétaires d'origine externe sont un déterminant extrêmement important de la compétitivité et des performances économiques des pays, il est évident que la seconde catégorie de problèmes monétaires que nous avons identifiée ci-dessus l'emporte assez largement dans la détermination de l'efficacité globale de la politique monétaire.

Notons, en passant, que ce rôle de l'intégration monétaire supranationale dans la résolution des problèmes monétaires liés à l'environnement monétaire international n'a pas souvent été suffisamment mis en évidence dans la littérature sur l'intégration monétaire entre pays en développement et dans les débats des responsables de la politique économique. En effet, ce sont très souvent seulement l'impact sur la réduction des coûts de transactions, la facilitation des paiements et des échanges qui sont mis en avant comme avantages attendus de l'intégration monétaire. Non pas que ces derniers avantages ne soient pas importants, au contraire, mais nous pensons qu'il faut aller au-delà et mettre davantage l'accent sur une approche basée sur l'apport de l'intégration monétaire à la résolution des problèmes monétaires concrets identifiés.

Conclusion du Chapitre VI

L'on peut donc conclure ce chapitre en indiquant que la résolution des problèmes monétaires – et donc l'amélioration de l'efficacité de la politique monétaire – est une question par essence supranationale. Ayant ainsi établi le caractère supranational de la recherche des solutions aux problèmes monétaires de la CEDEAO, il nous faut aussi aller plus loin et établir le niveau optimal de cette supranationalité. S'agit-il d'un cadre supranational au niveau mondial ? S'agit-il d'un cadre supranational au niveau du continent africain ? S'agit-il d'un cadre supranational au niveau sous-régional de la CEDEAO ? C'est à la détermination du niveau optimal de cette supranationalité que nous allons consacrer une bonne partie des développements qui vont suivre.

Conclusion de la deuxième partie

Dans cette partie, nous nous sommes penchés sur l'examen des divers problèmes monétaires que rencontre l'espace CEDEAO. Cette deuxième partie nous a aussi préparés à répondre à l'importante question de savoir pourquoi instaurer une monnaie unique dans la CEDEAO, que nous allons aborder dans la quatrième partie. En ce sens, cette deuxième partie était très importante pour notre stratégie dans ce livre. En effet, notre but dans ce livre étant de justifier l'union monétaire de la CEDEAO et l'instauration d'une monnaie unique au sein de cet espace par le fait que cette monnaie unique serait le moyen le plus efficace pour résoudre les problèmes monétaires auxquels les pays de cet espace font face individuellement et collectivement, il était important de commencer par bien comprendre la nature des problèmes monétaires auxquels cet espace fait face.

L'approche que nous préconisons ainsi dans ce livre nous parait innovante par rapport à la littérature existante dans laquelle les mérites de la monnaie unique sont examinés seulement sur la base des critères liés à la mobilité des facteurs entre les pays comme si la mobilité des facteurs pouvait, à elle seule, résoudre tous les problèmes monétaires, y compris ceux d'origine externe évoqués ci-dessus, auxquels les pays membres d'une union monétaire pourraient être confrontés.

La troisième partie qui suit va nous préparer davantage à l'examen de l'union monétaire de la CEDEAO comme cadre de résolution des problèmes monétaires de la CEDEAO en examinant les limites de la coopération monétaire internationale.

TROISIEME PARTIE

LA COOPERATION MONETAIRE INTERNATIONALE COMME CADRE DE RESOLUTION DES PROBLEMES MONETAIRES DE LA CEDEAO

Nous avons, dans la deuxième partie, examiné les problèmes monétaires de l'Afrique de l'Ouest et établi le caractère supranational des solutions à ces problèmes. Nous allons dans cette partie tenter d'évaluer l'efficacité des cadres multilatéraux de coopération monétaire comme moyen pour rechercher les solutions aux problèmes monétaires des pays de la CEDEAO. Nous montrerons d'abord que ces cadres multilatéraux de coopération monétaire fonctionnent plutôt à géométrie variable, ce qui ne favorise pas une bonne prise en compte des problèmes monétaires des pays en développement en général et de ceux de la CEDEAO en particulier (Chapitre VII). Nous montrerons ensuite que les perspectives d'une réforme de ces cadres de coopération ainsi que du système monétaire international, qui soit satisfaisante pour les pays africains et ceux de la CEDEAO en particulier, sont peu prometteuses dans le contexte actuel (Chapitre VIII).

Chapitre VII

Les cadres supranationaux de coopération monétaire, une efficacité à géométrie variable

Introduction

La coopération monétaire internationale aurait pu être un cadre satisfaisant pour trouver une solution aux nombreux et complexes problèmes monétaires de la CEDEAO, si elle fonctionnait de façon satisfaisante. Nous allons montrer dans ce chapitre que ce n'est malheureusement pas le cas. L'on observe en particulier un affaiblissement considérable des cadres multilatéraux de coopération monétaire internationale et une fragmentation des mécanismes existants de coopération monétaire.

Affaiblissement de la coopération monétaire internationale mise en place à Bretton-Woods

La résolution des problèmes monétaires a été souvent entreprise au niveau supranational par la communauté internationale. La dernière grande initiative allant dans ce sens fut la conférence monétaire et financière internationale qui se tint en juillet 1944 à Bretton-Woods, dans le New Hampshire, aux États-Unis. Tirant les leçons de l'expérience d'avant-guerre, cette conférence tenta d'élaborer un ordre monétaire international qui garantirait la stabilité des taux de change et limiterait l'utilisation par les pays de leur taux de change comme instrument de promotion de leur compétitivité au détriment des autres pays. La pierre angulaire du dispositif de coopération monétaire internationale inventé à Bretton-Woods fût l'accord entre les pays participants pour un système de taux de change fixes, mais ajustables, et la création du Fonds monétaire international comme mécanisme permanent de coopération monétaire, chargé notamment de veiller à la sauvegarde de ce système de taux de changes fixes. En principe, les pays d'Afrique de l'Ouest qui aujourd'hui, sont tous membres du

Fonds monétaire international auraient pu, comme les autres pays du monde, se satisfaire de ce cadre, s'il avait continué d'exister jusqu'à nos jours, comme cadre pour rechercher les solutions à la deuxième catégorie de leurs problèmes monétaires.

Seulement, la vertu monétaire n'étant pas de ce monde, le dispositif de Bretton-Woods s'écroula *de facto* en août 1971 lorsque le Président américain Richard Nixon déclara la fin de la convertibilité or du dollar et *de jure* en 1973 lorsque les Accords de Kinsgton en Jamaïque officialisèrent les taux de change flottants. Depuis cette date, chaque pays est libre de choisir et de pratiquer le système de change qui lui convient. Comme il fallait s'y attendre, cette liberté de choix s'est très vite accompagnée de pratiques qu'une bonne coopération monétaire internationale viserait à éviter, notamment les fluctuations excessives des taux de change et l'utilisation par certains pays de leur système de change d'une façon qui s'apparenterait à une politique d'appauvrissement du voisin.

Bien que le FMI ait survécu à la fin du système monétaire international de Bretton-Woods où il avait été créé pour en surveiller le fonctionnement, et que ses statuts continuent de lui reconnaître le rôle d'institution chargée de promouvoir la coopération monétaire internationale[53], force est de constater que son rôle dans ce domaine s'est considérablement affaibli dans la pratique et que, par conséquent, la coopération monétaire internationale à l'échelle mondiale est de moins en moins efficace. Certains analystes ont récemment observé : "… Its (the IMF) focus on bi- and multilateral surveillance and ability to mobilise quickly short-term emergency liquidity assistance is unmatched. It nominally remains the main body to offer a mechanism for international monetary cooperation, though recent history is marked more by failure than success[54]." Quelques faits monétaires récents renforcent ce sentiment d'affaiblissement de la coopération monétaire internationale. Ainsi, s'exprimant quelques jours seulement

[53] En effet, les Articles I, alinéa i) et ii) stipulent que les buts du FMI sont de promouvoir (i) la coopération monétaire internationale au moyen d'une institution permanente fournissant un mécanisme de consultation et de collaboration en ce qui concerne les problèmes monétaires internationaux et (ii) la stabilité des changes, maintenir entre les États membres des régimes de change ordonnés et éviter les dépréciations concurrentielles des changes respectivement.
Voir http://www.imf.org/external/french/pubs/ft/aa/aa.pdf.

[54] Source: Ousmène Jacques Mandeng (2014), «Does the world really need a Brics bank ? » *Financial Times* 15/07/2014.

après le retrait par la FED des mesures de liquidité qui avaient, semble-t-il, significativement contribué à l'afflux de liquidités dans les pays émergents et forcé la Banque centrale indienne à augmenter précipitamment ses taux d'intérêt de 25 points de base, son Gouverneur, Raghuram Rajan, affirmait : "… International monetary cooperation has broken down… Industrial countries have to play a part in restoring [that cooperation], and they can't at this point wash their hands off and say, we'll do what we need to and you do the adjustment…"[55]. Lundi 3 janvier 2014, Pravin Gordhan, alors ministre sud-africain des Finances, lui emboitait le pas en demandant aux responsables américains d'accorder plus d'attention à la coordination internationale de leur politique monétaire. Il affirmait ainsi : « … le fait pour la Réserve fédérale américaine d´avoir ignoré la volatilité qui prévaut dans les marchés financiers est simplement regrettable. Il est de son intérêt de s´assurer qu´il y ait moins de turbulence dans les pays émergents… Lorsque les économies développées étaient au plus profond de la crise, ce sont les marchés émergents qui ont contribué à assurer la stabilisation et permis d´avoir un contrepoids aux mauvaises perspectives globales. Si ces économies disent aujourd´hui, à vous de vous débrouiller, c´est un danger, même pour elles qui sont encore à un stade fragile de sortie de crise. » Quelques jours plus tard, et en dépit des appels à plus de coopération de la part de nombreux responsables économiques des pays du Sud, Janet Yellen, alors Présidente fraichement nommée de la Réserve fédérale américaine, ne semblait, lors de son premier témoignage devant le Congrès américain, que faire peu de cas des inquiétudes des pays émergents. Elle affirmait ainsi que l'impact sur les économies des pays émergents ne serait pas pris en compte dans la détermination de la politique monétaire des États-Unis. Seule la situation de l'économie américaine sera prise en compte. Janet Yellen affirmait ainsi : "Our sense is that at this stage these developments do not pose substantial risks to the US economic outlook…"[56]. Lors d'une escale à Hong Kong, en route pour l'Australie où il devait participer à la réunion des ministres des

---

[55] Voir Robin Harding; John Aglionby; Delphine Strauss (2014), «India's central bank chief hits at west»; *Financial Times*; Friday, January 31, 2014.

[56]Pour une analyse plus de détaillée de l'intervention de la première Présidente de l'histoire de la Réserve fédérale américaine, voir Robin Harding (2014), « Yellen snubs emerging nation pleas over effects of 'taper'»; *Financial Times*, Wednesday, February 12, 2014.

Finances du G20, George Osborne, chancelier de l'Échiquier, a défendu la décision de Janet Yellen, Gouverneur de la FED, de ne tenir compte que des conditions économiques aux États-Unis, à l'exclusion de toute autre considération liée à la coopération monétaire internationale comme le demandaient plusieurs responsables des pays émergents, dans la détermination de la politique monétaire des États-Unis. Il renchérissait en affirmant "the Fed does not, and indeed should not, set monetary policy to be appropriate for emerging markets. The Fed has a legal and democratic requirement to set monetary policy to be appropriate for the US economy… Equally I know that UK citizens would be rightly outraged if Mark Carney and the Bank of England set UK monetary policy decisions on the basis of what was best for other economies[57]. " Pour le chancelier de l'Échiquier, les turbulences que les pays émergents ont connues à la suite du retrait partiel de liquidité effectué par la FED sont dues à leurs propres faiblesses internes qu'ils doivent corriger, et ne doivent rien à un manque de coopération monétaire. Ces nombreux cris d'alarme venant des pays émergents et, surtout, ce dialogue de sourds entre les principaux responsables de la politique économique internationale montrent à quel point le fonctionnement actuel des mécanismes de la coopération monétaire internationale n'est pas pleinement satisfaisant et donc, appellent des mesures de réformes.

Par ailleurs, le fait que ni la décision de la FED de '*taper*', ni sa décision initiale de mettre en œuvre l'assouplissement quantitatif n'avait, au préalable, fait l'objet de discussions et d'un accord dans le cadre du FMI renforce notre hypothèse d'un affaiblissement considérable des cadres multilatéraux de coopération monétaire. Surtout si l'on tient compte du fait que, d'une part, les conséquences monétaires mondiales de ces politiques de la FED se sont révélées très importantes comme chacun aurait pu l'anticiper et d'autre part, ces discussions et cet accord au sein du FMI eurent été un préalable si le FMI était demeuré l'instance par excellence de la coopération monétaire internationale. Au vu des conséquences pour leur monnaie, beaucoup de pays en développement et émergents avaient d'ailleurs exprimé leurs préoccupations au sujet de cette politique décidée et mise en œuvre unilatéralement par les États-Unis, en vain. Ni les États-Unis, ni surtout le FMI, dont c'était la responsabilité statutaire

[57] Voir Sarah O'Connor (2014), «Osborne tells emerging nations to fix own faults», *FT*, Friday, February 21, 2014.

de veiller aux conséquences multilatérales de cette politique d'assouplissement quantitatif, n'ont suffisamment répondu à ces préoccupations.

Fragmentation des cadres de la coopération monétaire internationale

Une observation attentive montre que cet affaiblissement des cadres multilatéraux de la coopération monétaire internationale n'est pas une évolution récente. L'on note en effet que, la nature ayant horreur du vide, la fin du système de Bretton-Woods a progressivement donné lieu à une certaine fragmentation des efforts internationaux visant à assurer une certaine coopération monétaire internationale. Ainsi, en plus du FMI dont nous venons d'évoquer l'affaiblissement du rôle, a-t-on noté l'émergence de divers cadres tantôt régionaux, tantôt bilatéraux, tantôt regroupant des pays qui, présentant une certaine affinité, décident de mettre en place un cadre de coopération monétaire entre eux. Si l'on note cette fragmentation des cadres multilatéraux de coopération monétaire, un point saillant demeure cependant : la prépondérance des cadres bilatéraux dans lesquels le dialogue en vue de résoudre les différends monétaires a essentiellement lieu dans un cadre bilatéral, et son résultat est fonction du poids diplomatique et économique des pays protagonistes. Un exemple est le débat monétaire qui oppose la Chine et les États-Unis et aussi la Chine et les pays de la zone euro[58]. En effet, obtenir des autorités chinoises qu'elles réévaluent le yuan a été l'un des objectifs clés de la politique économique internationale du Gouvernement américain sous les présidents Bush et Obama, et de plusieurs gouvernements européens[59]. Ces pays ont ainsi exercé des pressions

---

[58] Même si, visiblement ce sont les États-Unis qui ont le plus souvent exprimé un point de vue critique sur la valeur du yuan, les responsables de la zone euro se sont aussi souvent alignés sur les critiques américaines, même s'ils ont été plus discrets, comparé aux responsables américains. Il existe donc bien un débat entre la zone euro et la Chine sur la monnaie.

[59] Pour un résumé de la place centrale que la valeur des monnaies étrangères occupent dans la politique économique des grands pays industrialisés à l'exemple des États-Unis, voir Donnan, Shawn (2013 : « Currency anger poses threat to trade talks deal» ; *Financial Times*, Tuesday, October 1st, 2013. Si la dépréciation du yen japonais de plus de 20 % en un an (sensiblement entre octobre 2012 et octobre 2013) a permis au Japon d'amorcer une sortie de sa longue période déflation, les autres

sur la Chine afin qu'elle adopte une politique économique qui conduirait à l'appréciation du yuan. Ces pressions ne sont d'ailleurs pas restées sans effets puisqu'entre 2010 et 2012, le yuan s'est apprécié de plus de 8 %. Même s'il est vrai que les autorités chinoises ont à plusieurs reprises réaffirmé que l'appréciation du yuan n'était pas le résultat des pressions américaines et européennes, mais de l'évolution normale de leur politique économique dans la poursuite des intérêts de l'économie chinoise, l'on ne peut s'empêcher d'y voir un brin de cette influence.

Certains accords monétaires importants ont aussi été négociés et mises en œuvre dans le cadre d'un groupe de pays plus restreint. Ce fut notamment le cas des accords du Louvre, des accords du Plaza et de bien d'autres accords. Signés le 22 septembre 1985 à New York entre la France, l'Allemagne de l'Ouest, les États-Unis, le Japon et l'Angleterre, les accords du Plaza visaient à mettre un terme à la forte appréciation que le dollar avait enregistrée entre 1980 et 1985 vis-à-vis du yen japonais et du mark allemand. L'une des causes de cette appréciation était la politique des taux d'intérêt élevés que la Réserve fédérale avait mise en œuvre sous Paul Volker pour tenter de contenir la stagflation des années soixante-dix. Signés le 22 février 1987 à Paris, les Accords du Louvre visaient quant à eux à endiguer la forte baisse du dollar qui avait suivi la mise en œuvre des accords du Plaza.

Sur le plan multilatéral régional, l'on peut mentionner (i) le serpent monétaire européen, qui plus tard deviendra le système monétaire européen, et plus tard encore la zone euro avec une monnaie unique, (ii) les accords d'intégration monétaire dans diverses parties de l'Afrique et à l'échelle du continent, et les nombreux accords d'échanges de devises. En effet, les banques centrales des principaux pays développés (BCE, FED, Banque du Japon, Banque nationale suisse, Banque centrale du Canada, Banque d'Angleterre) ont mis en place divers mécanismes de coopération monétaire entre elles. Ces mécanismes comprennent entre autres, les échanges d'informations et les accords d'échange de devises en cas de nécessité. Ces accords ont beaucoup fonctionné dans le cadre de la récente crise financière internationale. Parmi les pays émergents, divers regroupements de coopération monétaire, notamment les accords d'échange de devises, existent aussi. C'est le cas des BRICS, des pays d'Asie membres de

---

pays industrialisés ont accusé le Japon d'avoir volontairement cherché à déprécier sa monnaie pour gagner un avantage compétitif.

l'Initiative de Chiang Mai, et de nombreux accords de portée monétaire conclus entre la Chine et plusieurs pays, notamment d'Amérique latine. Plus récemment, le G20, qui a pris de l'importance depuis la crise financière et économique de 2007, a aussi tenté de jouer un rôle en matière de coopération monétaire. En effet, lors de leur sommet annuel, les chefs d'État et de gouvernement des pays membres du G20 ont souvent échangé leurs points de vue sur les questions monétaires internationales et ces questions ont souvent figuré dans les communiqués qui sanctionnent ces sommets.

Un fait marquant de la coopération monétaire internationale actuelle est que les règles qui la gouvernent créent un environnement dans lequel les pratiques monétaires des pays divergent de ce qu'elles seraient si les règles de bon voisinage monétaire étaient observées. Dans un tel environnement, préserver une valeur de sa monnaie qui soit compatible avec les objectifs nationaux de croissance et de création d'emplois devient une tâche très difficile pour les petits pays. Seuls les pays, ou groupe de pays, ayant un poids économique et diplomatique important, ou représentant un enjeu géopolitique important, y parviennent. Les accords du Plaza voulus par les États-Unis pour faire baisser la valeur du dollar par rapport au yen, les pressions récentes exercées par les gouvernements successifs des États-Unis pour obtenir une appréciation du yuan par rapport au dollar (nous avons longuement évoqué cet épisode ci-dessus) sont là pour l'attester.

La coopération monétaire africaine, un projet encore en construction

Dans un environnement où la coopération monétaire internationale fonctionne si imparfaitement, les pays d'Afrique de l'Ouest peuvent-ils compter sur le programme de coopération monétaire mis en place par l'Union africaine pour rechercher les solutions à leurs problèmes monétaires ? En d'autres termes, la coopération monétaire en cours à l'échelle de l'Afrique peut-elle aider les pays africains et ceux de la CEDEAO en particulier, à résoudre au mieux les problèmes monétaires qui se posent à eux ?

L'objectif d'intégration monétaire en Afrique, inscrit dans l'acte constitutif de l'Union africaine de 1963, a été formalisé dans le traité d'Abuja en juin 1991, traité instituant la Communauté économique africaine. En effet, les chefs d'État et de gouvernement ont souligné, dans le cadre de l'article 44 du Traité d'Abuja, mais également de l'article 19 de l'Acte constitutif de l'Union africaine (Lomé 2000), la nécessité de « créer une union économique et monétaire africaine par l'harmonisation des zones monétaires » et de « doter l'Union africaine de trois institutions financières africaines à savoir : la Banque africaine d'investissement (BAI), le Fonds monétaire africain (FMA) et la Banque centrale africaine (BCA) ».

Les objectifs de la Banque centrale africaine sont de (i) promouvoir la coopération monétaire internationale au moyen d'une institution permanente, (ii) promouvoir la stabilité des changes et éviter la concurrence des taux de change, (iii) permettre l'établissement d'un système multilatéral de règlement des transactions courantes entre les pays membres et (iv) éliminer les restrictions de change qui entravent la croissance du commerce mondial. Le Fonds monétaire africain devrait être chargé de la surveillance macroéconomique multilatérale des pays africains, du financement des déséquilibres de balance des paiements et de la sauvegarde du système bancaire. Selon les dispositions du traité d'Abuja, ce Fonds est censé servir de pool pour les réserves des banques centrales des pays membres de l'Union africaine et aura pour fonction de coordonner les politiques monétaires des pays membres. Enfin, l'objet de la troisième institution, la Banque africaine d'investissement (BAI) est de stimuler l'intégration économique de l'Union à travers le financement des projets de développement conformément aux objectifs de l'Union.

Les objectifs poursuivis à travers la mise en place de ces institutions sont certes louables et pourraient certainement, s'ils sont atteints dans le cadre de ce programme de coopération monétaire, permettre aux pays africains et notamment ceux de l'Afrique de l'Ouest, de mieux faire face aux problèmes monétaires auxquels ils sont confrontés. Cependant, à l'examen des objectifs de la Banque centrale africaine et du Fonds monétaire africain, l'on peut se demander s'il n'y a pas de risques de confusion dans leurs rôles. Quel rôle de coordination des politiques monétaires pourrait jouer le Fonds monétaire africain, en présence d'une banque centrale africaine qui est censée émettre la monnaie unique ? Peut-on dissocier la fonction de gestion des réserves de change des banques africaines qui serait attribuée au Fonds monétaire africain et celle de gestion de la valeur de la monnaie qui revient à la Banque centrale ? Quels sont les liens possibles entre les trois institutions financières africaines et leur interaction avec les institutions nationales et régionales ? Il s'agit là de quelques questions importantes qui méritent une réflexion plus approfondie dans le processus actuel de création de la monnaie africaine.

L'approche proposée pour la mise en place de l'union monétaire au niveau continental se fait par étapes en préconisant la mise en place et le renforcement des blocs monétaires sous-régionaux et l'harmonisation des processus de coopération monétaire pour permettre, au final, la création d'une union monétaire africaine. L'Association des banques centrales africaines (ABCA) a, sous les auspices de l'Union africaine, entamé en 2000 un travail sur le Traité d'Abuja ayant conduit à l'adoption en 2002, à Alger (Algérie), du Programme de coopération monétaire en Afrique (PCMA). Le PCMA propose des critères de convergence de premier et second rangs, des mesures politiques et des délais devant conduire à la création, d'ici à l'an 2021, d'une zone monétaire unique et d'une banque centrale continentale africaine. Il repose sur un programme de convergence macroéconomique devant conduire les diverses régions africaines vers l'adoption de l'Union monétaire africaine et de la monnaie unique africaine.

Le cadre institutionnel pour la conduite du programme de coopération en Afrique est mis en place et des critères de convergence à adopter au niveau des régions ont été définis. Mais force est de constater que les progrès dans la mise en œuvre du processus de création d'une monnaie unique continentale restent encore faibles. Le protocole de la Banque centrale commune, dont le siège sera établi à Abuja au Nigéria, n'est pas encore adopté par l'Assemblée de l'Union africaine. En ce qui concerne le Fonds monétaire africain dont le siège est prévu à Yaoundé, au Cameroun, l'Assemblée de l'Union africaine a adopté lors de sa session de juin 2014 à Malabo, le protocole de création du Fonds et les statuts. Pour son entrée en vigueur, il est nécessaire que le protocole soit ratifié par au moins 15 États et que 25 % du capital appelé soit payé. La situation en février 2016, donc plus dix-huit mois après son adoption par l'Assemblée de l'UA, indique que le protocole n'a été signé que par 7 pays et aucun pays ne l'a encore ratifié[60]. Le Protocole sur la mise en place de la BAI dont le siège est prévu en Libye, a été adopté depuis 2009 mais n'a encore été

[60] http://au.int/en/sites/default/files/treaties/7805-sl-protocol_on_the_establishment_of_the_african_monetary_fund_8.pdf

ratifié que par deux pays seulement (Lybie et Congo) alors qu'il est nécessaire d'en avoir quinze pour passer à la création de l'Institution. Il y a donc une lenteur notée dans le processus d'appropriation et d'implémentation des orientations du programme au niveau des sous-régions, mettant ainsi en cause la crédibilité de l'objectif d'une union monétaire en Afrique. Il s'y ajoute également la multitude et l'enchevêtrement des communautés régionales qui font que des pays peuvent appartenir à plusieurs communautés différentes avec des processus d'intégration et de convergence différents, rendant ainsi difficile la mise en œuvre du programme. L'horizon de 2021 qui avait été retenu pour la création de la Banque centrale africaine dans le PCMA a été d'ailleurs repoussé à 2034. L'on peut par ailleurs s'interroger sur le fait que cet objectif de création de la monnaie unique en Afrique ne soit pas clairement mis en évidence dans l'Agenda 2063 pour la transformation de l'Afrique que l'UA a adopté comme nouvelle feuille de route pour le développement du continent.

En conclusion donc, le programme de coopération monétaire africaine est un programme important et utile, cependant il est encore en construction. Le processus de coopération monétaire dans la CEDEAO, qui est l'un des plus avancés sur le continent, notamment en termes d'harmonisation et de mise en place des institutions d'intégration monétaire (AMAO, IMAO), peut servir d'exemple et contribuer à l'accélération du programme à l'échelle continentale. L'intégration monétaire ouest-africaine peut donc servir les pays d'Afrique de l'Ouest tout en contribuant à la mise en œuvre du processus de coopération monétaire en Afrique.

Conclusion du Chapitre VII

En conclusion de ce chapitre, l'on peut noter que la coopération monétaire internationale ne fonctionne pas de façon satisfaisante à l'heure actuelle, en tout cas pas au point d'être un cadre de recherche de solutions aux problèmes monétaires des pays africains en général, et de ceux de la CEDEAO en particulier.

Chapitre VIII

Quelles perspectives d'une réforme du système monétaire international qui soit satisfaisante pour l'Afrique ?

Introduction

Nous venons, dans le chapitre précédent, de montrer abondamment que la coopération monétaire internationale ne fonctionne pas bien actuellement, en tout cas pas de façon à résoudre dans l'intérêt des pays africains les problèmes monétaires auxquels ceux-ci sont confrontés. Nous avons aussi montré que la coopération monétaire au niveau régional africain, comme cadre intermédiaire de recherches de solutions aux problèmes monétaires que rencontrent les pays africains, est un projet encore en construction. Du fonctionnement actuellement défectueux de la coopération monétaire internationale à la justification d'une approche régionale, il nous reste encore un pas à franchir. Car, même si la coopération monétaire internationale ne fonctionne pas bien à l'heure actuelle, il se peut qu'il existe des efforts qui, s'ils sont mis en œuvre convenablement, peuvent l'améliorer et mener à une réforme acceptable du système monétaire international comme cadre de recherche de solutions aux problèmes monétaires africains. Une première question à se poser à ce stade de notre raisonnement est donc celle de savoir si de tels efforts de réformes existent ? Et si oui, est-il possible que les problèmes monétaires ouest-africains, y compris ceux d'origine extérieure, puissent à moyen ou long terme trouver solution dans le cadre d'un système monétaire international convenablement réformé ? Dans l'éventualité d'une telle évolution, l'intégration monétaire en Afrique de l'Ouest, allant jusqu'à la création d'une monnaie unique ouest-africaine, serait-elle toujours justifiée ? C'est à ces questions que nous allons maintenant tenter de répondre.

Pour répondre à ces questions avec rigueur, nous allons dans un premier temps dire un mot sur ce que serait un système monétaire international qui convienne à l'Afrique, c'est-à-dire un système monétaire international qui soutienne les efforts que les pays africains mettent en œuvre pour promouvoir une croissance économique inclusive et créatrice d'emplois. Ensuite, nous allons énoncer et évaluer, du point de vue de l'intérêt des pays africains, quelques-unes des idées récentes de réforme du système monétaire international.

Esquisse d'un système monétaire international qui convienne à l'Afrique

Du point de vue de l'Afrique, et nous dirons des pays en développement en général, une réforme du système monétaire international doit viser à trouver des solutions durables, équitables et qui tiennent compte de la situation spécifique de ces pays, aux deux problèmes clés que sont (i) l'approvisionnement de l'économie mondiale en liquidités internationales suffisantes et (ii) la question des taux de change. Une telle évolution passe nécessairement par la création d'une véritable monnaie mondiale, émise par une véritable Banque centrale mondiale. Une telle monnaie circulerait partout dans le monde et serait utilisée aussi bien par les agents économiques publics que privés dans leurs transactions aussi bien nationales qu'internationales. La Banque centrale mondiale serait chargée d'élaborer et de mettre en œuvre une politique monétaire unique à l'échelle mondiale. La Banque centrale mondiale jouerait le rôle de prêteur en dernier ressort pour toutes les banques admises au marché monétaire mondial. Il lui serait interdit de prêter aux gouvernements.

Conceptuellement, un Conseil des gouverneurs, constitué selon une logique à définir de manière à garantir une représentativité adéquate de tous les secteurs de l'économie mondiale mais aussi de tous les pays du monde à ce Conseil des gouverneurs, et surtout qu'aucun pays ou groupe de pays ne contrôle cette Banque centrale mondiale, pourrait constituer l'ossature de la gouvernance de la Banque centrale mondiale ; si bien que la politique monétaire mondiale serait conduite un peu comme à l'actuelle FED ou à la BCE. D'une manière générale, cette Banque centrale mondiale pourrait étudier, et si nécessaire, s'inspirer de l'expérience de la FED américaine, de la BCE ou de la Banque populaire de Chine, qui mettent en œuvre une politique monétaire unique pour des ensembles économiques assez vastes et variés.

Dans le cas de la FED, les 54 États américains sont réparties dans 12 districts monétaires et représentés par 7 gouverneurs au Conseil des gouverneurs de la Réserve fédérale. Le Conseil des gouverneurs de la FED est l'organe qui définit et met en œuvre la politique monétaire des États-Unis. Dans le cas de la BCE, le Conseil des gouverneurs est l'organe qui définit la politique monétaire unique de la zone euro et élabore les directives pour la mise en œuvre de cette politique monétaire unique. Ce Conseil est composé des 19 gouverneurs des banques centrales des pays membres de la zone euro et de 6 membres nommés par le Conseil européen (Président de la BCE, Vice-président de la BCE et 4 autres membres). Ces 6 membres constituent le Directoire de la BCE qui est responsable de la mise en œuvre de la politique monétaire unique selon les directives élaborées par le Conseil des gouverneurs. On voit bien dans ces deux exemples que les territoires et intérêts économiques sont représentés dans les organes de décision.

Pour davantage améliorer la gouvernance de la Banque centrale mondiale, les districts monétaires pourraient être constitués de telle sorte que les gouverneurs représentent véritablement les intérêts de l'économie mondiale et non pas seulement les intérêts de leur pays ou région d'origine. L'on peut imaginer que l'actuel FMI, suffisamment réformé, devienne cette Banque centrale mondiale.

Cooper R.N (1984)[61] avait proposé une idée semblable, celle d'une monnaie unique supranationale, mais limitée aux grands pays industrialisés (États-Unis, Japon, pays de l'Union européenne). Il justifiait sa proposition de limiter cette monnaie unique à ce groupe de pays industrialisés par le fait que, selon lui, ces pays partagent à peu près les mêmes valeurs démocratiques. De plus, disait-il, il n'est pas concevable que les citoyens américains acceptent un jour que les pays sous un régime oppressif aient un mot à dire sur une politique monétaire unique qui affecterait les conditions monétaires aux États-Unis. À cette critique, l'on peut répondre que la Banque centrale mondiale est, à long terme, dans l'intérêt économique bien compris des États-Unis. En effet, même si le système monétaire international actuel accorde une place de choix au dollar américain en tant que l'une des principales monnaies de réserve mondiale, ce qui procure

[61] Cooper, R.N (1984) «A monetary System for the Future», *Foreign Affairs*. Disponible sur le site : https://www.foreignaffairs.com/articles/1984-09-01/monetary-system-future. Extrait le 13/01/2016.

certains avantages économiques aux États-Unis, ce statut ne va pas sans coût pour les États-Unis. En effet, l'amplitude expansionniste ou restrictive de la politique monétaire américaine n'est pas bornée seulement par la nécessité de la conjoncture économique américaine, elle l'est aussi par la nécessité de préserver les investissements étrangers dans les actifs en dollars (cas où la politique monétaire voudrait être expansive) ou de ne pas indument limiter la liquidité mondiale (cas où la politique monétaire voudrait être restrictive). De plus, avec les évolutions actuellement en cours, il n'est pas garanti que le dollar américain continue d'être au cœur du système monétaire international dans un avenir pas très lointain. Il suffit donc d'expliquer aux citoyens américains qu'une évolution vers une monnaie véritablement mondiale pourrait donc être dans l'intérêt des États-Unis. Rogoff, K (2001)[62] estime qu'une monnaie unique à l'échelle mondiale se heurterait à l'absence d'un gouvernement mondial pour assurer un minimum de contrôle politique sur le fonctionnement d'une telle institution. Après tout, bien que la FED soit indépendante, elle est tout de même une émanation du Congrès des États-Unis, écrit-il. L'on peut bien imaginer que le Conseil économique et social des Nations-Unies joue le rôle d'organe politique de contrôle de la Banque centrale mondiale. Le Gouverneur de la Banque centrale mondiale pourrait, périodiquement, faire le point au Conseil économique et social des Nations-Unies sur la situation de l'économie mondiale et les orientations de la politique monétaire mondiale, un peu comme le Gouverneur de la FED présente au Congrès un rapport sur la situation d'ensemble de l'économie américaine, une économie composée d'espaces économiques connaissant des conjonctures très variées, et sur les orientations de la politique monétaire unique qui en découlent pour l'ensemble de l'économie.

Du point de vue de l'Afrique, la proposition faite ci-dessus, à savoir qu'une Banque centrale mondiale serait le système monétaire international qui promouvrait le mieux les intérêts de l'Afrique, ne manquera pas, comme toute idée nouvelle, de susciter d'autres critiques. Pour certains, l'économie mondiale ne serait pas une zone monétaire optimale et, de ce fait, ne serait pas bien servie par une politique monétaire unique mise en œuvre par une Banque centrale mondiale. Pour d'autres, les pays africains perdraient leur

---

[62] Rogoff, K (2001), « Why not a global currency ? », *American Economic Review*, 91, n° 2, pages 243-247.

souveraineté monétaire. Sur le premier point, la politique monétaire unique peut être élaborée de telle manière qu'elle prenne en compte le mieux possible les intérêts de toutes les économies. Cette hypothèse est d'autant plus réaliste que le Conseil des gouverneurs de la Banque centrale mondiale serait constitué de telle façon que, dans leurs évaluations et leurs décisions, les gouverneurs ne puissent prendre en compte que les objectifs de stabilité et de croissance de l'économie mondiale et non pas les intérêts de leur pays d'origine. Comme nous l'avons dit ci-dessus, une telle structure de gouvernance n'est pas hors de portée si la volonté politique existe. La FED américaine élabore bien une politique monétaire unique pour des « économies » aussi différentes que la Californie et le Michigan ou la Caroline du Nord, sans que les transferts si souvent évoqués ne compensent entièrement, ou même de façon significative, les différences de conjoncture économique entre ces « économies ». Les études menées montrent par exemple que, dans un pays comme les États-Unis, qui disposent pourtant de mécanismes de transferts très avancés, si le revenu d'une région baisse d'un dollar, cette région reçoit environ entre 1 et 8 cents seulement de transferts du gouvernement fédéral. Ces transferts ne comblent donc, au mieux, qu'environ 8 % des effets négatifs de la conjoncture, ce qui est insignifiant[63].

Pour prendre des exemples en Afrique, la Banque centrale du Nigéria à l'heure actuelle élabore bien une politique monétaire unique pour des « économies » aussi différentes que l'État du Rivers dans la région pétrolifère et l'État de Borno au Nord. Nous reviendrons plus loin sur cette question. Concernant le problème de la perte de souveraineté monétaire nationale, il suffit d'observer que depuis l'avènement des changes flottants, et dans le monde globalisé dans lequel nous vivons aujourd'hui, la souveraineté monétaire est devenue un objectif pratiquement illusoire, même pour les grands pays[64]. Nous reviendrons aussi sur cette question plus loin.

---

[63] Source: Monga, C (2015) « African Monetary Unions: An Obituary», in Monga, C., Yifu Lin, J (2015), eds, *The Oxford Handbook of Africa and Economics, Volume II: Policies and Practices*, Oxford University Press, United Kindgom, page 151.

[64] Il est bien connu que même un grand pays comme les États-Unis est sous la pression constante de la Chine pour qu'ils maintiennent la valeur du dollar, à cause des investissements importants chinois dans les actifs libellés en dollars. L'on se souvient, par exemple, comment au plus fort de la récente crise économique et financière, le Secrétaire américain au Trésor, Timothy Geithner, avait dû, en 2009, se rendre en Chine pour rassurer les Chinois sur l'engagement des États-Unis à

Avec le système monétaire international décrit ci-dessus, c'est-à-dire celui d'une véritable Banque centrale mondiale qui émettrait une monnaie véritablement mondiale et conduirait une politique monétaire unique pour le monde, il n'y aurait plus de problème de taux de change, plus de problème de soupçons ou de pratiques avérées de manipulation de taux de change, dont l'Afrique apparaitrait, si une analyse rigoureuse est faite, comme étant l'une des principales victimes, même si elle s'est, visiblement, très peu appropriée ce débat pourtant capital pour son développement économique. Ces problèmes n'existeraient plus parce qu'il n'y aurait plus qu'une seule monnaie dans le monde. Il n'y aurait plus aussi de problème d'insuffisance de liquidités internationales, puisque la Banque centrale mondiale émettrait la monnaie mondiale en fonction des besoins de l'économie mondiale telle qu'exprimés par les différents districts monétaires susmentionnés et convenablement évalués dans le cadre des procédures de sa politique monétaire mondiale. Il faut rappeler que, dans le système monétaire international actuel, le problème d'insuffisance des liquidités internationales est l'une des contraintes qui brident le plus la croissance des économies en voie de développement et des économies africaines en particulier, à cause du biais déflationniste que l'insuffisance des liquidités internationales impose à leur politique économique. En dernière analyse, même si une monnaie mondiale ne serait pas une monnaie optimale puisque le monde n'est pas une « région » au sens de Mundell (1961), une monnaie mondiale serait néanmoins optimale dans le sens où elle permettrait de réduire les coûts de transactions monétaires à leur plus bas niveau. En effet, il est bien connu que l'existence de plusieurs monnaies nationales impose des coûts de transactions importants aux économies nationales et à l'économie mondiale. Mundell (1961) avait aussi reconnu et admis que la réduction des coûts de transactions, qui est un objectif mieux servi lorsque le nombre de monnaies en

---

mener une politique de change du dollar qui sauvegarde la valeur des investissements chinois. Cela voulait dire que même les États-Unis s'engageaient à céder un peu de leur souveraineté nationale en matière de politique de change du dollar puisque celle-ci devait aussi être influencée par ces pressions extérieures et non pas seulement par la conjoncture économique aux États-Unis. La Chine est aussi sous la pression constante des pays occidentaux au sujet de sa politique monétaire et de la valeur de sa monnaie.

circulation est faible, pouvait aussi fonder l'optimalité d'un système monétaire.

Quelques idées récentes de réforme du système monétaire international

Y a-t-il des chances que le système monétaire international que nous venons de décrire ci-dessus voie le jour un jour ou bien est-ce une vision utopique qui n'aura jamais aucune chance d'exister ? Nous répondons sans autre détour que ce nouveau système monétaire international est réalisable si la volonté et l'appropriation de toutes les parties y sont. Mais rien n'étant jamais sûr, examinons les propositions de réforme du système monétaire international qui ont cours actuellement afin de voir si elles convergent vers la vision d'un système monétaire international qui convienne à l'Afrique telle que nous l'avons élaborée ci-dessus. Le débat sur la réforme du système monétaire et même financier international n'est pas nouveau. C'est même devenu un thème récurrent du débat sur les politiques économiques internationales depuis que, suite à la fin du système de Bretton-Woods, l'économie mondiale est entrée dans une phase marquée par les déséquilibres persistants des comptes courants, des crises de changes récurrentes, une volatilité excessive et un désalignement durable des taux de change des monnaies de réserve, une récurrence des soupçons de manipulation des taux de change à des fins de compétitivité, une intensification des flux de capitaux parfois déstabilisateurs, une accumulation excessive de réserves de changes par certains pays, une offre insuffisante de liquidité mondiale, particulièrement en période de crises et, en fin de compte, une croissance économique plus lente, comparée à la période de Bretton-Woods[65].

---

[65] Pour une discussion plus détaillée de la performance comparée de l'économie mondiale pendant et après Bretton-Woods, voir, par exemple, Skidelski R. (2009), *Keynes : The Return of the Master*, Public Affairs, New York, pages 116-126. Dans cet ouvrage, l'auteur définit la période de Bretton-Woods comme étant la période 1951-1973 et la période après Bretton-Woods comme étant la période 1980-2009. Selon les estimations de l'auteur, le taux de croissance annuel moyen du PIB réel mondial était plus élevé (4,8 % contre 3,2 %), le sous-emploi plus faible, et pas de changement significatif en ce qui concerne la volatilité de la croissance et le taux d'inflation mondiale quand on compare les périodes pendant et après Bretton-Woods.

Face à ce constat, le débat sur la réforme du système monétaire international a récemment occupé le devant de la scène, notamment à la suite de la crise financière et économique née, en 2007, dans le marché des crédits hypothécaires *subprimes* aux États-Unis. Ainsi, dans un rapport publié en 2009 à la demande du Secrétaire général des Nations-Unies, un comité d'experts présidé par le prix Nobel d'économie Joseph Stiglitz avait préconisé la mise en place d'un nouveau système de monnaie de réserve internationale dans lequel ce ne serait plus des monnaies nationales émises par certains pays qui joueraient le rôle de monnaie de réserve, mais plutôt une véritable monnaie de réserve mondiale[66]. Selon ce rapport, une telle monnaie de réserve mondiale contribuerait à (i) résoudre les problèmes d'accumulation excessive de réserves par les pays émergents et en développement comme mécanisme d'assurance (que certains analystes considèrent comme facteur d'instabilité du système monétaire et financier international), (ii) réduire les risques tels que perçus par les pays (puisque leur réserve ne dépendrait plus de la politique économique de certains pays), (iii) résoudre le problème lié au dilemme de Triffin[67] que connait actuellement le système monétaire international, (iv) résoudre le problème de l'insuffisance des liquidités internationales et, par effet de ricochet, atténuer les pressions déflationnistes que connait l'économie mondiale dans le système actuel et contribuer donc à une croissance de l'économie mondiale plus forte. Sur ce point, le rapport préconise que cette nouvelle monnaie de réserve pourrait être émise par une Banque de réserve mondiale[68] et s'inspirer de l'expérience du DTS avec cependant quelques innovations quant aux modalités de son émission et de son utilisation. Le nouveau système mondial de réserves pourrait, dans un

[66] "International Currency Certificates", selon le rapport. Voir United Nations (2009), *op. cit.*, page 115.

[67] Le dilemme de Triffin est le dilemme dans lequel se trouve l'économie mondiale lorsque c'est la monnaie nationale d'un pays qui sert de monnaie internationale. En effet, si le pays émetteur de la monnaie internationale mène une politique monétaire expansive pour répondre à la demande mondiale de liquidités, cela se traduit par une baisse de la confiance dans la monnaie internationale, ce qui fragilise le système monétaire international. Si le pays émetteur de monnaie internationale mène une politique monétaire restrictive, cela se traduit par une insuffisance de liquidités internationales et donc un frein macroéconomique à la croissance de l'économie mondiale. Ce dilemme fut énoncé par l'économiste canadien Robert Triffin.

[68] Global Reserve Bank. Voir United Nations (2009), *op. cit.*, Page 115.

premier temps, s'appuyer sur des systèmes régionaux de réserves à mettre en place en fonction des spécificités et des choix politiques régionaux.

En dépit des innovations que le rapport propose quant à l'émission de cette monnaie de réserve mondiale, l'on voit bien qu'un système monétaire international qui continuerait à reposer sur la coexistence d'une monnaie de réserve mondiale et des monnaies nationales, hypothèse implicite dans le rapport Stiglitz, ne serait pas pleinement satisfaisant pour l'Afrique, du point de vue de la résolution du problème aussi bien de l'offre insuffisante de liquidités internationales que de celui, d'une tout aussi grande importance, des difficultés que rencontrent les pays africains dans l'élaboration et la mise en œuvre d'une politique de change qui soutienne leurs objectifs économiques.

Deux autres rapports, publiés en 2011 par le Fonds monétaire international, proposaient un ensemble de mesures pour réformer le système monétaire international. Ces mesures comprenaient (i) un renforcement de la coordination des politiques, (ii) un renforcement du suivi et de la gestion des flux internationaux de capitaux et, (iii) des filets de sécurité, la diversification des actifs de réserves (utilisation d'autres monnaies de réserves en plus de celles actuellement utilisées), un approfondissement des systèmes financiers et un renforcement du rôle des DTS[69].

L'initiative du Palais-royal, un groupe de réflexion qui regroupe d'anciens ministres, gouverneurs de banques centrales et d'anciens hauts fonctionnaires des institutions internationales dont Michel Camdessus, ancien Directeur général du FMI, Paul Volcker, ancien gouverneur de la Réserve fédérale américaine, et bien d'autres hautes personnalités, a aussi fait des propositions de réforme du système monétaire international[70]. Ces propositions portent notamment sur (i) l'élaboration et une application rigoureuse des normes en matière de

---

[69] Fonds monétaire international (2011), *Strengthening the International Monetary System: Taking Stock and Looking Ahead*, disponible sur: http://www.imsreform.org/#panel-3: Extrait le 20 octobre 2015. Voir aussi Fonds monétaire international (2011), *Enhancing International Monetary Stability : A Role for the SDR ?* http://www.imsreform.org/#panel-4. Extrait le 20 octobre 2015.

[70] Pour plus de détails sur la composition et les propositions de l'Initiative du Palais-royal, voir Palais Royal Initiative (2011), *Reform of the International Monetary System (IMS): A Cooperative Approach for the Twenty First Century*, http://www.imsreform.org/#panel-5. Extrait le 20 octobre 2015.

politiques économiques et de taux de change dans le but d'améliorer la qualité des politiques économiques et des politiques de taux de change des pays membres du FMI, (ii) des mesures pour renforcer l'offre de liquidités internationales, améliorer la gestion des flux internationaux de capitaux, renforcer le rôle des DTS et améliorer la gouvernance du système monétaire international. Sur le plan de la gouvernance, l'Initiative du Palais-royal propose une architecture comprenant un sommet des chefs d'État et de gouvernement, qui se tient à un rythme annuel (sauf en temps de crise), une réunion des ministres des Finances et des gouverneurs de banques centrales qui prendrait les décisions stratégiques (qui pourrait exercer les fonctions et remplacer le Comité monétaire et financier du FMI et la réunion des ministres des Finances et gouverneurs du G-20) ainsi que les directeurs exécutifs du FMI.

D'autres propositions de réformes proposent de renforcer le rôle du FMI dans la coordination des politiques, promouvoir un système monétaire international qui soit considéré comme équitable pour tous les pays, lier les allocations de DTS aux besoins des pays en voie de développement, promouvoir une plus grande disponibilité des financements, sans conditions du FMI, en cas de crises, et promouvoir une plus grande représentativité des institutions de Bretton-Woods.

Au-delà de toutes ces propositions de réformes, il reste néanmoins que la montée en puissance du G-20 depuis la crise financière de 2007-2008, et son implication dans la coordination des politiques macroéconomiques des principaux pays industrialisés et émergents, ont été la principale manifestation de la volonté nouvelle de coopération internationale sur les questions économiques nées de la récente crise financière et économique. L'une des actions les plus emblématiques du G-20 a été la mise en place, en 2009 au sommet de Pittsburgh aux États-Unis, du Processus d'évaluation mutuelle qui est un « processus multilatéral par lequel les pays membres du G-20 définissent des objectifs pour l'économie mondiale, les politiques à mettre en œuvre pour les atteindre et les progrès qu'ils accomplissent dans la réalisation de ces objectifs communs [71] ». L'Annexe 3 présente plus en détail les principales mesures prises lors des précédents sommets des chefs d'État et de gouvernement du G-20 pour

[71] Source : FMI. Site:http://www.imf.org/external/ns/search.aspx?NewQuery=G-20&Lan=fra&col=SITFRA&submit.x=32&submit.y=7. Extrait le 29 décembre 2015.

coordonner les actions de ses membres en vue de promouvoir une croissance mondiale plus forte, durable et plus équilibrée.

Comme il apparait, l'action du G-20 a jusqu'ici porté sur la coordination des politiques économiques en général. C'est toujours une bonne chose si une amélioration des politiques économiques dans ces pays qui occupent une place systémique dans l'économie mondiale peut contribuer à un meilleur comportement des taux de change et de la liquidité internationale. La question des taux de change et de la liquidité internationale a même souvent figuré explicitement sur l'agenda des discussions des responsables du G-20. Ainsi, lors de la réunion du G-20 Finances (réunion des ministres des Finances et des gouverneurs des banques centrales des pays membres du G-20) qui s'est tenue du 28 au 29 février 2016 à Shanghai, en Chine, il a, semble-t-il, beaucoup été question des taux de change et de la liquidité internationale. Ainsi, dans le communiqué qui a sanctionné cette première réunion du G-20 Finances de l'année 2016, pouvait-on lire : "… Ministers and Governors reaffirmed that they will refrain from competitive devaluations… consult closely on exchange markets… Ministers and Governors supported further work to examine the possible broader use of the Special Drawing Rights (SDR)… The G20 discussions would focus on the IMF work to examine the possible broader use of the Special Drawing Rights (SDR). … The G20 discussions would focus on the IMF's governance reform, sovereign debt restructuring and debt sustainability, capital flows, global financial safety net, broader role of the Special Drawing Rights (SDR) to jointly shape a more stable and orderly international monetary and financial environment…[72]." À l'examen, il apparait que bien que la volonté de renoncer aux manipulations de taux de change et le renforcement de l'usage du DTS aient été affirmés, les sujets qui marqueraient une réelle inflexion dans la volonté politique de réformer le système monétaire international dans un sens véritablement favorable à l'Afrique et aux pays en développement en général, ne sont pas discutés lors des réunions du G-20.

Un autre développement non négligeable à mentionner est la décision prise, le 30 novembre 2015, par le Fonds monétaire international, d'inclure le yuan chinois parmi les devises du panier des

[72] Communiqué disponible sur le site : http://www.g20.org/English/image/201603/t20160301_2173.html. Extrait le 11 mars 2016.

monnaies qui constituent le DTS (les autres monnaies sont le dollar américain, l'euro, la livre britannique et le yen japonais). Cette décision, qui est le résultat de plusieurs années d'efforts par les autorités chinoises pour renforcer le rôle international du yuan, va certainement contribuer à diversifier les actifs de réserve. C'est aussi une bonne chose pour l'économie chinoise puisqu'elle va contribuer à l'augmentation de la part du yuan dans les réserves des banques centrales et donc, au développement des échanges extérieurs de la Chine. Mais, le potentiel de cette décision en termes de résolution des problèmes clés que pose le système monétaire international au développement de l'Afrique est assez faible. Ce que l'on peut noter en général concernant le G-20, c'est une représentation insuffisante de l'Afrique dans cette importante enceinte ce qui, logiquement, devrait aussi conduire à une moins bonne prise en compte des préoccupations spécifiquement africaines et donc, ouest-africaines, notamment monétaires, qui nous intéressent dans cet ouvrage.

En conclusion, l'on peut donc dire qu'il y a très peu de convergence entre le débat et l'évolution actuels du système monétaire international et ce que serait un système monétaire international convenable, vu de l'Afrique et des pays en voie de développement en général. Il est à peu près certain que le système monétaire international ne connaîtra pas de changements notables dans un avenir prévisible. Les actions qu'il nous semble nécessaire de prendre pour améliorer structurellement ce système ne font malheureusement pas parti des idées actuellement discutées. Il faudrait un niveau de volonté et d'investissement politiques qui, pour le moment, paraissent hors de portée des principaux acteurs.

Nous continuerons donc probablement à vivre dans un environnement monétaire international dans lequel quelques monnaies nationales émises par les grandes puissances économiques jouent le rôle de monnaie internationale[73], l'instabilité des taux de change

---

[73] L'économiste américain Barry Eichengreen projette que le monde s'achemine vers un système dominé par trois monnaies, le dollar, l'euro et le yuan chinois. Il pense de plus qu'un tel système pourrait être stable parce que, écrit-il, les banques centrales ont en général un comportement moins spéculatif dans la gestion de leurs réserves, elles rameraient à contre-courant, seraient moins « moutonnier » dans leur comportement sur les marchés, ce qui serait un puissant facteur stabilisateur. L'on peut rétorquer que ce ne sont en général pas les banques centrales qui sont à l'origine des instabilités, mais bien les agents privés. Il ne prédit pas un avenir international important au yen parce que le Japon aurait des problèmes

toujours plus accentuée, les soupçons ou pratiques avérées de politiques de changes élaborées dans le but de gagner un avantage compétitif seront légion, les pays en développement continuant d'être les principales victimes de ces pratiques. Les problèmes de liquidités internationales se poseront avec toujours plus d'acuité, les pays en développement étant ceux qui souffriront le plus du biais déflationniste qu'impose cette contrainte de liquidités, et les flux de capitaux parfois déstabilisateurs, continueront d'être peu maîtrisés.

Dans un tel contexte, élaborer et mettre en œuvre une politique monétaire et une politique de change qui contribuent adéquatement aux objectifs de développement devient une tâche très difficile. Il appartient à chaque pays d'être créatif et imaginatif, mais aussi d'utiliser son poids économique et même diplomatique pour tenter d'atténuer les impacts extérieurs qui annihilent sans cesse ses actions de politique monétaire et de politique de change. L'on comprend très vite qu'à ce jeu-là, les petits pays partent perdants dès le départ, surtout si la coopération monétaire internationale ne fonctionne pas bien, comme c'est le cas actuellement, et comme ce sera le cas pour une longue période encore.

Conclusion du Chapitre VIII

En conclusion du Chapitre VIII, nous notons que les perspectives d'une réforme du système monétaire international qui soit convenable du point de vue de l'Afrique sont, à l'heure actuelle, peu prometteuses.

---

démographiques importants pense-t-il. Il ne prédit pas non plus un avenir international au DTS à cause des restrictions qui entourent l'usage du DTS. Pour le Professeur Joseph Stiglitz, Prix Nobel d'économie, le système sera instable tant que ce seront les monnaies nationales qui joueront le rôle de monnaie internationale. Cela nous semble plus acceptable comme raisonnement Voir Barry Eichengreen, B (2009) "Managing a Multiple Currency World". Article disponible sur le site : https://aric.adb.org/grs/papers/Eichengreen.pdf. Extrait 9 mars 2016. Voir aussi Stiglitz, J (2009) « Towards a New Global Reserve System», Article disponible sur le site : https://aric.adb.org/grs/report.php?p=Stiglitz. Extrait le 9 mars 2016.

Conclusion de la troisième partie

Dans cette troisième partie, nous avons fait le double constat d'un fonctionnement actuellement défectueux du système monétaire international et de perspectives de réformes peu prometteuses. Le programme de coopération monétaire africaine est encore peu avancé. Dans un tel environnement, la création d'une monnaie unique en Afrique de l'Ouest et dans d'autres parties du continent, est-elle de nature à contribuer à la recherche des solutions à ces problèmes ? Nous allons, dans la quatrième partie, répondre par l'affirmative.

QUATRIEME PARTIE

POURQUOI INSTAURER UNE MONNAIE UNIQUE DANS LA CEDEAO ?

Nous avons, dans la deuxième partie de ce livre, entrepris un examen aussi exhaustif que possible des problèmes monétaires clés qui se posent aux pays d'Afrique de l'Ouest. Cet examen nous est apparu justifié dans la mesure où, l'intégration monétaire n'étant pas une fin en soi, doit avoir un but, et l'existence de problèmes monétaires que les pays, pris individuellement, ne peuvent résoudre de façon satisfaisante est, à notre avis, la meilleure justification de la mise en œuvre, par un groupe de pays, d'une politique d'intégration de leur gestion monétaire. Mais il ne suffit pas que les pays connaissent des problèmes monétaires pour que l'intégration monétaire et la création d'une monnaie unique à une échelle régionale soit automatiquement fondée. Deux conditions doivent être remplies pour qu'un processus d'intégration monétaire soit fondée : il faut d'abord que les problèmes monétaires soient tels que la recherche des solutions à ces problèmes dépasse largement les cadres nationaux et soit plus efficace lorsqu'elle est entreprise dans un cadre multinational, c'est-à-dire que cette recherche appelle une mise en commun des moyens et des ressources monétaires de plusieurs pays travaillant ensemble à la résolution de ces problèmes. En d'autres termes, il faut que le caractère supranational des solutions les plus optimales soit suffisamment constitué[74]. Nous avons, dans la deuxième partie, démontré que c'est le cas en ce qui concerne la plus grande partie des problèmes monétaires auxquels font face les pays de

[74] En effet, selon le concept de subsidiarité bien connu dans la théorie de l'intégration régionale, la recherche des solutions à certains problèmes est souvent plus efficace lorsque laissée entre les mains des autorités nationales.

la CEDEAO, pris individuellement et collectivement. Dès lors que le caractère supranational des solutions optimales est constitué, il faut aussi que les cadres multilatéraux de coopération monétaire internationale présentent des limites avérées. Nous avons, dans la troisième partie, démontré que c'est le cas pour les pays de la CEDEAO. Enfin, il faut que le caractère optimal d'un cadre supranational limité à l'espace régional, de préférence à un cadre multilatéral par exemple, soit aussi suffisamment constitué.

Dans cette quatrième partie, notre objectif sera donc de montrer que, dans la recherche des solutions optimales aux problèmes monétaires de l'Afrique de l'Ouest, l'instauration de la monnaie unique de la CEDEAO demeure le moyen le plus efficace pour doter ces pays d'un cadre pour résoudre ces problèmes d'une façon satisfaisante pour chacun de ces pays pris individuellement et collectivement. L'instauration de la monnaie unique peut utilement compléter les efforts qui peuvent être entrepris, avec des résultats limités comme nous l'avons vu, dans les cadres multilatéraux de coopération monétaire en vue de trouver des solutions à ces problèmes. Plus précisément, il s'agira pour nous d'établir de nouveau la rationalité économique du projet de création d'une monnaie unique au sein de la CEDEAO. Ceci nous semble important dans le contexte actuel où, comme nous l'avons vu dans la première partie, un certain nombre de développements récents ont été interprétés comme signifiant la nécessité de rabaisser les ambitions de la CEDEAO en matière d'intégration monétaire et d'instauration de la monnaie unique.

Notre stratégie dans cette quatrième partie est la suivante. Le Chapitre IX présente les options possibles d'intégration monétaire dans la CEDEAO en dehors de l'Union monétaire et de l'instauration d'une monnaie unique. Le Chapitre X a la double tâche d'une part, de présenter l'option spécifique d'intégration monétaire qu'est l'union monétaire et d'autre part, de montrer que, aussi bien les analyses théoriques que les leçons tirées de l'expérience, semblent conclure que cette option est la seule qui soit viable à long terme, y compris pour la CEDEAO.

Chapitre IX

Options pour une intégration monétaire dans la CEDEAO

Introduction

Les chapitres précédents nous ont amplement offert l'occasion de démontrer l'intérêt de renforcer l'intégration monétaire dans la CEDEAO. Dans un contexte où les incertitudes sur le projet d'instauration d'une monnaie unique dans la CEDEAO semblent croître et où ce projet de monnaie unique de la CEDEAO semble ne plus être stable dans plusieurs esprits, un examen des diverses options d'intégration monétaire serait peut-être utile pour ceux qui souhaitent reconsidérer ce projet. Comme il apparaitra tout au long de ce chapitre, l'intégration monétaire est, dans la pratique, un concept à géométrie variable en ce qu'il peut revêtir plusieurs options. Avant de présenter les options possibles, proposons d'abord une définition du concept même d'intégration monétaire, puis illustrons la difficulté que l'analyse de ses options peut présenter sur le plan théorique.

Notion d'intégration monétaire

À ce stade de notre propos, une définition précise du concept même d'intégration monétaire serait utile à l'identification des options possibles qui s'offrent à une politique d'intégration monétaire : à cette fin, nous définirons l'intégration monétaire comme un processus par lequel deux ou plusieurs pays mettent en œuvre des mesures qui visent à rapprocher les conditions monétaires qui prévalent dans leurs économies respectives. Pour fixer les idées, le concept de conditions monétaires s'entend dans la littérature comme la combinaison de deux indicateurs, l'un mesurant la variation des taux d'intérêt et l'autre mesurant la variation des taux de change[75]. Le concept de conditions monétaires vise donc à apprécier le sens de la variation moyenne des taux d'intérêt et du taux de change. En termes d'interprétation, on dira par exemple que les conditions monétaires deviennent soit restrictives, soit expansives et cela permet ainsi, en fonction de la conjoncture, de se faire une idée sur l'adéquation de l'orientation de la politique monétaire. Par exemple, si la conjoncture appelle un resserrement de la politique monétaire alors que l'indice des conditions monétaires montre plutôt une orientation expansive, les autorités monétaires vont prendre des mesures pour ajuster la politique monétaire. Dans la littérature, il existe aussi le concept de conditions financières qui est mesuré par un indicateur des conditions financières lequel est plus large que les conditions monétaires puisqu'au-delà des variables monétaires, il prend aussi en compte toute une gamme de variables financières (par exemple, les prix des actions, les rendements des bonds obligataires, la disponibilité du crédit, etc.). Dans la logique de notre définition de l'intégration monétaire, l'indicateur des conditions financières peut être utile pour mesurer l'intégration financière entre plusieurs économies.

L'intégration monétaire (rapprochement des conditions monétaires de deux ou plusieurs pays) peut être un état ou un processus. En tant qu'état, l'intégration monétaire désignera une situation caractérisée par une égalité parfaite, à un moment donné, des conditions monétaires dans les pays qui ont mis en œuvre une politique d'intégration monétaire. En tant que processus, l'intégration monétaire caractérisera l'ensemble des mesures mises en œuvre en vue de promouvoir une égalité parfaite des conditions monétaires entre pays à un horizon temporel donné. On voit bien à travers la définition ci-dessus que l'intégration monétaire peut recouvrir un ensemble de situations allant de l'absence totale d'intégration (les conditions monétaires sont différentes ou même divergent considérablement) à l'intégration monétaire parfaite (les conditions monétaires sont pratiquement les mêmes). Ainsi par exemple, grâce à l'intégration monétaire, les conditions monétaires sont les mêmes dans tous les pays membres de la zone euro. Tous ces pays connaissent le même taux d'intérêt monétaire et la même variation des taux de change. Il en

[75] Pour une revue assez complète de la littérature sur ce concept, voir Batini N., et Turnbull K. (2000), « Monetary Conditions Indices for the UK : A Survey» ; *External MPC Unit Discussion Paper* n° 1 ; Bank of England.

est de même pour les cinquante et un États fédérés (ou « économies ») qui composent les États-Unis et qui connaissent tous le même taux d'intérêt monétaire (le taux des fonds fédéraux) et la même variation des taux de change (les taux de change du dollar par rapport aux autres monnaies du monde). On peut dire que les pays qui composent la zone euro et les États fédérés aux États-Unis sont dans une situation d'intégration monétaire parfaite.

Saisissons cette opportunité pour clarifier un autre concept très utilisé dans la littérature et qui semble proche de l'intégration monétaire, mais qui ne le recouvre pas entièrement. Nous avons déjà eu à l'utiliser plusieurs fois dans cet ouvrage. Il s'agit du concept de coopération monétaire. Nous définirons la coopération monétaire comme un ensemble des mesures et de procédures mises en œuvre conjointement par deux ou plusieurs pays dans le but d'atteindre des objectifs monétaires préalablement définis. La coopération monétaire est ainsi un concept plus global, situé en amont de l'intégration monétaire. La coopération monétaire peut conduire à l'intégration monétaire.

Revenons à l'intégration monétaire pour indiquer que celle-ci peut être un objectif désirable, pour plusieurs raisons. Parmi ces raisons, l'on peut citer les gains d'efficience, les économies d'échelle, une meilleure répartition des risques dans la conduite de la politique monétaire. Tous ces gains peuvent, à terme, se traduire par une baisse des taux d'intérêt et des autres coûts dans l'espace d'intégration monétaire. Avant d'examiner les options possibles d'intégration monétaire, montrons que ces options n'ont pas toujours été suffisamment théorisées.

Options d'intégration monétaire : une analyse insuffisamment théorisée

Reconnaissons-le d'emblée, notre tâche d'examiner les options possibles d'intégration monétaire se heurte à une difficulté de taille, l'absence d'une théorie bien élaborée des étapes de l'intégration monétaire comparable en élégance et en clarté à la théorie de l'intégration commerciale. En effet, un examen attentif de la littérature permet de se rendre rapidement compte que si la théorie de l'intégration économique, et commerciale en particulier, s'est progressivement considérablement développée au point d'avoir pu établir les étapes successives et les formes possibles de l'intégration commerciale, une telle théorie reste encore pratiquement à développer dès lors qu'il s'agit de l'intégration monétaire.

Pour un petit rappel, sur le plan commercial, la théorie de l'intégration commerciale distingue globalement quatre étapes dans ce processus d'intégration. Celles-ci vont du niveau le moins avancé qui est la création d'une zone d'échanges préférentiels (les pays qui s'intègrent s'octroient des préférences commerciales sur les échanges de biens et services entre eux, sans aller jusqu'à l'élimination totale des obstacles aux échanges), au niveau le plus avancé qui est la création d'un marché unique (les pays qui s'intègrent éliminent tous les obstacles aux échanges de biens, services et de facteurs de production entre eux, et en plus adoptent la même politique commerciale vis-à-vis des pays tiers). Entre ces deux extrémités, on retrouve l'étape de la zone de libre échange (les pays qui s'intègrent éliminent tous les obstacles aux échanges de biens et services entre eux, mais chacun garde la liberté de sa politique commerciale vis-à-vis des pays tiers) et celle de l'union douanière (les pays qui s'intègrent s'octroient réciproquement les mêmes avantages que dans la zone de libre-échange, mais en plus ils adoptent la même politique commerciale vis-à-vis des pays tiers). La théorie de l'intégration commerciale a donc souvent offert aux pays candidats à un processus d'intégration commerciale un menu d'options.

En ce qui concerne l'intégration monétaire, l'on peut constater que bien que ce concept soit très utilisé dans les débats théoriques et politiques, une analyse systématique de ses diverses options possibles est une tâche qui reste entière. Si la tâche parait immense, elle n'est cependant pas hors de portée. Pour les besoins de notre propos dans le présent ouvrage, nous allons donc tenter de contribuer à une telle analyse dans les lignes qui suivent en déclinant les différentes options possibles de l'intégration monétaire et leurs limites ou avantages quant à la résolution des problèmes monétaires que nous avons longuement évoqués.

Un examen attentif révèle en effet que l'on peut identifier, dans la littérature ainsi que dans les pratiques des autorités monétaires de par le monde, des éléments qui permettent de structurer les options possibles d'un processus d'intégration monétaire.

L'intégration monétaire : un concept à géométrie variable

Sans doute existe-t-il diverses options en matière d'intégration monétaire, en allant du niveau le plus faible, qui consiste en de simples échanges d'informations entre autorités monétaires, au niveau le plus élevé, qui est certainement l'instauration d'une monnaie unique dans le cadre d'une union monétaire, et l'adoption d'une politique monétaire unique pour tous les États membres de l'union monétaire considérée. Examinons ces diverses options.

Échanges d'informations et d'expériences entre autorités monétaires nationales

Une des premières étapes ou formes d'intégration monétaire peut consister simplement en un échange plus renforcé d'informations et d'expériences entre les autorités monétaires des pays qui envisagent de renforcer la coopération monétaire entre eux. Cet échange peut prendre la forme d'échange d'idées, d'expériences, d'intelligence et de données dans le domaine monétaire. Sur le continent africain, l'Association des banques centrales africaines (ABCA) est une organisation qui regroupe les banques centrales des pays membres de l'Union africaine. Selon ses statuts, l'ABCA promeut la coopération entre les banques centrales africaines dans les domaines monétaire, financier et bancaire en vue de la création, en temps opportun, d'une monnaie unique africaine et d'une banque centrale africaine unique. Elle poursuit ses objectifs en promouvant les échanges d'idées et d'expériences entre banques centrales africaines dans les domaines susmentionnés, en facilitant la collecte et la dissémination des informations et la conduite des études dans les domaines susmentionnés et entre les banques centrales des pays africains, en organisant les réunions périodiques des gouverneurs des banques centrales africaines ainsi que des séminaires et programmes de formation pour le personnel de ces banques centrales africaines[76]. Le Secrétariat de l'ABCA est actuellement hébergé par le Siège de la

---

[76] Voir Association des banques centrales africaines (2012), « Statuts de l'Association des banques centrales africaines (ABCA), version amendée à Alger, Algérie, le 30 août 2012 ». Extrait le 26 janvier 2016 sur le site: http://www.aacb.org/sites/default/files/statuts%20ABCA%2030-08-13_0.pdf.

Banque centrale des États de l'Afrique de l'Ouest, à Dakar, au Sénégal.

On peut aussi citer dans ce registre, la conférence annuelle des gouverneurs des banques centrales francophones qui est une initiative de la Banque de France, à l'époque où Jean-Claude Trichet en était le Gouverneur. Les gouverneurs des banques centrales des pays francophones ont convenu depuis 1994 de se réunir une fois par an pour examiner les questions d'intérêt commun qui se posent à leurs institutions, échanger leurs analyses et mettre en relation leurs fonds documentaires. Ce groupe comprend 39 banques centrales représentant un cadre d'échanges pour 54 pays souverains provenant de divers continents.

La mise en place de mécanismes d'échanges d'idées et d'expériences entre banques centrales représente le point de départ de l'intégration monétaire. Il est évident que pour les pays d'Afrique de l'Ouest, cette étape seule est insuffisante. Le processus d'intégration monétaire doit aller bien au-delà si ces pays souhaitent mettre celle-ci au service de la résolution efficace des problèmes monétaires redoutables qui se posent à eux individuellement et collectivement.

L'établissement des mécanismes de compensation

Une autre forme d'intégration monétaire est la création, entre États ayant des monnaies différentes, de mécanismes permettant d'apurer périodiquement, en devises, les soldes des échanges qui ont lieu entre eux. Ces mécanismes sont généralement gérés par les banques centrales des États participants et peuvent aider à faire des économies de devises s'ils sont bien mis en œuvre. Il faut que les échanges entre les pays participants soient assez équilibrés, sinon l'on assistera rapidement à un déséquilibre structurel au niveau des soldes à apurer en devises, ce qui pourrait compromettre la viabilité du mécanisme de compensation. Dans le cas de l'Afrique de l'Ouest, la Chambre de compensation de l'Afrique de l'Ouest (CCAO), créée en 1975, ferma ses portes en 1996 à la suite des déséquilibres persistants et devenus structurels des soldes à compenser.

À moins que cela ne s'accompagne de mesures pour coordonner les politiques économiques, la mise en place d'un mécanisme de compensation contribue peu à l'intégration monétaire entre les pays qui y participent, puisque chaque pays garde sa monnaie et ses institutions monétaires, et aucune convergence des taux d'intérêt ou des taux de change n'est inhérente au fonctionnement d'un mécanisme de compensation. La chambre de compensation n'influence pas les conditions monétaires des pays, encore moins le rapprochement de celles-ci. La contribution de cette forme d'accord monétaire à la résolution des problèmes monétaires de la région ne peut donc qu'être limitée, qu'il s'agisse des problèmes monétaires d'origine extérieure ou de ceux internes aux États.

Accord d'échanges de monnaies ou currency swaps arrangements

Les accords d'échange de monnaies sont aussi une forme de coopération monétaire très utilisée par les banques centrales. Nous avons indiqué ci-dessus que les banques centrales des pays développés ont mis en place ces types d'accords et les ont intensément utilisés dans le cadre de leurs efforts pour endiguer la récente crise financière et internationale. Comme son nom l'indique, dans le cadre de ces accords, les banques centrales s'échangent leurs monnaies respectives pour des durées déterminées. Entre 2007 et 2010, la Réserve fédérale américaine a mis en place un accord d'échange de monnaies avec les banques centrales suivantes : la Banque d'Australie, la Banque centrale du Brésil, la Banque centrale du Canada, la Banque centrale du Danemark, la Banque d'Angleterre, la Banque centrale européenne, la Banque du Japon, la Banque centrale de Corée, la Banque centrale du Mexique, la Banque centrale de la Nouvelle-Zélande, la Banque centrale de Norvège, l'Autorité monétaire de Singapour, la Banque centrale de Suède et la Banque centrale de Suisse. En octobre 2013, ces accords furent reconduits pour une durée indéterminée. Ces accords d'échanges de devises étaient de deux types. Il y avait les accords qui visaient à fournir les dollars aux banques centrales étrangères et des accords qui visaient à fournir les monnaies de ces autres pays à la Banque centrale américaine. Dans le cadre des accords du second type, la Réserve fédérale américaine pouvait avoir accès à des financements pouvant aller jusqu'à 30 milliards de livres sterling, 80 milliards d'euros, 10 trillions de yens japonais, et 40 milliards de francs suisse pour soutenir les institutions américaines connaissant des difficultés financières[77].

---

[77] Pour une description claire du fonctionnement de ces accords, voir http://www.federalreserve.gov/monetarypolicy/bst_liquidityswaps.

Lors de leur sixième sommet qui s'est tenu du 15 au 16 juillet 2014 à Fortaleza au Brésil, les pays membres du groupe des BRICS ont aussi mis en place un accord d'échange de devises entre eux. Dans le communiqué conjoint des cinq chefs d'État, l'on pouvait lire : "… We are pleased to announce the signing of the Treaty for the establishment of the BRICS Contingent Reserve Arrangement (CRA) with an initial size of US$ 100 billion. This arrangement will have a positive precautionary effect, help countries forestall short-term liquidity pressures, promote further BRICS cooperation, strengthen the global financial safety net and complement existing international arrangements. … The Agreement is a framework for the provision of liquidity through currency swaps in response to actual or potential short-term balance of payments pressures… We remain disappointed and seriously concerned with the current non-implementation of the 2010 International Monetary Fund (IMF) reforms, which negatively impacts on the IMF's legitimacy, credibility and effectiveness…[78]." La Chine contribuera pour 41 milliards de dollars, le Brésil, la Russie et l'Inde, 18 milliards de dollars chacun et l'Afrique du Sud, 5 milliards de dollars. En cas de besoin, la Chine pourra obtenir des financements à la hauteur de la moitié du montant de sa contribution, l'Afrique du Sud, le double du montant de sa contribution, et les autres pays à hauteur du montant de leur contribution.

Il serait sans doute intéressant de mentionner aussi l'Initiative de Chiang Mai que les pays membres de l'Association des pays d'Asie du Sud-Est, la Chine et Hong Kong, la Corée du Sud et le Japon lancèrent après la crise asiatique des années quatre-vingt-dix. Le but de cette initiative était de mettre en place un mécanisme qui pouvait, dorénavant, permettre à ces pays de venir en aide à l'un d'entre eux touché par une crise. Initialement constitué d'un ensemble d'accords d'assistance bilatérale, cette initiative fût transformée en un accord multilatéral d'un montant de 120 milliards de dollars américains[79].

Bien que dans ces accords, chaque pays garde sa monnaie et l'entière indépendance dans la définition et la conduite de sa politique monétaire, ils représentent néanmoins une forme avancée de

[78]Source : Voir « Sixth BRICS Summit – Fortaleza Declaration». Disponible sur le site : http://www.gov.za/speeches/view.php?sid=46753. Extrait le 16 juillet 2015.

[79] Pour plus de détails sur cette initiative, voir, par exemple, Kawai, M (2010), "From the Chiang Mai Initiative to an Asian Monetary Fund". Article disponible sur le site : https://aric.adb.org/grs/report.php?p=Kawai 5. Extrait le 9 mars 2016.

coopération monétaire puisqu'ils permettent aux pays qui en font partie de résoudre, et par la coopération, un problème monétaire important qui peut survenir de temps en temps et qui est celui de la variation excessive du taux de change liée notamment à des facteurs que les fondamentaux de l'économie du pays ne justifient pas.

Accord sur les parités entre les monnaies nationales

Un stade déjà plus avancé de l'intégration monétaire consiste pour les pays qui envisagent cette politique de conclure un accord sur le taux de change entre leurs monnaies. Ce type d'accord peut soit fixer le taux de change entre leurs monnaies, soit définir un intervalle de variation de ce taux de change. Ce type d'accord peut aussi être bilatéral (conclu entre deux pays) ou multilatéral (conclu entre plusieurs pays). Ils peuvent aussi être conclus soit pour une période indéfinie ou alors être de nature plus conjoncturelle et, donc, temporaire. Lorsqu'un accord sur les taux de change est accompagné d'autres mesures de libéralisation des échanges et de facilitation des mouvements de capitaux, il implique une forte coordination des politiques macroéconomiques et des politiques économiques en général entre les pays participants à l'Accord. Lorsqu'un groupe de pays établit de tels arrangements entre eux (accord sur les taux de change, facilitation ou liberté des mouvements des capitaux et coordination des politiques macroéconomiques), on dit aussi qu'ils forment une zone monétaire.

Du point de vue de l'intégration monétaire telle que nous l'avons définie plus haut, un accord sur les parités entre les monnaies représente une étape déjà très avancée d'intégration, comparée aux étapes précédentes puisqu'un fonctionnement adéquat de ce type d'accord exige une convergence plus forte des mouvements de taux d'intérêts dans les pays participants à l'accord, mais aussi des mouvements de taux de change des monnaies participantes. Si cette convergence n'est pas effective, l'accord ne sera pas durable parce que des tensions sur les variables macroéconomiques (taux de change, taux d'intérêts, emploi, croissance économique, etc.) vont rapidement apparaître, et contraindre certains pays membres soit à renoncer à l'accord, soit à exiger des amendements à l'accord. La convergence des mouvements de taux d'intérêt et des taux de change peut ne pas être effective parce que chaque pays gardant sa monnaie, il arrive assez souvent que certains pays membres de l'accord mettent en œuvre des politiques incompatibles avec les engagements de l'accord, en pensant que ces politiques vont mieux contribuer à leurs objectifs nationaux. L'expérience a montré que c'est très souvent le cas. Ainsi, dans la pratique, ces accords sur les parités n'ont-ils pas en général été durables. En conclusion, l'on peut dire qu'autant les accords sur les parités entre les monnaies représentent une étape avancée d'intégration monétaire, autant cette forme d'intégration monétaire est aussi structurellement fragilisée et n'est pas viable à long terme.

Dans les accords sur les parités, l'engagement des pays participants au processus d'intégration monétaire n'est qu'imparfait. Le fait que chaque pays garde sa monnaie et ses institutions monétaires rend la possibilité de renoncer à l'accord plus facile le cas échéant. Les marchés incluent une évaluation de cette possibilité dans leurs évaluations des taux d'intérêt et des taux de change. Ceci contribue à l'explication des divergences souvent observées entre les pays dans ces variables.

L'on peut citer l'Accord de Bretton-Woods, que nous avons déjà évoqué plus haut, comme l'un des accords les plus illustratifs de cette forme de coopération monétaire. Cet accord était un accord multilatéral dans le sens où il impliquait tous les pays du monde. L'une des dispositions emblématiques de cet accord était que tous les pays devaient définir leur monnaie par un taux de change fixe par rapport au dollar américain (qui lui-même était dans une parité fixe par rapport à l'or), mais ajustable en cas de déséquilibre « fondamental » de leur balance des paiements. Comme il fallait s'y attendre, cet Accord, conclu en 1944, a volé en éclats en 1971 lorsque l'un des pays les plus importants pour la stabilité de l'Accord, en l'occurrence les États-Unis, a mené des politiques qui étaient incompatibles avec ses engagements au titre de cet Accord. En effet, à cause des politiques expansionnistes qu'ils ont menées, les États-Unis n'étaient plus en mesure de respecter la parité entre le dollar américain et l'or (la parité pivot du système). Le dollar fut d'abord dévalué puis c'est le lien avec l'or qui fut rompu, ce qui mit un terme à l'Accord de Bretton-Woods.

Le serpent monétaire européen que les pays européens mirent en place et qui fonctionna de 1972 à 1979 et le Système monétaire européen (SME) qui lui succéda constituent aussi d'autres exemples historiques de cette forme d'intégration monétaire. Dans le serpent monétaire européen, les taux de change des monnaies européennes qui y participaient ne devaient pas fluctuer au-delà de 2,25 % de part et d'autre d'une parité centrale définie par rapport à un panier de monnaies européennes. Dans le Système monétaire européen, les taux de change des monnaies ne devaient pas se situer au-delà de +/-1,25 % d'un cours pivot défini par rapport à l'Unité de compte européen (*European Currency Unit*). Le SME a connu lui aussi beaucoup de tensions dans son fonctionnement. La livre sterling dut même sortir du SME en septembre 1992 suites aux attaques du Fonds d'investissement « Quantum » du célèbre financier américain Georges Soros. En prenant des positions baissières de plusieurs milliards contre la livre sterling, Georges Soros a forcé la Banque d'Angleterre à sortir du Système monétaire européen, ce qui lui a valu le surnom de « l'homme qui a fait sauter la Banque d'Angleterre ». Ayant compris que le SME n'était pas viable à long terme, les Européens lancèrent le processus qui devait aboutir à l'introduction de la monnaie unique européenne, l'euro, en 1999.

On peut également citer dans cette catégorie les pays africains regroupés au sein de ce qu'il est convenu d'appeler la zone franc (qui se caractérise par l'arrimage fixe du taux de change de leur monnaie nationale, le franc CFA à l'euro, suivi de la liberté des mouvements de capitaux entre ces pays et la France et d'un alignement de leurs politiques monétaires et de change sur celles de la France et maintenant celles de la zone euro depuis la création de l'euro). La zone franc semble avoir existé plus longtemps que d'autres accords de ce type mais, à l'analyse, il semblerait que le rôle politique que joue cet arrangement aurait contribué à cette longévité. En effet, beaucoup d'analystes estiment que si les pays africains membres de la zone franc avaient eu une conception et une pratique plus active et plus ambitieuse de leur politique économique en général, et de leur politique monétaire et de change en particulier, la zone franc n'aurait pas connu la même longévité, en tout cas pas dans sa forme actuelle. L'on note aussi un rattachement de la monnaie du Cabo Verde, à l'escudo, puis à l'euro. Parmi les accords de nature conjoncturelle et donc plus temporaires, l'on peut citer les Accords du Plaza et du Louvre que nous avons déjà évoqués ci-dessus.

Dans le cas spécifique des pays de la CEDEAO, un accord sur les taux de change comme forme retenue d'intégration monétaire n'aurait pas plus de chance d'être viable à l'instar des expériences que nous avons décrites ci-dessus. Si l'objectif pour ces pays est de trouver des solutions aux problèmes monétaires qu'ils connaissent et que nous avons longuement évoqués au Chapitre II du présent ouvrage, alors un accord sur les taux de change ne sera pas suffisant. Qu'il s'agisse d'un accord pour que chaque pays membre de la CEDEAO rattache sa monnaie à l'euro (Geourjon, Guérineau, Guillaumont, Plane (2013)[80]) ou même à une autre référence monétaire (panier de monnaies par exemple), cet accord ne sera pas viable pour les raisons déjà évoquées ci-dessus. En effet, l'objectif de l'intégration monétaire, telle que nous l'entendons dans le présent ouvrage, ne doit pas être seulement de stabiliser les taux de change des monnaies des pays participants entre elles, comme s'il s'agissait de se prémunir ou de se protéger les uns contre les autres. Et même dans ce cas, un simple accord pour fixer les taux de change entre les monnaies ne serait pas viable comme nous l'avons expliqué ci-dessus. Il s'agit, à travers l'intégration monétaire, de créer un outil ou, dit autrement, de se donner un potentiel pour mener une politique monétaire et une politique de change qui préservent au mieux les intérêts économiques des pays de cette région dans le contexte monétaire international actuel. Dans un tel contexte, chacun de ces pays, pris individuellement, est trop « petit » pour y parvenir tout seul. Une monnaie pour quinze pays offre, probablement, plus de chance de progresser sur cette voie étroite. Avec huit petites monnaies (sept monnaies pour les pays hors UEMOA plus le franc CFA représentant la monnaie des huit pays membres de l'UEMOA), il est sûr qu'il n'y a aucune chance.

Certains pourraient suggérer que, dans le cas de la CEDEAO, un accord sur les taux de change pourrait être une étape intermédiaire nécessaire vers la monnaie unique. Une étude menée en 2008, à la demande de l'Agence monétaire de l'Afrique de l'Ouest, avait d'ailleurs proposé un Mécanisme de change de la CEDEAO (MCC), qui s'inspirait du mécanisme de change du Système monétaire européen (SME) que nous avons évoqué ci-dessus. Le mécanisme proposé comprenait un taux pivot pour chaque monnaie, des taux bilatéraux pouvant varier dans un intervalle de +/-10 % et la création d'un Fonds pouvant financer à court terme les mesures mises en

[80] Geourjon A-M., Guérineau S., Guillaumont S., Plane P (2013), « Enjeux et difficultés de l'élargissement des unions », in Geourjon, A-M., Guérineau, S., Guillaument, P., Guillaumont, S. (sous la direction) (2013) *Intégration régionale pour le développement en zone franc*, Ferdi et Economica, Paris, page 208.

œuvre par un pays pour faire revenir son taux de change dans la marge de fluctuation permise. Le taux pivot était défini par rapport à l'Unité de compte de l'Afrique de l'Ouest (UCAO), lui-même défini comme étant équivalent au DTS du FMI (1 UCAO = 1 DTS). L'étude proposait aussi qu'aucune monnaie ne puisse être exclue du MCC même si son taux de change fluctuait au-delà des marges permises. Nous ne partageons pas l'idée que la mise en place d'un accord visant la stabilité des taux de change entre les monnaies des pays membres de la CEDEAO puisse être une étape utile vers la création de la monnaie unique de la CEDEAO. – et cela, parce que, comme nous l'avons expliqué ci-dessus, les accords de stabilité des taux de change entre monnaies ne sont en général pas viables. On peut donc se demander pourquoi investir autant de ressources dans la mise en place d'un accord qui n'est pas viable et qui ne peut pas fonctionner correctement, même de façon temporaire[81].

Même le SME, malgré toute la bonne volonté et les importants efforts financiers et institutionnels mis dans sa conception et sa mise en œuvre par les pays européens, se révéla intenable. Mis en place en 1979, il dût être abandonné en 1993. Sa mise en place n'était pas un choix délibéré comme une étape vers la monnaie unique. Pour les Européens, la motivation première de la mise en place du SME était de remédier au problème des dévaluations compétitives des monnaies européennes les unes par rapport aux autres. C'est lorsque les Européens se sont rendu compte que, même en tant que solution au problème des dévaluations compétitives[82], le SME n'était pas viable et qu'il était sensible aux attaques spéculatives (après la livre sterling, Georges Soros tenta en 1993 une attaque sur le franc qui fut parée), qu'ils ont décidé d'aller plus loin et de réfléchir à la création d'une monnaie unique européenne, l'euro. Rétrospectivement, la construction européenne apparaît en fait plus comme le résultat d'un processus de tâtonnement (chaque mesure prise apparaissant comme un effort pour remédier aux difficultés rencontrées dans la mise en

---

[81] La mise en œuvre de ces accords demande souvent beaucoup de ressources : financement des études préalables, négociations de l'accord (dans un cadre multilatéral entre les pays), mise en place de nouvelles institutions multilatérales, etc.

[82] C'est parce que l'Europe pensait que le SME pouvait être un mécanisme pérenne qu'elle a investi autant dans sa mise en œuvre. Les pays africains doivent tirer les leçons de cette expérience européenne et ne pas investir dans un mécanisme qui n'a pas d'avenir dans l'environnement monétaire international actuel.

œuvre d'une mesure précédente) que comme la mise en œuvre d'un grand plan conçu et patiemment mis en œuvre. Ainsi, l'Union bancaire, le renforcement de la coordination des politiques budgétaires, la création du mécanisme de stabilité, etc. sont autant de mesures nées de la crise des dettes souveraines.

Création d'un Fonds régional de coopération monétaire

Une autre option en matière d'intégration monétaire est la création d'un fonds monétaire régional. Comme nous l'avons noté ci-dessus, un Fonds monétaire africain a été créé, mais n'est pas encore entré en fonction. L'idée d'un Fonds monétaire asiatique, née lors de la crise des années quatre-vingt-dix, fait son chemin. En général, le rôle attendu de ces fonds monétaires régionaux est de jouer, au niveau régional, le même rôle que joue le Fonds monétaire international au niveau mondial, c'est-à-dire fournir un appui à la balance des paiements pour permettre aux pays de stabiliser la valeur de leur monnaie en cas de crise. Conceptuellement, ces fonds monétaires régionaux, tout comme le Fonds monétaire international, se justifient plus quand on est dans un système de changes fixes. Néanmoins, le flottement des taux de change n'étant jamais pur, ces institutions ont survécu à la perte de terrain des changes fixes. Puisque ces fonds doivent, en principe, mettre en place des mécanismes de surveillance des politiques économiques de leurs membres, on peut supposer que leur existence joue un rôle dans le rapprochement des conditions monétaires, même si le degré de ce rapprochement est fonction de l'effectivité de cette surveillance qui est, comme nous l'avons vu, en général, plutôt variable. Dans le contexte actuel, l'idée d'un Fonds monétaire de la CEDEAO ne serait pas optimale parce que l'option pour les pays membres de la CEDEAO de travailler à la mise en place rapide du Fonds monétaire africain, déjà engagée, serait supérieure.

Les accords de circulation des monnaies nationales

Une autre forme d'intégration monétaire pourrait consister en la mise en place d'accord entre pays pour donner cours libératoire aux monnaies des pays partenaires sur le territoire de chacun des pays membres. Dans une perspective d'histoire économique récente, le cas où un pays admet la circulation sur son territoire de la ou des monnaie(s) de pays étrangers a surtout été observé dans les pays d'Amérique latine dans les années quatre-vingt. Lorsque la politique économique dans ces pays, et les autorités monétaires en particulier, faisaient face à des problèmes graves de crédibilité. Pour se prémunir contre les risques, les agents économiques ont développé l'usage de la monnaie américaine, le dollar, dans leurs transactions économiques intérieures. Face à l'ampleur du phénomène, les autorités ont fini par officialiser cette pratique, si bien que le dollar américain a eu cours légal et pouvoir libératoire sur le territoire national au même titre que la monnaie nationale. Les instruments financiers libellés en dollars, y compris même les comptes bancaires en devises, ont été autorisés. En général, cette officialisation se fait de manière unilatérale, c'est-à-dire sans qu'il y ait un accord formel avec les pays concernés. Le pays adopte généralement la monnaie de son ou de ses principaux partenaires économiques. C'est ce qu'on a appelé dans la littérature la « dollarisation des économies ». L'analyse des causes et des conséquences économiques de ce phénomène a ensuite donné lieu à une vaste littérature économique. Le pays qui adopte la monnaie d'un autre pays le fait en général parce qu'en raison d'une mauvaise gestion antérieure, qui se traduit notamment par une hyperinflation chronique, sa propre monnaie a perdu la confiance des agents économiques au point où elle n'a plus aucune valeur. Le pays qui adopte la monnaie d'un autre pays le fait donc pour régler ses propres problèmes économiques. Sur le continent africain, le Zimbabwe offre l'exemple d'un pays qui a officiellement adopté les monnaies étrangères dans les transactions économiques. En effet, pour faire face à une hyperinflation chronique, le Zimbabwe a, en 2009, adopté le dollar comme monnaie dans les transactions intérieures. En 2014, le pays a aussi adopté d'autres monnaies, notamment le yuan chinois, la roupie indienne, le yen japonais et le dollar australien.

Bien que la dollarisation soit née dans des conditions difficiles pour les pays qui l'ont expérimentée, et qu'elle ait résulté d'une décision unilatérale d'un pays qui décida d'adopter la monnaie d'un autre pays, l'on peut imaginer que des pays s'inscrivent dans une démarche proactive et décident d'autoriser que leurs monnaies respectives circulent sur leurs territoires respectifs. En effet, dans une perspective d'intégration monétaire, cinq pays d'Afrique de l'Est (Burundi, Kenya, Rwanda, Tanzanie et Ouganda), ont récemment convenu de permettre, chacun, la circulation sur son territoire des monnaies des autres pays ainsi que les paiements électroniques libellés en ces monnaies. Cette mesure sera facilitée par la mise en place d'un projet d'intégration et de systèmes de paiements et de règlements au niveau de la Communauté est-africaine.[83] Pour ces pays, cet accord constitue une phase transitoire dans le cadre d'un projet plus ambitieux visant la création d'une monnaie unique dans le cadre d'une Union monétaire en Afrique de l'Est à l'horizon 2030.

On peut aussi citer dans cette catégorie la Common Monetary Area (CMA). Cet arrangement monétaire regroupe l'Afrique du Sud, le Lesotho, la Namibie et le Swaziland. Chaque pays a sa banque centrale et émet une monnaie nationale[84] qui est convertible en rand sud-africain, à une parité fixe de 1 pour 1. La monnaie sud-africaine a cours légal et pouvoir libératoire dans les trois autres pays. En raison de la structure des économies de la CMA et certainement du poids de l'économie sud-africaine (l'Afrique du Sud est le premier partenaire commercial des trois pays de la CMA, étant par exemple à l'origine de plus de 80 % des importations du Lesotho et du Swaziland et de 62 % des importations de la Namibie en 2014), la monnaie sud-africaine, le rand, est une monnaie de réserve pour les banques centrales du Lesotho, de la Namibie et du Swaziland, et la Banque centrale sud-africaine joue le rôle de prêteur en dernier ressort pour les autorités monétaires de ces trois autres pays. Il n'existe pas de contrôles des changes dans la CMA et les mouvements de capitaux en dehors de la zone sont soumis à des contrôles uniformes.

Peut-on envisager que, dans le contexte de l'Afrique de l'Ouest, l'intégration monétaire se réalise dans le cadre d'un accord entre les pays membres de la CEDEAO pour laisser les différentes monnaies circuler dans la région ? Nous avons appris dans le cadre de nos recherches pour l'écriture du présent ouvrage qu'une telle hypothèse est très étudiée dans certains milieux. Certains pays actuellement hors UEMOA pourraient adopter le franc CFA comme leur monnaie. La Guinée-Bissau a, en 1997, adopté le franc CFA comme monnaie en remplacement de sa monnaie et est devenue membre de l'UEMOA.

---

[83] Ce projet a bénéficié du financement de la Banque africaine de développement. Un projet similaire de développement et d'intégration des systèmes de paiements fut mis en œuvre dans la ZMAO, dans l'optique aussi de la création d'une monnaie au sein de cette zone.

[84] Le rand pour l'Afrique du Sud, le loti pour le Lesotho, le dollar namibien pour la Namibie et, le lilangeni pour le Swaziland.

Pourquoi ne pas poursuivre dans cette direction et voir d'autres pays faire de même et adopter le franc CFA ? L'on peut aussi imaginer que certains pays adoptent le naira nigérian comme leur monnaie. Selon ce scénario, l'intégration monétaire par l'élargissement des juridictions des monnaies actuelles conduirait donc soit à la « CFAisation », soit à la « Nairaisation » de l'Afrique de l'Ouest. D'autres hypothèses peuvent être imaginées, mais ce sont ces deux-là qui sont souvent évoquées dans les discussions.

Du point de vue de l'intégration monétaire, autoriser la circulation des monnaies des partenaires dans les transactions intérieures représente une étape plus avancée de l'intégration comparée aux étapes précédentes que nous venons d'examiner, notamment les accords pour stabiliser les taux de change, ou les échanges d'informations entre banques centrales. En effet, le processus de circulation des monnaies peut conduire à ce que la part de l'une des monnaies dans la masse monétaire des pays soit tellement prépondérante que les conditions monétaires du pays dont la monnaie est adoptée (taux d'intérêt et taux de change) prévalent dans les autres pays. En d'autres termes, dans un processus qui ressemble à la loi de Gresham[85], bien connue en économie monétaire, la bonne monnaie, ou la monnaie que les agents économiques préfèrent, finira par chasser les autres monnaies et s'imposera dans tous les pays participants à l'accord de circulation des monnaies nationales. Ce processus peut donc aussi aboutir à une union monétaire et donc à une monnaie unique *de facto*. Ce processus d'unification monétaire sera d'autant plus rapide que les pays membres ne coordonnent pas leurs politiques macroéconomiques et leur politique monétaire en particulier. L'on a,

---

[85] Selon la loi de Gresham, c'est la mauvaise monnaie qui chasse la bonne. Énoncée par le financier Sir Thomas Gresham (vers 1519-1579), cette loi de Gresham stipule que si deux monnaies circulent simultanément dans une économie, et si les autorités fixent le taux de change entre ces monnaies et ont la capacité de faire prévaloir ce taux de change, alors les agents économiques vont préférer conserver par devers eux la monnaie qu'ils considèrent comme étant la bonne monnaie et utiliser pour effectuer leurs transactions celle qu'ils considèrent comme étant la mauvaise monnaie. Ceci dans le but de se débarrasser au plus vite de la mauvaise monnaie. Ce processus conduit à ce que la mauvaise monnaie soit celle qui circule dans l'économie. La mauvaise monnaie a donc chassé la bonne monnaie de la circulation. C'est la loi de Gresham. Dans le processus que nous avons décrit ci-dessus, la bonne monnaie chasse la mauvaise monnaie parce que les conditions strictes de la loi de Gresham ne sont pas réunies.

par exemple, récemment observé un tel processus au Zimbabwe. En effet, dans le cadre d'un programme pour promouvoir la stabilité économique, les autorités zimbabwéennes ont adopté le système multidevises dans le cadre duquel elles ont autorisé l'utilisation de neuf monnaies étrangères sur le territoire national. Il s'agit du dollar américain, du rand sud-africain, de l'euro, de la livre sterling britannique, du yuan/renmimbi chinois, du pula botswanais, du dollar australien, de la roupie indienne et du yen japonais. Ces monnaies avaient donc cours légal et pouvoir libératoire dans les transactions nationales. L'on a noté que la part du dollar américain dans les transactions est passée de 49 % en 2009 à 95 % en 2016[86]. L'on a aussi noté que depuis l'introduction du système multidevises, l'hyperinflation chronique que le Zimbabwe connaissait a été jugulée avec succès, si bien que ce n'est plus l'inflation qui menace le pays mais la déflation, ce qui reflète un peu plus les conditions monétaires de faible inflation qui prévalent dans les pays émetteurs des monnaies qui font partie du système multidevises. Ainsi, le taux annuel moyen d'inflation au Zimbabwe atteignait -2,4 % au cours de la période de janvier à novembre 2015[87], alors qu'il était positif avant l'adoption du système multidevises. Le dollar zimbabwéen fût démonétisé en 2014. La dollarisation en Amérique latine avait aussi contribué à stabiliser les conditions monétaires dans ces pays.

Prenons le cas de l'Afrique de l'Ouest. Si la circulation des huit monnaies nationales dans l'espace CEDEAO était adoptée, un tel processus pourrait conduire, à terme, soit à une « CFAisation » (prépondérance du franc CFA, monnaie des pays membres de l'UEMOA), soit à une « Nairaisation » (prépondérance du naira, la monnaie nigériane) de l'espace CEDEAO. En l'état actuel des

---

[86] Source : Mangudya J.P, Governor, Reserve Bank of Zimbabwe (2016), *Press Statement*, 4 May 2016, page 4.

[87] Voir Mangudya J.P, Governor, Reserve Bank of Zimbabwe (2016) *January 2016 Monetary Policy Statement: Economic Transformation through Transparency and Accountability*, page 25. Rapport disponible sur le site : http://rbz.co.zw/assets/monetary-policy-statement-january-2016.pdf. Extrait le 20 mai 2016. Pour une discussion de l'inflation négative après l'introduction du système multidevises, voir aussi : Pilling D.; England A., (2016) « Zimbabwe swaps hyperinflation for deflation with use of US dollar», *Financial Times*, available at: http://www.ft.com/intl/cms/s/0/9eb1c2d8-c341-11e5-b3b1-7b2481276e45.html?ftcamp=crm/email/2016126/nbe/WorldNews/product#axzz3yFf2kPpV. Extrait le 26 janvier 2016.

agrégats économiques, il est peu probable qu'une autre monnaie en dehors de ces deux monnaies s'impose significativement dans la région. Sur la base du poids économique respectif du Nigéria et des pays membres de l'UEMOA réunis, il est fort probable que l'on aboutisse plutôt à une Nairaisation de l'espace CEDEAO. En effet, selon les données disponibles pour l'année 2014, le Nigéria représentait 79 %, 52,2 %, 69,5 % et 53 % respectivement du Produit intérieur brut, de la population, des exportations et des importations de la CEDEAO[88]. Dans l'un ou l'autre cas, l'on aboutirait à une monnaie unique de fait.

Même si la « CFAisation » *ou la* « Nairaisation » nous menait à une monnaie unique dans la CEDEAO, ce qui est l'objectif recherché, il nous semble peu probable que le processus d'intégration monétaire visant l'instauration d'une monnaie unique en Afrique de l'Ouest emprunte l'un de ces chemins. Cela pour des raisons politiques évidentes. En effet, les grands pays d'Afrique de l'Ouest hors UEMOA comme le Nigéria ou le Ghana ou même la Guinée, n'accepteront certainement pas abandonner leur monnaie, le naira ou le cedi, pour adopter le franc CFA parce que cela pourrait être interprété par l'opinion comme un aveu d'échec de leur monnaie et de leur politique économique en général. De la même façon, les pays membres de l'UEMOA aussi n'accepteront certainement pas d'adopter le naira comme monnaie, cela pour des raisons politiques évidentes. La création d'une monnaie unique toute nouvelle, avec une nouvelle appellation et de nouveaux arrangements institutionnels, nous semble donc l'alternative capable de rassembler. Nous entreprenons cette analyse dans le Chapitre X, qui suit.

Le Tableau 2 ci-après résume, d'une façon synoptique, les options d'intégration monétaire que nous venons d'examiner.

---

[88] Source : Calculs des auteurs à partir des données de la CNUCED (2015), « Manuel de statistiques de la CNUCED 2015 », Rapport disponible sur le site : http://unctad.org/en/PublicationsLibrary/tdstat40_en.pdf. Extrait le 5 juillet 2016.

Tableau 2

Autres options possibles d'intégration monétaire dans la CEDEAO et leurs limites

Options d'intégration monétaire	Description	Avantages pour l'intégration monétaire	Limites pour l'intégration monétaire
Échange d'informations et d'expériences entre autorités monétaires nationales	Renforcement des échanges d'informations et d'expériences entre les autorités monétaires des pays, qui peuvent prendre la forme d'un échange de personnels, de compétences et de données	Offre un cadre simple de coopération et de partage d'informations et d'expériences	- N'implique quasiment pas de contraintes ou d'engagements pour les parties prenantes en matière de conduite des politiques macroéconomiques - Impact limité sur la résolution des problèmes monétaires
Établissement de mécanismes de paiement et de compensation	Création de mécanismes entre des États dotés de monnaies différentes en vue d'apurer périodiquement les soldes des échanges qui ont lieu entre eux.	Peut aider à faire des économies de devises.	- Faible intégration monétaire car n'implique pas une convergence des taux d'intérêt ou des taux de change - Impact limité sur la résolution des problèmes monétaires
Accord sur les parités entre monnaies nationales	Permet aux pays de fixer le taux de change de leurs monnaies ou de définir une fourchette de variation de ces taux de change. Quelques exemples : le Système monétaire européen (SME) ; l'arrimage fixe de la monnaie nationale à une monnaie de	Ce type d'intégration rapproche effectivement les politiques monétaires et macroéconomiques des pays membres puisque les engagements à respecter les taux de change convenus imposent une certaine discipline, même si la responsabilité de ces politiques incombe toujours aux autorités nationales.	L'engagement des pays participants au processus d'intégration monétaire n'est souvent pas parfait. Le fait que chaque pays garde sa monnaie et ses institutions monétaires rend plus facile la possibilité de renoncer à l'Accord le cas échéant. Ne protège pas assez

	référence (*pegging*), à l'instar du franc CFA ou de l'escudo du Cap-Vert par rapport à l'euro.		des attaques spéculatives, comme on l'a vu avec la livre sterling dans le SME en 1992
Création d'un Fonds régional de coopération monétaire	Mise en commun de ressources en monnaie de réserve pour fournir un appui à la balance des paiements en vue de stabiliser la valeur de la monnaie d'un pays membre en crise	Harmonisation des politiques économiques ; peut contribuer au rapprochement des conditions monétaires	- Surveillance des politiques économiques pas toujours effective - Potentiel limité en ce qui concerne la résolution des problèmes monétaires découlant des contraintes du système monétaire international
Accords de circulation des monnaies nationales	Accords donnant libre cours aux monnaies des pays partenaires sur la totalité de leurs territoires. Exemples : Accord récemment signé entre les pays d'Afrique de l'Est (Kenya, Rwanda, Ouganda, Burundi et Tanzanie) ; le Common Monetary Area (CMA). Le cas le plus courant est l'adoption de façon unilatérale par un pays du dollar ou de l'euro, qualifiée de dollarisation ou d'euroisation.	Étape plus avancée de l'intégration, comparée aux étapes précédentes. En effet, le processus de circulation des monnaies peut conduire à ce que la part de l'une des monnaies dans la masse monétaire des pays soit tellement prépondérante que les conditions monétaires du pays dont la monnaie est adoptée (taux d'intérêt et taux de change) prévalent dans les autres pays. Ce processus peut donc aboutir à une union monétaire et donc à une monnaie unique de fait.	Adopté souvent de façon temporaire ou transitoire pour faire face à une crise monétaire. Nécessite une monnaie de référence pour la zone monétaire, ce qui dans la pratique n'est pas le cas en Afrique de l'Ouest

Conclusion du Chapitre IX

En conclusion, nous avons dans ce chapitre, examiné les autres options qu'il serait possible pour la CEDEAO d'adopter, en émettant l'hypothèse qu'elle souhaite, pour une raison ou une autre, rabaisser ses ambitions en matière d'intégration monétaire. Nous avons montré que ces autres options ne seraient pas viables et, surtout, ne seraient pas de nature à contribuer efficacement à la résolution des problèmes monétaires très importants auxquels les pays membres de la CEDEAO font actuellement face, individuellement et collectivement. Nous allons, dans le Chapitre X, montrer que seule l'union monétaire peut y contribuer efficacement et serait viable.

Chapitre X

La monnaie unique, l'outil optimal de recherche des solutions aux problèmes monétaires de la CEDEAO

Introduction

L'union monétaire et la création d'une monnaie unique entre plusieurs pays représentent l'option la plus avancée d'intégration monétaire. Dans cette option, les pays renoncent chacun, à garder sa monnaie et sa banque centrale nationale, au profit de l'instauration d'une monnaie unique, d'une politique monétaire unique et d'une banque centrale supranationale unique et commune avec les autres pays membres de l'union monétaire envisagée. Dans cette option d'intégration monétaire, les pays sont en général amenés à harmoniser leurs politiques et leurs positions afin de parler d'une seule voix dans les débats monétaires internationaux.

L'intérêt manifesté par la CEDEAO pour cette option d'intégration monétaire est aujourd'hui ancien, même si les progrès vers cet objectif ont été plutôt lents et que la crise récente de l'euro a davantage contribué à faire naître des incertitudes sur cet important projet. Dans un tel contexte, la question qui vient immédiatement à l'esprit et qui semble, à juste titre préoccuper les décideurs de la région, est celle de savoir si, comme le suggèrent certains, la récente crise de l'euro a montré l'intérêt d'une approche plus prudente de la monnaie unique pour cette région de l'Afrique de l'Ouest ? Nous contribuons à cet important débat en soutenant que, loin de la ralentir comme semblent suggérer certains observateurs, la principale leçon que la CEDEAO devrait tirer de la récente crise de la zone euro est qu'il faut, au contraire, accélérer les efforts visant à instaurer la monnaie unique en 2020, comme fixé dans la feuille de route. Dans cette partie, nous examinons aussi les autres obstacles souvent évoqués et montrerons qu'ils sont surmontables.

Après avoir, dans le chapitre précédent, montré que les autres options ne seraient pas viables, notre objectif dans le présent chapitre est donc de montrer que l'union monétaire de la CEDEAO et la création de la monnaie unique sont la seule option viable qui permettrait à ces pays de résoudre au mieux les problèmes monétaires auxquels ils sont confrontés.

Pour y parvenir, notre stratégie sera la suivante : nous commencerons par montrer les limites du concept de *zone monétaire optimale* en tant que référence pour évaluer la désirabilité des unions monétaires dans le monde réel, en dépit de l'utilisation très répandue de ce concept dans la littérature sur les unions monétaires. Ensuite, nous analyserons les facteurs qui peuvent justifier l'instauration de la monnaie unique dans la CEDEAO à la lumière de tous les développements précédents.

Qu'est-ce qu'une zone monétaire optimale ?

Bien que le concept de zone monétaire optimale soit aujourd'hui d'un usage courant dans la littérature quand il s'agit de traiter des questions d'intégration monétaire, un examen rigoureux permet cependant de se rendre compte que la portée de ce concept est, dans la pratique, très limitée.

Lorsqu'en 1961, l'économiste Robert Mundell publie dans *l'Américan Economic Review*[89], son article qui introduira le concept de zone monétaire optimale dans la littérature économique, son objectif dans cet article n'est pas, contrairement à ce qui est presqu'invariablement affirmé dans la littérature, de présenter une théorie de l'intégration monétaire ou bien de l'union monétaire, mais bien d'élaborer une théorie des taux de change flottants. Dans cet article, il visait à expliciter les conditions dans lesquels un système de taux de change flottants fonctionnerait adéquatement, c'est-à-dire qu'une dépréciation du taux de change, suite à un choc de demande négatif par exemple, protège l'économie contre une augmentation du chômage tout en stabilisant l'inflation ou, dans l'autre sens, une appréciation du taux de change face à un choc de demande positif

[89] Mundell, R.A. (1961) « A Theory of Optimum Currency Areas», *American Economic Review* reproduit in Blejer M.I., Frenkel J.A., Leiderman L., and Razin A. (1997) eds, in cooperation with Cheney, D.M., ''*Optimum Currecncy Areas: New Analytical and Policy Developments*'', International Monetary Fund.

protège l'économie contre une surchauffe et donc, contre une accélération de l'inflation, tout en stabilisant le niveau de l'emploi. Mundell montre alors que pour qu'un système de changes flottants fonctionne aussi bien, en tout cas tel que décrit dans tous les manuels d'économie, il faut que chaque espace monétaire, c'est-à-dire l'espace ou le territoire géographique de chaque monnaie, soit parfaitement homogène, caractérisé par une parfaite mobilité des facteurs de production en son sein et qu'il y ait en plus immobilité des facteurs de production entre les différents espaces monétaires. C'est ce type d'espace monétaire ou de territoire géographique que Mundell appelle « Zone monétaire optimale ». Dans cet article, Mundell appelle aussi « région » un tel espace monétaire.

Pour démonter son postulat ci-dessus, Mundell prend l'exemple d'un monde composé de deux pays A et B, chaque pays étant composé de deux régions économiquement différentes, une région Est spécialisée dans l'industrie automobile et une région Ouest spécialisée dans l'industrie du bois, par exemple. Cette hétérogénéité décrit assez bien ce que l'on observe dans le monde réel. Muni de ce cadre, Mundell examine l'efficacité de la politique monétaire (en termes de maîtrise de l'inflation et de stabilisation de l'emploi) sous plusieurs hypothèses. Première hypothèse : chaque pays possède sa propre monnaie et sa banque centrale et les deux pays A et B sont dans un système de taux de change fixes. Sous cette hypothèse, Mundell montre que la politique monétaire n'est pas très efficace parce que les réactions divergentes des deux banques centrales en cas de choc conduisent à un biais déflationniste. Deuxième hypothèse, les deux pays A et B partagent la même monnaie et ont une seule banque centrale : dans cette hypothèse, Mundell montre que la politique monétaire n'est pas non plus très efficace parce qu'elle a tendance à être inflationniste, notamment en cas de choc négatif sur la demande. Troisième hypothèse : chaque pays possède sa propre monnaie et les deux monnaies sont liées par un système de taux de change flottants. Mundell conclut que sous cette hypothèse, la politique monétaire n'est pas non plus très efficace parce que l'incapacité du taux de change à corriger le déséquilibre de la balance des paiements entre les deux régions Est et Ouest en cas de choc (même si ce système peut contribuer à rétablir l'équilibre des balances des paiements des deux pays) aboutit à ce que l'inflation et le sous-emploi ne peuvent pas être simultanément évités dans chacun des pays.

En faisant une quatrième hypothèse dans laquelle les monnaies ne sont plus nationales, c'est-à-dire circule sur le territoire de chaque pays, mais plutôt régionales, c'est-à-dire que le territoire de chaque monnaie est une région (une monnaie pour la région Est et une monnaie pour la région Ouest, les deux monnaies étant liées par un système de change flottants), Mundell montre que la politique monétaire est enfin efficace. En cas de choc, la variation du taux de change et la politique monétaire de chaque banque centrale régionale permettent simultanément de restaurer l'équilibre des balances de paiements des régions et de stabiliser l'inflation et l'emploi. Mundell conclut que le problème n'est pas tant le type d'arrangement qui prévaut en matière de taux de change mais bien les caractéristiques économiques du territoire de chaque monnaie. Pour lui, un système de taux de change flottants fonctionne bien si chaque monnaie est émise pour un territoire géographique homogène à l'intérieur duquel les facteurs de production sont mobiles et s'il y a immobilité des facteurs de production entre ces territoires ou « régions ». C'est cette « région » qu'il appela aussi « zone monétaire optimale ». La zone monétaire optimale est donc un territoire géographique, ou une « région », sur lequel circule une monnaie unique et qui a en plus la particularité d'être tellement homogène économiquement que les facteurs de production y sont parfaitement mobiles. Mundell montra aussi que si plusieurs monnaies liées entre elles par un système de taux de change irrévocablement fixes circulent sur un espace géographique économiquement homogène, alors cet espace géographique est une zone monétaire optimale.

Au terme de son raisonnement, Mundell (1961) écrivit : "The theory of international trade was developed on the Ricardian assumption that factors of production are mobile internally but immobile internationally. Williams, Ohlin, Iversen, and others, however, protested that this assumption was invalid and showed how its relaxation would affect the theory of international trade. I have tried to show that its relaxation has important consequences also for monetary theory of trade and especially the theory of flexible exchange rates. The argument for flexible exchange rates based on national currencies is only as valid as the Ricardian assumption about factor mobility. If factor mobility is high internally and low internationally a system of flexible exchange rates based on national currencies might work effectively enough. But if regions cut across national boundaries or if countries are multiregional then the argument for flexible exchange rates is only valid if currencies are reorganized on a regional basis[90]."

Comme il apparait, bien que Mundell ait intitulé son fameux article de 1961 "A Theory of Optimum Currency Areas", l'on peut affirmer sans risque de se tromper que c'est bien une contribution à la théorie des changes flottants que Mundell présenta[91], et non une théorie de l'intégration monétaire en tant que telle. Bien que la théorie des zones monétaires optimales ne fût pas une théorie de l'intégration monétaire, elle fut néanmoins le point de départ d'une vaste littérature sur l'analyse des unions monétaires et des monnaies uniques et, par extension, sur le concept d'intégration monétaire. Exploitant l'idée de Mundell selon laquelle une monnaie unique circulant sur un territoire homogène peut servir à quelque chose, notamment au bon fonctionnement d'un système de taux de change flexibles, cette littérature se développa essentiellement dans deux directions bien précises.

Un premier courant de cette littérature, plus empirique, s'attacha à évaluer la désirabilité des monnaies uniques déjà existantes ou en projet, en examinant empiriquement si le territoire des pays qui, soit envisageaient d'abandonner leur monnaie nationale pour créer une monnaie unique, soit avaient déjà créé une monnaie unique, était assez homogène pour constituer une « région » au sens de Mundell. Un autre courant de cette littérature, plus théorique, visa à identifier d'autres critères qui, au-delà de celui lié à l'homogénéité et donc à la mobilité interne des facteurs de production avancé par Mundell, pouvaient caractériser une « région » ou une zone monétaire optimale. Ainsi, en plus de la mobilité interne des facteurs de production, ce courant de la littérature identifia-t-il le degré d'asymétrie des chocs économiques et des chocs politiques que subissent les pays ayant une

---

90 Mundell, R.A. (1961), art. cit.

91 Dans les années soixante, période où parut l'article de Mundell, le monde était encore dans le système des taux de changes fixes, mais ajustables, de Bretton-Woods. Ce système avait déjà fonctionné pendant plus de deux décennies, les premiers déséquilibres macroéconomiques, et la nécessité d'ajustements, inhérents au système de changes fixes, commençaient à apparaitre. La réforme de ce système et l'analyse de ce que serait un monde de taux de changes flexibles était donc une préoccupation majeure pour les économistes à cette époque. Il n'est donc pas étonnant que l'objectif premier de l'article de Mundell fut de contribuer à l'analyse des mérites respectifs des taux de changes fixes et flexibles.

monnaie unique, la flexibilité des prix, l'intensité des échanges économiques et l'existence des mécanismes permettant d'effectuer des transferts compensatoires entre pays en cas de conjonctures économiques divergentes. Selon ce courant de la littérature, les facteurs susmentionnés pourraient pallier une éventuelle mobilité insuffisante des facteurs de production. La théorie des zones monétaires optimales de Mundell et ses développements subséquents susmentionnés constituent ce que l'on peut aujourd'hui appeler théorie de la monnaie unique ou théorie des unions monétaires.

La CEDEAO est-elle une zone monétaire optimale ?

Répondons sans détour non, parce qu'il n'y a pas parfaite mobilité des facteurs à l'intérieur de son espace géographique[92]. Indiquons aussi sans détour que cela n'est un problème ni sur le plan théorique, ni sur un plan pratique.

Sur un plan théorique, trois raisonnements peuvent être avancés pour expliquer pourquoi le fait de ne pas être une zone monétaire optimale n'est pas un problème pour l'instauration de la monnaie unique dans la CEDEAO. Le premier tient au fait que si l'on pousse la logique de la zone monétaire jusqu'au bout, on se rend compte qu'il faudrait une monnaie pour chaque bien. C'est-à-dire que le nombre de monnaies en circulation serait égal au nombre de biens produits et échangés. Une telle occurrence conduirait inévitablement à une augmentation exponentielle des coûts de transaction. Les gains liés à la facilité d'échanges et d'ajustement que procure la monnaie unique seraient ainsi annihilés par les coûts de transactions plus élevés. Nous atteignons là la première limite théorique du concept de zone monétaire optimale. Mundell lui-même avait reconnu ce raisonnement dans son fameux article de 1961.

Le deuxième raisonnement théorique qui permet de minimiser l'importance d'être une zone monétaire optimale, tient au fait que l'augmentation du nombre de monnaies, résultat logique d'une application sans limite de la théorie des zones monétaires optimales,

[92] Pour être précis, reconnaissons qu'il existe une certaine mobilité des facteurs de production (capital et travail) au sein de l'espace CEDEAO. Certes, les mouvements de populations, et donc du facteur travail, sont très importants dans la région et les mouvements de capitaux, facilités par l'intégration financière, sont eux aussi en progrès constant dans la région, mais nous sommes certainement encore loin du degré de mobilité qui ferait de cet espace une « région » au sens de Mundell.

favoriserait la spéculation au point où celle-ci serait déstabilisatrice. En effet, les marchés de change seraient de plus en plus étroits, peu profonds et peu liquides puisque chaque monnaie correspondrait à une unité économique de petite taille. Tenant compte de toutes ces limites de la zone monétaire optimale (augmentation des coûts de transaction et renforcement de la spéculation sur des marchés de change devenus trop étroits, peu profonds et peu liquides), Mundell avait émis l'hypothèse qu'en définitive, la zone monétaire optimale serait le monde, indépendamment du nombre de régions qui composent le monde.

Le troisième raisonnement tient au fait que la théorie économique n'a pas encore démontré que, pour un pays donné, le coût d'une politique monétaire nationale unique mise en œuvre sur un territoire national composé de régions ayant des conjonctures économiques différentes (situation de référence) serait inférieur au coût pour ce même pays qui résulterait d'une politique monétaire régionale unique à l'intérieur d'un territoire régional composé de pays ayant des conjonctures économiques différentes (situation avec monnaie unique sur un espace qui ne serait pas une zone monétaire optimale).

La raison pratique tient au fait que les zones monétaires optimales n'existent pas dans le monde réel. En effet, bien que la théorie des zones monétaires optimales ait montré qu'une monnaie unique conviendrait mieux à des espaces géographiques homogènes sur le plan économique, l'expérience a montré qu'une zone monétaire optimale au sens de Mundell (1961)[93] n'a jamais existé dans la pratique et n'existera probablement jamais, tout simplement parce que, sauf circonstance exceptionnelle, il n'y aura jamais coïncidence entre un territoire politique, sur lequel une monnaie unique émise par une autorité politique souveraine aurait cours, et un territoire économique homogène (qui convient pour une monnaie unique). Dans son article fondateur de la théorie des zones monétaires optimales, Mundell lui-même avait reconnu cette réalité et admis que la zone monétaire optimale n'était pas un objectif à rechercher. D'ailleurs, dans le monde réel où nous vivons, y compris en Afrique de l'Ouest, et partout ailleurs dans le monde, les monnaies nationales actuelles ont

---

[93] Mundell, R.A. (1961) « A Theory of Optimum Currency Areas», *American Economic Review* reproduit in Blejer, M.I., Frenkel, J.A., and Leiderman, L., and Razin, A. (1997) eds, in cooperation with Cheney, D.M., *"Optimum Currecncy Areas: New Analytical and Policy Developments"*, International Monetary Fund.

cours sur un territoire géographique non homogène économiquement, c'est-à-dire ayant des conjonctures économiques divergentes dans ses différentes parties ou régions, c'est-à-dire sur des territoires qui ne sont pas des zones monétaires optimales.

À titre d'exemple, au Nigéria, où circule une monnaie unique, la conjoncture dans l'État de Rivers, région pétrolifère par excellence, est certainement différente de la conjoncture dans l'État de Sokoto au Nord. L'actuelle UEMOA n'est pas une zone monétaire optimale, parce que les disparités économiques et de conjoncture existent entre les régions. Prenez n'importe quel pays dans le monde et cette affirmation est vraie. La zone euro n'est pas une zone monétaire optimale. Les États-Unis qui ont une monnaie unique pour 51 États fédérés ne sont pas une zone monétaire optimale. Dans ce pays, des divergences importantes sont notées dans les conjonctures et structures économiques des États. Le taux de croissance des emplois au cours des cinq dernières années a varié de - 0,3 % au Wyoming à + 34,8 % dans le Nord Dakota[94].

Certains diront que même si la zone euro, les États-Unis et les pays développés en général, fonctionnent avec une monnaie unique sans être une zone monétaire, c'est parce que ces espaces ont mis en place des mécanismes très avancés de transferts inter-régions pour compenser les différences de conjonctures, alors que les pays en développement, notamment ceux de la CEDEAO ne disposent pas de dispositifs équivalents. Nous dirons que l'impact de ces transferts sur l'atténuation des écarts de conjoncture est en général très limité. Ceci parce que, pour qu'il en fût autrement, il faudrait que ces transferts permettent de rendre les conjonctures économiques homogènes, c'est-à-dire encore que ces transferts permettent de faire converger les cycles d'activités des différentes régions, c'est-à-dire enfin que ces transferts permettent de modifier les structures du secteur réel des économies. Or, il est bien connu que réaliser cela est hors de portée, parce que modifier les structures du secteur réel d'une économie est une tâche de très, très long terme. Comme déjà indiqué ci-dessus, les études menées montrent par exemple que, dans un pays comme les États-Unis, qui disposent pourtant de mécanismes de transferts très avancés, si le revenu d'une région baisse d'un dollar, cette région reçoit environ entre 1 et 8 cents seulement de transferts du

---

[94]Congrès des États-Unis d'Amérique, *The US Economy by the Numbers*, avril 2015.

gouvernement fédéral[95]. Ces transferts ne comblent donc, au mieux, qu'environ 8 % des effets négatifs de la conjoncture que subit une région, ce qui est insignifiant. Non seulement l'impact de ces transferts sur les variables économiques est très souvent limité, leur faisabilité politique n'est pas souvent évidente puisque ces transferts génèrent des frustrations aussi bien dans les régions qui donnent que dans les régions qui reçoivent et donc, exacerbent les tensions au lieu de les atténuer. Ce que nous disons est que cela est tant mieux si une union monétaire peut mettre en place un mécanisme de transferts conjoncturels entre pays. Mais il ne faudrait pas faire de l'existence de ces mécanismes une condition préalable à la mise en place de l'union monétaire, comme on en voit souvent la suggestion dans une certaine littérature. Les bienfaits inhérents à l'union monétaire, et le peu de mobilité naturelle des facteurs de production qui peut exister entre pays membres, font qu'il vaut mieux en faire partie plutôt que de chercher à faire « cavalier seul ».

Dans son article de 1961, Mundell lui-même avait reconnu les difficultés pratiques de mise en place d'une zone monétaire optimale. Il y écrivait : "… But this seems to imply that regions ought to be defined so narrowly as to count every minor pocket of unemployment arising from labor immobility as a separate region, each of which should apparently have a separate currency ! Such an arrangement hardly appeals to common sense…....But a region is an economic unit while a currency domain is partly an expression of national sovereignty. Except in areas where national sovereignty is being given up it is not feasible to suggest that currencies should be reorganized…[96]."

En conclusion sur ce point, nous dirons que toutes les expériences d'union monétaire qui existent dans le monde n'ont jamais respecté le critère de zone monétaire optimale. Ainsi, comme dans d'autres parties du monde, les fondements de l'union monétaire et de l'instauration d'une monnaie unique dans la CEDEAO doivent-ils être recherchés ailleurs que dans le concept de zone monétaire optimale. Mais, où les rechercher ?

---

[95] Source : Monga, C (2015), «African Monetary Unions: An Obituary», in Monga, C., Yifu Lin, J (2015), eds, *The Oxford Handbook of Africa and Economics'', Volume II: Policies and Practices*, Oxford University Press, United Kindgom, page 151.

[96] Mundell, R.A. (1961), art. cit.

La monnaie unique, moyen d'ancrage de l'intégration monétaire

Les autres options d'intégration monétaire que nous avons examinées dans la précédente partie pourraient davantage offrir une certaine flexibilité et pourraient être considérées à cet égard, comme plus prudentes dans le débat actuel. Cependant, cette flexibilité constitue en soi un inconvénient comme nous l'avons exposé dans le chapitre précédent, dans la mesure où elle ne favorise pas la fermeté des engagements des États pour les réformes nécessaires à la consolidation des fondements d'une monnaie unique. En effet, tant que chaque pays continuera à disposer de sa monnaie, la tentation de faire « cavalier seul » sera grande alors que cette alternative est pourtant inférieure. Lors de la crise de l'euro, certains observateurs avaient conseillé à la Grèce de sortir de la zone, de rétablir sa monnaie nationale, le drachme, et de procéder à une dévaluation pour relancer son économie. Ces conseils perdaient de vue que cette option n'était pas viable. Parlant de la dépréciation du drachme comme politique pour relancer une économie grecque sortie de la zone euro, comment une telle dépréciation serait-elle obtenue, surtout dans un contexte où les autres monnaies internationales, y compris l'euro, se déprécient elles aussi profondément, parfois. Entre le 14 juillet 2014 (l'euro valait 1,3627 dollar) et le 7 juillet 2015 (l'euro valait 1,0931 dollar), l'euro s'est ainsi déprécié en terme nominal par rapport au dollar de 19,78 %. Entre le 26 juin 2014 et le 26 juin 2015, la dépréciation du taux de change effectif nominal de l'euro a été de 9,8 %. Dans un tel contexte, si tant est qu'il y aurait un gain obtenu d'une dépréciation du drachme, ce gain aurait été minime[97]. Pour conclure sur ce point, nous dirons qu'il sera toujours plus avantageux pour la Grèce de rester dans la zone euro, de tenter d'influencer, de l'intérieur, la politique monétaire et de change de la zone euro dans un sens favorable à ses objectifs de politique économique qu'en étant hors de la zone euro. Dans l'environnement monétaire international actuel, il serait assez

[97] Source des données sur le taux de change de l'euro : Banque centrale européenne : https://www.ecb.europa.eu/stats/exchange/eurofxref/html/eurofxref-graph-usd.en.html; https://www.ecb.europa.eu/stats/exchange/effective/html/index.en.html. Données extraites le 8 juillet 2015. Pour une discussion de l'option de la sortie de la Grèce de la zone euro, voir, par exemple, Krugman P. (2015) « Europe's many economic disasters», *International New York Times*, Saturday-Sunday, July 4-5, 2015, page 6, ou encore Krugman, P. (2015) "Greece over the brink", *International New York Times*, Tuesday, June 30, 2015, page 7.

prétentieux pour la Grèce d'estimer qu'un retour au drachme lui apporterait un salut sur le plan monétaire qu'il ne serait pas en mesure de trouver en étant dans la zone euro. En définitive, une intégration monétaire dans la CEDEAO qui n'irait pas jusqu'à la monnaie unique serait inachevée et ne serait pas viable.

Nous avons dans le chapitre précédent, longuement présenté les autres options d'intégration monétaire (accords d'échanges de monnaies, accords sur les parités, accords de circulation de monnaie, etc.) en tant que moyens pour pallier de façon durable, aux problèmes monétaires de la CEDEAO, et leurs limites respectives. Dans les zones où elles ont été mises en œuvre, ces autres options d'intégration monétaire apparaissent souvent comme des étapes transitoires, devant à terme déboucher sur une union monétaire et une monnaie unique, sauf dans les cas où les ambitions en matière d'intégration sont vraiment limitées. Qui plus est, nous avons mis en évidence les difficultés qu'il pourrait y avoir à répliquer en Afrique de l'Ouest le modèle de la CMA de l'Afrique australe, par exemple, ou encore celles que ne manquerait pas de poser la «CfAisation» ou la «Nairaisation» de l'espace CEDEAO. Après avoir ainsi montré que la monnaie unique aiderait à ancrer le processus d'intégration monétaire, il nous reste à examiner ce qu'une intégration monétaire ainsi ancrée peut contribuer à réaliser pour la CEDEAO.

Contribution de la monnaie unique à la résolution des problèmes monétaires d'origine externe

La monnaie unique, outil d'une participation plus efficace aux efforts de réforme de la gouvernance monétaire mondiale. Les pays d'Afrique de l'Ouest ont une histoire déjà ancienne en matière d'efforts d'intégration monétaire. Plusieurs des étapes d'intégration monétaire que nous avons examinées dans la précédente partie ont déjà été mises en œuvre[98]. Si l'objectif est véritablement pour les pays

[98] L'Afrique de l'Ouest expérimente déjà les échanges d'informations entre banques centrales, les accords de taux de change et les mécanismes de paiement et de compensation entre banques centrales, sans parler de l'union monétaire avec une monnaie unique entre les huit pays membres de la zone franc. L'Agence monétaire de l'Afrique de l'Ouest, créée en 1996 pour succéder à la Chambre de compensation de l'Afrique de l'Ouest, qui fut elle-même créée en 1975, est l'institution mandatée par les pays ouest-africains pour promouvoir la coopération monétaire dans la sous-région. Son siège est à Freetown, en Sierra Leone.

d'Afrique de l'Ouest de mutualiser leurs moyens monétaires pour résoudre au mieux les problèmes monétaires auxquels ils font actuellement face, en particulier ceux d'origine extérieure, seule la monnaie unique peut aider dans ce sens. En effet, dans l'environnement monétaire international d'aujourd'hui, caractérisé notamment par une absence de règles de bonne conduite monétaire acceptées par tous les pays, les pays d'Afrique de l'Ouest ne sont pas, comme la plupart des autres pays en voie de développement, à l'abri des secousses monétaires nées des politiques monétaires mises en œuvre dans le reste du monde. Dans un tel contexte, seule la monnaie unique offrirait aux pays d'Afrique de l'Ouest l'opportunité de faire face collectivement et donc, plus efficacement, à ces secousses, en permettant notamment à chaque pays de disposer d'une monnaie unique dont la valeur par rapport aux autres monnaies du monde pourrait mieux soutenir ses objectifs de croissance économique et de création d'emplois. Cette monnaie unique bénéficierait, dans le dialogue monétaire international qui aujourd'hui joue un rôle important dans la détermination de la valeur des monnaies[99], d'un poids économique et diplomatique (celui de l'Afrique de l'Ouest) plus important que celui des pays ouest-africains pris individuellement.

En général, l'on peut estimer que la monnaie offre aux pays de la CEDEAO une plateforme pour rechercher les solutions à leurs problèmes monétaires d'origine externe qui est potentiellement plus efficace que la situation actuelle où chaque pays ou un groupe réduit de pays, comme ceux de l'UEMOA, garde sa monnaie. Certains observateurs pourront prétendre que même tous réunis, les pays de l'Afrique de l'Ouest ne pourront pas représenter le poids économique et diplomatique dont leur monnaie unique aura besoin, dans l'environnement monétaire international actuel, pour contribuer pleinement à leurs objectifs économiques. C'est un point de vue que nous ne partageons pas.

Il ne s'agit pas de faire preuve d'un optimisme sans bornes quant aux résultats que l'union monétaire peut permettre d'obtenir sur la résolution des problèmes monétaires d'origine externe, puisqu'il s'agit là de problèmes complexes dont la résolution passe par des changements dans la gouvernance monétaire mondiale. Dans ce domaine, la tâche est forcément colossale. Nous en sommes

[99]Nous avons longuement démontré ce point dans la troisième et la quatrième partie de cet ouvrage respectivement.

conscients. C'est pourquoi il s'agit pour nous de préconiser un optimisme réaliste, et surtout pas un renoncement, encore moins une démission, ce qui aurait des conséquences incalculables.

Dans un contexte où la coopération monétaire internationale ne fonctionne que de façon imparfaite, et où le poids politique et diplomatique international fait partie des facteurs qui comptent dans le jeu de la coopération monétaire internationale, l'union monétaire à l'échelle de la CEDAO peut en effet offrir une opportunité aux pays d'Afrique de l'Ouest pour renforcer leur position individuelle et collective dans la coopération monétaire internationale. Ce renforcement de leur position est en particulier important pour la recherche de solutions à leurs problèmes monétaires d'origine extérieure qui sont, comme nous l'avons amplement démontré ci-dessus, parmi les problèmes monétaires les plus importants auxquels ces pays sont confrontés. Cette vision de l'union monétaire fondée non pas sur sa contribution à la résolution des problèmes monétaires internes, comme c'est très souvent le cas dans la littérature actuelle, mais plutôt comme un instrument pour endiguer les secousses monétaires venant de l'extérieur, n'a pas été suffisamment reconnue et analysée, aussi bien dans la littérature théorique que dans les considérations des décideurs politiques. Nul doute qu'une meilleure prise en compte de cette dimension contribuerait à faire avancer le débat sur l'intégration monétaire dans la bonne direction, à savoir celle d'un progrès rapide vers la monnaie unique. D'ailleurs, c'est en partie en réaction à la désintégration du système monétaire international mis en place à Bretton-Woods que l'Europe lança le processus d'intégration monétaire européenne pour bien résister collectivement au nouvel environnement monétaire mondial plus instable et plus insaisissable.

La monnaie unique, facteur d'une plus grande résilience individuelle et collective face aux chocs extérieurs. En outre, l'intégration monétaire peut avoir un rôle de stabilisation en amont et en aval face aux chocs économiques, notamment monétaires.

En amont, les structures de contrôle et les dispositifs prudentiels mis en place au niveau supranational peuvent s'avérer plus efficaces pour réduire les risques d'exposition aux chocs. Ceci est particulièrement le cas pour les petits pays comme ceux de l'Afrique de l'Ouest. Lors de la crise financière en 2008, l'analyse de son impact sur les pays de l'UEMOA a fait ressortir un faible impact sur le secteur financier dû certes à une faible interconnexion avec les marchés internationaux, mais également à des règles prudentielles et un dispositif visant à encadrer les risques du secteur bancaire de l'Union, qui ont contribué à réduire l'exposition des économies de l'UEMOA aux actifs financiers à l'origine de cette crise financière (rapport BCEAO sur l'impact de la crise financière).

En aval, le principe de solidarité, qui est généralement une composante importante de l'union monétaire, est activé en cas de chocs, notamment monétaire pour atténuer les effets dans les pays les plus affectés et préserver la monnaie commune. Dans l'UEMOA et la zone CEMAC, le principe de centralisation des réserves extérieures et le mécanisme de solidarité permettent aux pays dont les paiements extérieurs subissent un choc de bénéficier temporairement des ressources des autres pays. L'on peut imaginer qu'un tel dispositif de mise en commun des réserves fonctionnera dans le cadre de l'Union monétaire de la CEDEAO. Dans le cas de l'Union européenne, la facilité européenne pour la stabilité financière a contribué à la résolution de la crise de la dette souveraine en 2009. La création d'un fonds similaire est envisagée dans le cas de l'intégration monétaire en Afrique de l'Est (East African Community Development Fund).

La monnaie unique de la CEDEAO pour capitaliser l'expérience déjà acquise dans la région

La région d'Afrique de l'Ouest se singularise aussi par l'existence, déjà, d'une union monétaire à savoir l'UEMOA, laquelle fonctionne plutôt bien[100]. Bien entendu, il est toujours possible d'y apporter des améliorations. Mais à l'analyse, il est certain que cette union monétaire a plutôt contribué à la stabilité macroéconomique et à l'intégration économique de ses États membres, à la résilience

[100] L'on peut voir, grosso modo, trois processus d'intégration monétaire en cours en Afrique de l'Ouest : l'un, le plus ancien et le plus avancé, qui regroupe huit pays (Bénin, Burkina Faso, Côte d'Ivoire, Guinée-Bissau, Mali, Niger, Sénégal et Togo) au sein de l'Union économique et monétaire de l'Afrique de l'Ouest, et deux autres encore en cours de formation que sont (1) la zone monétaire de l'Afrique de l'Ouest qui regroupe la Gambie, le Ghana, la Guinée, le Libéria, le Nigeria et la Sierra Leone et le projet de monnaie unique à l'échelle de la CEDEAO qui regroupera les pays de l'UEMOA et ceux de la ZMAO. Étant donné que l'UEMOA est déjà très avancée dans sa mise en œuvre, et que la ZMAO a été pratiquement abandonnée, nous nous limiterons dans notre évaluation à celui de la CEDEAO qui est encore en cours de formation.

démontrée face aux chocs externes et internes et au niveau plus important, que dans d'autres espaces d'intégration sur le continent, du commerce et des flux financiers intra-UMOA. Ces flux dépassent notamment la moyenne des échanges intra-africains. Dès lors il est difficile de croire qu'un modèle d'intégration monétaire moins achevée dans la CEDEAO, en deçà de l'union monétaire, pourrait être préférable.

Au regard de ces considérations, tantôt économiques, tantôt politiques, l'approche adoptée par les pays de la CEDEAO d'aller directement à l'union monétaire se justifie amplement. Les multiples efforts déjà mis en œuvre dans le cadre du processus d'union monétaire a déjà permis des avancées en termes de convergence économique et d'harmonisation des politiques, bien que des efforts restent encore à faire. Qui plus est, c'est une démarche qui s'inscrit en phase avec la vision de l'intégration monétaire adoptée au niveau de l'Union africaine. Le projet de la CEDEAO pourrait donc servir d'exemple et de catalyseur pour le projet d'union monétaire à l'échelle continentale.

La monnaie unique de la CEDEAO, catalyseur de réformes pour la résolution des problèmes monétaires d'origine interne

Nous avons, dans la deuxième partie de ce livre, longuement parlé des nombreux problèmes monétaires d'origine interne auxquels l'Afrique de l'Ouest est actuellement confrontée. Nous soutenons ici que l'instauration de la monnaie unique est potentiellement un puissant catalyseur de réformes qui peuvent contribuer à résoudre ces divers problèmes. Une réforme importante comme l'instauration de la monnaie unique va, par elle-même, catalyser d'autres réformes bénéfiques pour la région, notamment dans les domaines relatifs à l'indépendance des autorités monétaires, à la réduction de la domination fiscale de la politique monétaire, à la réforme des systèmes de paiements, à la stabilité macroéconomique qui pourra être renforcée, au renforcement de l'effectivité des canaux de transmission de la politique monétaire ou encore au développement des capacités de gestion monétaire dans la région. Ces réformes additionnelles qui seront suscitées par l'instauration de la monnaie unique pourront, en fin de compte, contribuer à renforcer la crédibilité globale de la sous-région, un capital important à avoir, parce qu'elle aura démontré qu'elle est capable de concevoir et mettre en œuvre une réforme de grande ampleur dans un domaine aussi important que la monnaie.

Il ne fait aucun doute que les réformes susmentionnées suivront parce que l'instauration de la monnaie unique va inévitablement produire trois effets bien connus dans la littérature qui sont un effet de dilution des préférences, un effet d'asymétrie des préférences et un effet sur les institutions régionales[101]. Examinons-les successivement.

Effet de dilution des préférences. L'instauration de la monnaie unique dans la CEDEAO, un espace régional plus large que chacun des pays pris individuellement ou que l'actuelle UEMOA, sera de nature à réduire le poids des intérêts particuliers qui existent dans chacun des pays dans la gestion monétaire de la future monnaie unique. Cela implique que la future union monétaire sera moins captive de ces intérêts particuliers et, par conséquent, il sera moins difficile de mettre en œuvre les réformes monétaires qui ne peuvent pas être mises en œuvre dans le contexte actuel à cause justement de l'action de ces intérêts particuliers.

Effet d'asymétrie des préférences. Puisque les pays membres de la CEDEAO peuvent avoir des préférences politiques qui, parfois, ne sont pas les mêmes, il est probable que les compromis seront souvent nécessaires dans la gestion de la future union monétaire. Ces compromis pourront, dans certains cas, conduire à des résultats supérieurs à ceux que chaque pays pouvait espérer obtenir avant l'instauration de la monnaie unique.

Effets institutionnels. Le fonctionnement de la future union monétaire va nécessiter la mise en place de plusieurs institutions dont certaines seront nouvellement créées tandis que d'autres résulteront d'un renforcement d'institutions existantes. Cette possibilité nouvelle offerte à ces pays de créer de nouvelles institutions offre aussi à la CEDEAO l'opportunité de moderniser son paysage institutionnel d'une manière supérieure à ce qui serait possible en l'absence de l'union monétaire. En d'autres termes, alors que la région vit avec un héritage institutionnel qui n'est peut-être pas optimal sur certains points, l'instauration de la monnaie unique est en même temps une

[101] Pour une discussion plus détaillée de ces points, voir, par exemple, De Melo, J., Panagariya, A., Rodrik, D. (1993) « The new regionalism : a country perspective» in De Melo J., Panagariya A. (eds) (1993) *New Dimensions in Regional Integration*, Cambridge University Press, pages 159-193.

occasion de réinventer ses institutions, y compris ses institutions monétaires, et de les mettre à la hauteur des exigences présentes.

En applications des points ci-dessus, l'instauration de la monnaie unique pourrait catalyser les réformes dans certains domaines ci-dessous.

L'Union monétaire de la CEDEAO, catalyseur d'un renforcement de la supervision du système financier. Nous avons vu précédemment que la stabilité du système bancaire et financier est un domaine qui est potentiellement source de problèmes monétaires. L'instauration de l'union monétaire dans la CEDEAO pourrait contribuer à renforcer la supervision du système bancaire et financier et, par ricochet, à sa stabilité. L'intégration monétaire peut en effet être un atout dans la mesure où elle favorise la mise en commun des ressources humaines et techniques des pays et le partage d'expériences. Cette mutualisation des moyens est d'autant plus pertinente dans le cas de petits pays faiblement dotés en ressources humaines, comme certains États de la CEDEAO. Le projet multinational de renforcement des systèmes de paiements dans les pays de la ZMAO est un exemple. Ce projet, soutenu par la Banque africaine de développement, a en effet permis à des pays comme la Gambie, la Guinée, la Sierra Leone et le Liberia confrontés à des capacités institutionnelles insuffisantes et pour certains, à des situations de fragilité, d'automatiser leur système de paiements et de disposer d'un système de règlements bruts en temps réel. Les paiements et les remboursements ont été grandement simplifiés dans ces pays et ne nécessitent plus des sommes conséquentes en billets et les règlements transnationaux sont facilités.

La gestion monétaire et la supervision bancaire en Afrique de l'Ouest sont, à l'instar d'autres régions du monde, confrontées au développement des groupements bancaires et des flux financiers transfrontaliers dont le suivi fait appel à des capacités qui dépassent parfois ce que les pays peuvent mobiliser individuellement. Dans l'UEMOA, la supervision bancaire est assurée par la Commission bancaire de l'UEMOA qui est une instance régionale ayant sous sa tutelle l'ensemble des banques exerçant dans les pays de l'Union, lesquelles sont soumises à la même législation bancaire et au même dispositif de régulation. Cela a permis une cohérence et une harmonisation de la supervision, bien que des défis restent à relever en ce qui concerne le suivi des activités réalisées en dehors de l'espace communautaire par les groupes présents dans l'UEMOA. Au sein de la ZMAO, un collège de superviseurs avait été mis en place avec l'objectif de renforcer la coordination, la coopération et l'échange d'informations entre autorités de surveillance dans la zone.

Dans le domaine de la supervision, les difficultés rencontrées dans la région ont souvent trait à la différence de qualités des supervisions, des rapports et des informations disponibles[102]. Il est donc important que la supervision bancaire revête un caractère régional pour assurer une appréciation holistique de la situation du secteur financier et renforcer le dispositif de gestion et la résolution des crises. L'union monétaire de la CEDEAO peut ainsi être un catalyseur pour un renforcement du suivi de ces groupes à travers une harmonisation des procédures de supervision, voire une unification des autorités de régulation bancaire. La supervision de ces groupes dans un cadre consolidé est en effet plus efficace à plusieurs égards. En premier lieu, cela permet d'avoir une compréhension et une analyse globale des opérations des groupes et de leurs interactions avec leurs maisons-mères ou leurs filiales. Ensuite, ce cadre consolidé de supervision permet de palier les contraintes liées aux différences de qualité des dispositifs de supervision dans certains pays. Et enfin, cette supervision consolidée apparaît comme un palliatif des insuffisances relevées dans la coopération et les échanges d'information entre les superviseurs nationaux. Les débats qui ont suivi la crise de la dette souveraine dans la zone euro ont en effet mis en évidence l'importance dans une union monétaire d'assurer une coordination régionale de la supervision du secteur financier. Ce qui a conduit d'ailleurs les pays européens à aller vers l'union bancaire avec l'adoption en septembre 2013 du mécanisme unique de supervision des banques de la zone euro, confié à la Banque centrale européenne.

Union monétaire de la CEDEAO, catalyseur du développement du secteur financier. Enfin un autre apport, et pas des moindres, de l'union monétaire de la CEDEAO pourrait être le catalyseur pour le développement des systèmes financiers et des moyens de paiements dans la région. En effet, dans la CEDEAO où le secteur financier est encore peu développé, l'union monétaire peut avoir un effet stimulant sur le développement du système financier à travers l'intégration financière plus poussée qu'elle permet. En effet, il est généralement admis qu'une intégration monétaire plus avancée est favorable à

[102] FMI, *Rapport d'évaluation du secteur financier au Nigeria*, (mai 2013).

l’intégration financière du fait de l’élimination du risque de change et de la libéralisation financière qui s’instaure au sein de l’union monétaire, ce qui facilite les flux financiers.

Ainsi, plusieurs auteurs (Spiegel (2004) et Lane (2006)) ont-ils montré une hausse substantielle de l’intégration financière après le lancement de l’euro. Trois raisons possibles sont fournies pour expliquer cet accroissement. La première est qualifiée d’« effet emprunteur » et traduit le fait que l’appartenance dans la zone monétaire européenne laisse penser aux prêteurs que le pays est plus solvable. Ce qui s’expliquerait par la perception d’une plus grande discipline budgétaire et d’un risque de défaut moins élevé du fait de l’appartenance à l’union monétaire. La seconde raison est ce que ces auteurs appellent l’effet « créditeur », dans la mesure où l'appartenance à une union monétaire peut accroître l'attractivité des banques commerciales de ce pays comme intermédiaires, vraisemblablement grâce à une augmentation des économies d'échelle dont bénéficient les banques commerciales elles-mêmes ou grâce à un environnement réglementaire renforcé après l'avènement de l'union monétaire. Enfin la troisième raison, l’« effet pair » qui traduit l’amélioration de la qualité de l'intermédiation entre les emprunteurs et les prêteurs lorsqu’ils appartiennent à la même union monétaire. Cet « effet pair » peut être attribué à l’atténuation du risque de change résultant de l'intégration monétaire, mais peut aussi traduire le fait que l’appartenance à l'union monétaire encourage un comportement coopératif entre les agents privés dans les pays membres de l'union monétaire. Spiegel (2008) arrive, après un exercice de décomposition de ces trois effets, à la conclusion que c’est l’« effet pair » qui est la première source d’accroissement de l’intégration financière dans l’union monétaire européenne. Si nous revenons en Afrique de l’Ouest, une progression des flux financiers intra-communautaires est également notée dans la zone UEMOA avec notamment la constante hausse des émissions de titres publics souscrites par les banques de la zone (doublement entre 2012 et 2014 par exemple, selon le rapport annuel 2014 de la BCEAO).

L’instauration de l’union monétaire dans la CEDEAO pourrait donc être favorable à un accroissement des transactions financières entre les pays de la CEDEAO, accentuant la dynamique observée avec notamment l’émergence des groupes bancaires. En effet, lorsqu’on examine la structure bancaire dans les pays de l’Afrique de l’Ouest, un des constats les plus frappants est la prédominance des groupes bancaires, notamment africains, traduisant une interconnexion de plus en plus importante du secteur bancaire en Afrique de l'Ouest. Ces groupes représentent entre 30 et 90 % des dépôts bancaires dans les pays de l'Afrique de l'Ouest[103]. La part des banques nigérianes dans les autres pays est aussi importante, se situant par exemple à 30 % en Sierra Leone et à plus de 20 % au Bénin et en Gambie. Cette expansion des groupes bancaires africains présente certainement des avantages. En particulier, ils ont contribué à une plus grande inclusion financière à travers une politique de proximité des guichets avec les populations et jouent de plus en plus un rôle d'arrangeur dans la syndication des prêts, comblant ainsi un gap qui avait été laissé par les banques occidentales. L'interconnexion des secteurs financiers dans la sous-région constitue une opportunité de les rendre plus efficients à travers d'une part, l'élargissement des opportunités de placement et d'investissements des liquidités et d'autre part, le partage des meilleures pratiques et des infrastructures financières qui permettront de tirer vers le haut les systèmes financiers les moins développés.

Monnaie unique, facteur de réduction des coûts de transaction

Nous avons parlé de l'importance des coûts de transactions qui découlent de la situation actuelle de multiplicité des monnaies non convertibles en Afrique de l'Ouest. Ces coûts de transactions amputent les revenus des agents économiques. Puisque ces coûts de transaction résultent de la non-convertibilité des monnaies actuelles et que les agents économiques doivent tout le temps transiter par les monnaies de réserve, ces coûts de transaction sont en définitive payés par les agents économiques résidents aux agents économiques non-résidents. Ils sont donc une perte sèche pour les économies des pays membres de la CEDEAO.

Du point de vue des consommateurs, ces coûts de transactions amputent leurs revenus et, en conséquence, dépriment la demande adressée à ces économies. Ces coûts de transactions dépriment aussi les investissements productifs puisqu'ils pèsent sur la profitabilité de ces investissements. En conséquence, l'effet global de ces coûts de transactions est qu'ils pèsent sur la croissance économique dont ces pays ont le plus besoin pour créer les emplois et améliorer les

[103] Sources: Banques centrales, FMI.

conditions de vie des populations. L'instauration de la monnaie unique va contribuer à réduire significativement ces coûts de transaction. À terme, l'union monétaire va aussi créer les conditions favorables à une baisse substantielle des taux d'intérêt dans l'espace CEDEAO, et cela va davantage contribuer à booster les investissements et donc la croissance économique et la création d'emplois.

Quel régime de change pour la monnaie unique de la CEDEAO ?

Il s'agit d'une question qui n'est pas simple au regard de la diversité des régimes monétaires en Afrique de l'Ouest. Ceux-ci varient en effet du régime de change fixe dans l'UEMOA avec un ancrage à l'euro au régime de change flexible dans les pays de la ZMAO, avec généralement le dollar comme monnaie de référence.

Pays	**Régime de change**	**Description**
Huit (8) pays de l'UEMOA : Benin ; Burkina ; Côte d'Ivoire ; Guinée-Bissau ; Mali ; Niger ; Sénégal ; Togo	Régime de change fixe avec l'euro	La monnaie, le FCFA est arrimé à l'euro à une parité fixe : 1 euro=655,957 FCFA. La convertibilité du FCFA est garantie par le Trésor français, aux termes de l'Accord de coopération entre la République française et les Républiques membres de l'Union monétaire ouest-africaine, signé à Dakar, le 4 décembre 1973.
Cabo Verde	Régime de change fixe avec l'euro	L'escudo est arrimé à l'euro à parité fixe au taux de change de 110,265 escudos pour un euro.
Gambie	Régime de change flottant	Le taux de change du dalasi est déterminé par le marché interbancaire des changes. Cependant, dans son rapport sur les régimes et les

Pays	Régime de change	Description
		restrictions de change de 2014, le FMI a estimé qu'en raison des multiples directives présidentielles pour la fixation du taux de change qui ont imposé un taux de change surévalué, le régime de taux de change devrait de facto être considéré comme un « régime de change géré ».
Ghana	Régime de change flottant	Le taux de change du cédi est déterminé par le marché interbancaire des changes.
Guinée	Régime de change flottant	Le FMI l'a toutefois classé dans son rapport de 2014 sur les taux comme un régime stabilisé étant donné que le taux de change a été maintenu stable dans la bande de 2 % avec le dollar depuis août 2013.
Nigéria	Régime de change flottant dirigé	Le taux de change du naira est déterminé par le marché interbancaire des changes mais dans des bandes de fluctuations prédéterminées.
Liberia	Régime de change flottant dirigé	Le régime de change est flottant, mais très encadré avec des interventions répétées de la Banque centrale. Le Libéria est par ailleurs une économie largement « dollarisée », avec le dollar qui représenterait

Pays	Régime de change	Description
		plus de 70 % de la masse monétaire.
Sierra Leone	Régime de change flottant	Le taux de change du leone est déterminé par le marché

Source : Banques centrales, FMI

Le régime de taux de change fixe fournit un ancrage de la monnaie pouvant assurer une plus grande stabilité de la monnaie, en « important » la crédibilité de la monnaie de référence, mais réduit l'autonomie de la politique monétaire. À l'opposé, le régime de change flexible donne plus de latitude aux autorités monétaires mais requiert une stratégie de politique monétaire bien établie et des moyens suffisants pour asseoir la confiance de la monnaie. La feuille de route de la monnaie unique de la CEDEAO prévoit une stabilisation des taux de change en 2018, deux ans avant la date de lancement de la monnaie unique. Ce qui est certainement nécessaire pour fixer, de manière irrévocable, la valeur des monnaies nationales par rapport à la monnaie unique à son lancement. Mais plusieurs questions restent posées. Va-t-on vers un régime de change fixe ou flexible de la monnaie unique de la CEDEAO ? Y aura-t-il un ancrage à une monnaie de référence ou un panier de monnaies ? Quel ancrage intérieur retenir pour la politique monétaire commune ? Quel mécanisme d'ajustement mettre en place pour pallier l'impossibilité pour les pays d'utiliser individuellement le taux de change comme variable d'ajustement aux chocs ? Autant de questions dont les réponses seront déterminantes pour la réussite de la monnaie unique et qui nécessitent des analyses plus approfondies que les instances de la CEDEAO doivent réaliser rapidement.

Quelques études ont été menées sur la question sans pour autant permettre d'avoir une idée claire sur le choix le plus pertinent. Par exemple, Dufrénot et Sigimoto (2009)[104] concluent qu'il n'y a pas dans l'absolu une monnaie d'ancrage qui peut convenir à tous les pays

[104] Dufrénot G., et Sugimoto K (2009). « Pegging the future West African single currency in regard to internal/external competitiveness : A counterfactual analysis». The William Davidson Institute -Décembre 2009

de la CEDEAO pour leur compétitivité. Cela dépend en effet, selon eux, de l'arbitrage à faire entre les objectifs de maximiser les revenus des exportations, de stabiliser ces revenus ou de minimiser le désalignement du taux de change réel. Diaw et Ka (2012) concluent après une analyse des effets des régimes de change sur la croissance économique des pays de la CEDEAO que les effets positifs du régime de change flexible sont plus importants, tout en faisant une mise en garde contre une flexibilité totale. Ils proposent en conséquence un régime flexible arrimé sur un panier de monnaies. Quoi qu'il en soit, il fait peu de doutes qu'une certaine flexibilité du taux de change sera importante si on veut permettre à la future monnaie unique de jouer tout son rôle d'instrument au service de la compétitivité de ces économies, surtout compte tenu de l'environnement monétaire international et de ses risques et incertitudes que nous avons longuement évoqués précédemment. Nous reviendrons sur cette question du régime de change plus tard.

L'enjeu de la gestion commune des réserves de change

Cette question est aussi importante dans une union monétaire et mérite une réflexion stratégique. Elle est d'autant plus importante que certains pays peuvent exprimer des préoccupations face à une possible utilisation de leurs réserves pour financer les engagements extérieurs des autres pays. Deux modes de gestion sont généralement observés : la gestion centralisée et la gestion décentralisée. Dans la gestion centralisée, les réserves extérieures des pays membres sont gérées par la Banque centrale commune. C'est le cas par exemple dans les Zones UEMOA et CEMAC conformément au principe de centralisation des réserves qui caractérise ces deux zones. Les banques centrales dans ces deux zones étant en outre tenues de placer au moins 50 % de leurs réserves au Trésor Français. Dans la gestion décentralisée, la banque centrale commune dispose de réserves qui servent en particulier à intervenir sur le marché de change et les banques centrales nationales gèrent leurs propres réserves destinées notamment aux règlements des transactions extérieures. La zone euro constitue un exemple de gestion décentralisée. Les réserves de la BCE qui ont été constituées au départ par les transferts des pays selon une clé de répartition sont gérées par elle-même mais aussi par certaines banques centrales qui respectent le cadre de gestion et de risque défini par la BCE. Les banques centrales nationales gèrent elles-mêmes leurs propres réserves. Dans le cadre de la future monnaie ouest-africaine, il y a lieu de mener une analyse des différents cadres de gestion des réserves. On peut penser au regard de la configuration des pays membres à la monnaie de l'Afrique de l'Ouest qu'il serait plus aisé d'aller vers un cadre de gestion proche de celui de la zone euro. Il convient de garder à l'esprit deux principes importants dans une union monétaire en ce qui concerne la gestion des réserves extérieures, à savoir le principe d'équité et le principe de solidarité. Le cadre de gestion doit en effet assurer que chaque pays puisse bénéficier des réserves qu'il a permis de constituer. Mais il doit aussi prévoir des mécanismes qui permettent aux pays en grande difficulté d'accéder temporairement à des réserves provenant des autres pays et ceci, certes dans le but d'aider le pays en question, mais aussi dans le but d'éviter qu'il y ait des répercussions sur la monnaie commune, comme l'a illustré le cas de la crise de la dette souveraine de la Grèce et le plan de sauvetage de la zone euro.

L'Union monétaire de la CEDEAO et l'instauration de la monnaie unique, sont une réforme sans coûts pour la politique économique des pays concernés

L'on entend souvent dire que l'instauration de la monnaie unique comporte des coûts et des avantages. Cette analyse, que l'on voit souvent faite et même écrite dans certains articles paraissant dans les revues économiques, n'est pas seulement faite au sujet de la monnaie unique de la CEDEAO. Elle l'est souvent au sujet des unions monétaires en général. L'on entend ainsi souvent parler d'analyse coûts/avantages des unions monétaires.

Nous avons longuement évoqué ci-dessus les avantages qui découleront de l'instauration de la monnaie unique de la CEDEAO. En ce qui concerne les coûts, nous soutenons qu'à part certains coûts administratifs liés notamment à la création et au fonctionnement adéquat des institutions nouvelles, l'union monétaire ne comportera aucun coût de politique économique, c'est-à-dire que cette réforme monétaire de grande ampleur ne retirera à ces pays aucune opportunité de politique économique. Nous tenions à faire cette mise au point parce que l'on entend très souvent dire qu'en cas d'union monétaire, les pays de la CEDEAO peuvent subir les deux types de coûts suivants : (i) certains pays vont perdre leur souveraineté monétaire et donc l'usage de leur politique monétaire et de leur politique de change, en tant qu'instruments d'ajustement, ce qui peut imposer des coûts en cas de nécessité d'ajustement, (ii) les pays de l'UEMOA ont une culture de stabilité macroéconomique plus avancée que les autres pays de la CEDEAO et de ce fait, pourraient perdre en formant une union monétaire avec eux et (iii) les pays actuellement membres de l'UEMOA pourraient perdre les bénéfices que procure la stabilité de leur monnaie qui est le franc CFA.

Examinons en détail ces trois points de vue et montrons qu'ils sont sans fondement en analyse économique.

La perte de la souveraineté monétaire nationale, si souvent évoquée, sera-t-elle réelle ?

Certains auteurs sont opposés à la formation d'une union monétaire entre pays africains sous prétexte que celle-ci ferait perdre aux pays qui y participent leur souveraineté monétaire, entendez par là la possibilité pour ces pays d'utiliser leurs outils monétaires comme bon leur semble. Dans le cas de l'union monétaire de la CEDEAO, qui nous intéresse ici, cette question se poserait seulement pour les pays de la CEDEAO actuellement non membres de l'Union monétaire ouest-africaine, c'est-à-dire le Cabo Verde, la Gambie, le Ghana, la Guinée, le Libéria, le Nigéria et la Sierra Leone. Les pays membres de l'Union monétaire ouest-africaine sont déjà dans une union monétaire depuis longtemps et n'ont plus chacun la possibilité d'utiliser l'outil monétaire comme bon leur semble. La mise en place d'une union monétaire de la CEDEAO ne changera donc rien pour eux.

Quand on entend cet argument de la souveraineté monétaire on est bien obligé de se demander de quoi on parle. En effet, en dépit du fait que la plupart de ceux qui ont recours à cet argument ne disent en général pas ce qu'ils entendent par la souveraineté monétaire qui serait perdue, l'on peut affirmer, sans risque de se tromper, que dans l'environnement monétaire international d'aujourd'hui, la souveraineté monétaire est un concept qui est devenue illusoire, qui n'a plus aucun contenu réel, surtout quand il s'agit de petites économies comme le sont la plupart des économies d'Afrique au sud du Sahara.

En effet, la théorie monétaire de base nous apprend le trilemme[105] auquel fait face la politique monétaire (encore connue sous l'appellation de l'impossible trinité). D'après ce trilemme, il est

[105] Ce trilemme a plusieurs appellations en économie. On l'appelle aussi parfois impossible trinité ou triangle des incompatibilités de Triffin.

impossible pour un pays de poursuivre simultanément une politique de stabilité de son taux de change, de liberté des mouvements de capitaux et d'indépendance de sa politique monétaire, c'est-à-dire une politique monétaire orientée vers l'atteinte des objectifs macroéconomiques intérieurs. Certains auteurs semblent déplorer tantôt la perte du taux de change en tant qu'instrument d'ajustement, tantôt la perte de la souveraineté monétaire comme instrument de politique économique et parfois la perte du seigneuriage qui résulte de l'abandon par un pays de la possibilité d'émettre une monnaie nationale. Perdre l'usage de son taux de change ou de sa politique monétaire peut effectivement handicaper sérieusement la gestion macroéconomique d'une économie. C'est la raison pour laquelle nous devons être très clairs en expliquant ce dont il est question. Nous allons recourir au trilemme[106] de la politique monétaire que nous venons d'évoquer pour montrer que, quand il s'agit des petits pays, comme le sont ceux d'Afrique de l'Ouest qui nous intéressent ici, la souveraineté monétaire ou la possibilité d'utiliser le taux de change comme instrument d'ajustement sont des concepts depuis longtemps devenus illusoires, surtout si chacun d'eux agit seul. Appartenir à une union monétaire qui fonctionne bien est, aujourd'hui, une politique bien supérieure à celle qui consiste à garder sa monnaie nationale et à rechercher sa souveraineté monétaire. D'après le trilemme de la politique monétaire, trois régimes de gestion monétaire sont possibles. Examinons-les successivement.

1. Liberté des mouvements de capitaux, stabilité du taux de change et pas de souveraineté monétaire.

---

[106] Les recherches menées à ce jour ont confirmé la validité empirique de ce trilemme. Voir Obstfeld M., Shambaugh J.C., Taylor, A.M. (2004), « The Trilemma in History Tradeoffs Among Exchange Rates, Monetary Policies, and Capital Mobility», *NBER Working Paper* 10396. Disponible sur le site : http://www.nber.org/papers/w10396. Extrait 28/01/2016. Voir aussi un autre article par les mêmes auteurs : Obstfeld M., Shambaugh J.C., Taylor A.M. (2004) « Monetary Sovereignty, Exchange Rates, and Capital Controls : The Trilemma in the Interwar Period», *NBER Working Paper* 10393. Disponible sur le site : http://www.nber.org/papers/w10393. Extrait 28/01/2016.

Dans ce régime, il n'existe aucune possibilité de souveraineté monétaire nationale, ni sur le taux de change puisque celui-ci est fixe, ni sur les autres variables de la politique monétaire.

2. Pas de liberté des mouvements de capitaux avec le reste du monde, stabilité du taux de change et possibilité de souveraineté monétaire.

Dans ce régime, le pays doit, pour espérer exercer une certaine souveraineté sur sa politique monétaire, réussir à interdire les flux de capitaux avec le reste du monde. Il est facile de reconnaître que c'est une tâche qui est à la fois peu désirable et extrêmement difficile à accomplir. En effet, bien que les flux de capitaux avec le reste du monde puissent parfois être déstabilisateurs, la plupart des économistes admettent aujourd'hui que bien gérés, ces flux peuvent avoir des effets bénéfiques pour l'économie nationale. Il vaut donc mieux chercher à les stimuler et mieux les gérer que chercher à les interdire. C'est le régime qui a caractérisé le système monétaire international sous Bretton-Woods (1944-1971). Il n'était pas viable et n'a pas duré longtemps. Plus aucun pays au monde ne fonctionne sous ce régime.

3. Liberté des mouvements de capitaux, taux de change flexible et possibilité de souveraineté monétaire.

C'est dans ce régime qu'il existe une possibilité pour le pays d'exercer une certaine souveraineté sur sa politique monétaire. Pour fonctionner correctement, ce régime suppose que le pays puisse utiliser sa politique du taux de change de façon indépendante ; or, nous avons longuement expliqué dans le premier chapitre du présent ouvrage comment il est extrêmement difficile pour les petits pays de mener une politique de change indépendante à cause justement du désordre monétaire international qui règne et qui est hors de leur portée. Cette contrainte sur le taux de change n'est certainement pas sans répercussions sur la politique monétaire, ce qui réduit donc les possibilités d'une souveraineté monétaire nationale réelle. D'ailleurs, on note, comme le montre la description des régimes de changes en Afrique de l'Ouest dans le Tableau 3 ci-dessus, que pour les pays qui rentrent dans ce troisième cas de figure, il y a des interventions fréquentes des pouvoirs publics (Banque centrale mais aussi, gouvernement) parfois sous forme de directives (cas de la Gambie), traduisant de facto une politique de fixation du taux de change. Avec une monnaie qui lui est propre, la souveraineté monétaire nationale et la possibilité d'utiliser le taux de change comme instrument d'ajustement ne sont donc en fait qu'apparentes. Elles ne sont pas réelles, surtout pour les petits pays et aussi pour les pays non émetteurs de monnaie internationale. C'est le système qui caractérise le système monétaire international dans lequel nous vivons aujourd'hui.

En conclusion, il existe bien un régime de gestion monétaire qui aurait pu offrir une possibilité de souveraineté monétaire nationale ou une possibilité d'utiliser le taux de change comme instrument efficace d'ajustement, mais les contraintes inhérentes à ce régime, notamment pour les petits pays non émetteurs de monnaie internationale, sont telles que la souveraineté monétaire nationale est un concept qui est plus illusoire que réel. Les contraintes à la souveraineté monétaire nationale et les contraintes qui pèsent sur une utilisation efficace du taux de change comme instrument d'ajustement auxquelles beaucoup de responsables de la politique économique font face aujourd'hui, ne résultent donc pas de la participation ou non d'un pays à une union monétaire, mais résultent bien des lois et des difficultés qu'impose l'économie mondialisée et qui sont inhérentes au système monétaire international actuel. Dans ce système, il n'est pas évident pour un pays de mener une politique monétaire ou une politique de change indépendante (que son taux de change soit fixe ou flottant), même s'il ne participe pas à une union monétaire. Cette réalité est aussi valable pour le groupe de pays d'Afrique de l'Ouest qui nous intéressent dans le présent ouvrage. Nous préconisons dans cet ouvrage que l'intégration monétaire, voire la participation à une union monétaire, peut offrir une plateforme pour une réponse collective plus efficace pour faire face à ces défis que les actions individuelles menées par chaque pays pris individuellement, surtout pour les petits pays d'Afrique de l'Ouest.

Il était important d'examiner ainsi en détail cette question de la souveraineté monétaire et d'être très clair. C'est un argument qui revient beaucoup dans le débat sur la monnaie unique de la CEDEAO, et même dans celui qui a cours actuellement sur l'avenir du franc CFA et de la zone franc. En effet, beaucoup parmi ceux qui critiquent cet arrangement monétaire liant la France et les pays africains qui en font partie insistent souvent sur le fait que cet arrangement retire leur souveraineté monétaire à ces pays et la donne à la France. Nous avons même entendu certains acteurs dans ces pays affirmer qu'ils souhaitent le retrait de leur pays de cet arrangement et la création d'une monnaie nationale dans le but de retrouver une souveraineté monétaire nationale. Ils mettent donc la perte supposée de la souveraineté monétaire nationale de ces pays au cœur de leurs critiques. Comme nous venons de le voir, ce concept a pratiquement été vidé de sa substance dans le contexte monétaire international actuel.

Pour être tout à fait complet sur cet important débat relatif à la souveraineté monétaire nationale, peut-être faudrait-il faire une distinction entre la souveraineté technique et la souveraineté politique. Si nous définissons la souveraineté monétaire nationale sur un plan technique comme étant la possibilité pour un pays d'élaborer et de mettre en œuvre des politiques monétaires et de change qui ne sont influencées que par les seuls engagements ou objectifs du pays indépendamment déterminés, alors ce que nous avons dit précédemment reste valable. La souveraineté monétaire nationale est une notion qui, aujourd'hui, a beaucoup perdu de sa substance, que le pays soit membre d'une union monétaire ou pas, particulièrement pour les petits pays comme les pays d'Afrique de l'Ouest. De plus, les huit pays de l'UEMOA sont déjà dans une union monétaire avec un taux de change fixe, si bien que le passage à l'Union monétaire de la CEDEAO ne représentera pas un changement significatif pour eux du point de vue de l'absence d'une politique monétaire et de change nationale.

Si, par contre, ces auteurs donnent au concept de souveraineté monétaire nationale un contenu plutôt politique, c'est-à-dire la possibilité pour un pays d'élaborer et de mettre en œuvre une politique monétaire et de change sans une influence politique extérieure, l'on peut comprendre alors les points de vue susmentionnés. En effet, il nous semble que c'est à cette souveraineté politique que les critiques de la zone franc que nous avons évoqués ci-dessus font allusion, puisqu'une puissance étrangère, en l'occurrence la France, participe aux organes de décisions des banques centrales des pays membres de cette zone (la BEAC et la BCEAO). Si c'est le cas, on peut comprendre, voire accepter leurs arguments. En effet, une telle participation n'est pas sans conséquences pour la souveraineté politique de la politique monétaire et de change de ces pays. D'autant plus que cette participation n'est pas réciproque. Dans le cas de la

CEDEAO, l'union monétaire que nous préconisons dans cet ouvrage ne serait pas sous une influence politique extérieure.

Les pays de l'UEMOA vont-ils perdre leur stabilité macroéconomique dans une union monétaire avec les autres pays de la CEDEAO ?

Certains auteurs ont aussi estimé que les pays de l'UEMOA ont une culture de stabilité macroéconomique supérieure et mieux établie que celle des autres pays de la CEDEAO et que de ce fait, appartenir à une union monétaire avec ces autres pays pourrait occasionner des coûts pour les pays de l'UEMOA. Une telle analyse pouvait être faite dans les années quatre-vingt où il était souvent admis que les pays hors UEMOA connaissaient plus de déséquilibres macroéconomiques que les pays de l'UEMOA. La situation a beaucoup évolué depuis cette époque, si bien que la gestion macroéconomique a beaucoup progressé dans pratiquement tous les pays de la CEDEAO. Comme nous allons le voir plus loin dans cet ouvrage, la performance en matière de convergence macroéconomique, par exemple, est satisfaisante dans pratiquement tous les pays. La suppression des financements publics des déficits budgétaires, la maîtrise de l'inflation et les efforts de maîtrise de la dette publique[107], qui sont des critères clés de stabilité monétaire et macroéconomique en général, ont aujourd'hui atteints des niveaux satisfaisants dans pratiquement tous les pays de la région.

Les pays actuellement membres de l'UEMOA vont-ils perdre les bénéfices que procure la stabilité du taux de change du franc CFA

Une autre idée qui est souvent avancée dans le débat sur la monnaie unique de la CEDEAO est que les pays actuellement membres de l'UEMOA pourraient perdre les bénéfices que procure la stabilité du taux de change de leur monnaie, le franc CFA. Pour être tout à fait équitable sur ce point, nous dirons simplement que le taux de change

---

[107] L'on a, cependant, récemment observé un développement de nouveaux emprunts publics à des taux non concessionnels, mais dans l'ensemble cela a concerné les pays de la région et non pas une catégorie de pays en particulier.

du franc CFA n'est pas plus stable que les taux de change des monnaies des autres pays membres de la CEDEAO. En effet, comme nous avons eu l'occasion de le dire à plusieurs reprises dans ce livre, depuis la fin du système de Bretton-Woods, il n'existe plus aucune monnaie au monde qui puisse revendiquer un taux de change stable. Toutes les monnaies au monde ont aujourd'hui un taux de change qui est plus ou moins instable. Dans notre monde d'aujourd'hui, l'instabilité du taux de change d'une monnaie peut provenir soit d'une trop grande flexibilité, ou instabilité, du taux de change nominal soit d'une trop grande stabilité de ce même taux de change nominal.

Le taux de change nominal bilatéral du franc CFA avec l'euro est stable, puisqu'il est fixe, mais les taux de change nominaux bilatéraux qui s'appliquent à leurs échanges économiques avec leurs partenaires n'utilisant pas l'euro sont instables, de même que les taux de change effectifs nominaux et réels du franc CFA, surtout compte tenu de l'importante diversification des partenaires économiques des pays membres de l'UEMOA[108]. Le taux de change du franc CFA n'est donc pas aussi stable que l'on pourrait penser. Pour aller plus loin sur ce point, lorsque l'on calcule, comme le font les économistes, les taux de change effectifs nominaux et réels du franc CFA et des autres monnaies de la CEDEAO, on voit mieux les niveaux d'instabilité des monnaies de la CEDEAO. Revenons un instant au Graphique 4. L'on voit bien dans ce graphique que la variation du taux de change effectif réel du franc CFA dans les pays de l'UEMOA a été en général aussi forte que celle de la plupart des autres monnaies de la CEDEAO, sauf au Nigéria. La dévaluation de 1994 était d'ailleurs le résultat de l'instabilité du taux de change du franc CFA.

[108] L'on estime à environ 40 % et 32 % respectivement la part des paiements de la zone UEMOA destinés à la zone euro et la part des paiements de la zone UEMOA effectués en euros. On voit bien, dans ces conditions, que la stabilité du taux de change par rapport à l'euro ne suffit pas pour garantir la stabilité du taux de change que les agents économiques de la zone UEMOA utilisent dans leurs échanges extérieurs. Voir Sy A. (2014), « Four Instruments to Strengthen Financial Integration in Sub-Saharan Africa», *FERDI Working Paper Development Policies* n° 108. Disponible sur le site : http://www.ferdi.fr/sites/www.ferdi.fr/files/publication/fichiers/wp108_amadou_sy_financial_integration_instruments_web.pdf. Extrait 1er juin 2016.

Conclusion du Chapitre X

Dans ce chapitre, nous avons cherché à répondre à la question de savoir si l'instauration d'une monnaie unique serait l'option d'intégration monétaire qui conviendrait le mieux à la CEDEAO, au regard des diverses options d'intégration monétaire envisageables que nous avons examinées dans le chapitre précédent, et de leurs implications respectives. En réponse à cette importante question, nous avons réitéré la rationalité économique du projet d'union monétaire de la CEDEAO. Dans cette perspective, nous avons explicité divers canaux par lesquels l'instauration de monnaie unique va contribuer à résoudre les problèmes monétaires complexes auxquels les pays de la CEDEAO sont aujourd'hui confrontés, individuellement et collectivement. Nous avons aussi évoqué le problème de choix d'un régime de change pour la future monnaie unique et celui de la gestion commune des réserves de change.

Nous avons enfin montré que, à part quelques coûts administratifs additionnels liés à la création et au fonctionnement des institutions nouvelles qui seront nécessaires à la mise en œuvre de la nouvelle politique monétaire unique, l'instauration de la monnaie unique ne comportera pas de coûts de politique économique. Ainsi, la perte de souveraineté monétaire, si souvent évoquée dans une certaine littérature, n'est pas réelle puisque, dans l'environnement monétaire international actuel, la souveraineté monétaire nationale pour ces pays est, en fait, déjà illusoire. Au contraire, l'union monétaire offre une fenêtre d'opportunité pour exercer, collectivement, un peu de souveraineté monétaire, opportunité inaccessible à chaque pays agissant seul. De plus, aussi bien les pays de l'UEMOA que les pays hors UEMOA ont amélioré leur gestion macroéconomique. Ainsi, la crainte pour les pays de l'UEMOA de risquer leur stabilité macroéconomique en s'associant aux pays hors UEMOA dans une union monétaire n'est plus fondée. Nous avons aussi montré que l'instauration de la monnaie unique de la CEDEAO ne sera pas un exercice de remplacement d'une monnaie stable, le franc CFA, par une monnaie instable, toutes les monnaies étant aujourd'hui plus ou moins instables.

Conclusion de la quatrième partie

Dans la quatrième partie, nous avons passé en revue les diverses options d'intégration monétaire qui s'offrent à la CEDEAO et montré que la seule option viable, optimale et qui contribuerait efficacement à la résolution des problèmes monétaires auxquels ces pays sont confrontés est l'union monétaire et l'instauration de la monnaie unique. Après avoir établi ce fait, l'autre question qui revient souvent dans le débat actuel est celle de l'échéance à laquelle cette monnaie unique peut être instaurée. L'échéance de 2020, fixée dans la feuille de route actuelle de la CEDEAO, peut-elle être réalisée ? C'est sur cette question que nous allons maintenant nous pencher dans la cinquième partie de ce livre.

CINQUIEME PARTIE

QUAND INSTAURER UNE MONNAIE UNIQUE DANS LA CEDEAO ?

Notre but dans cette partie est d'examiner la faisabilité de l'échéance de 2020 pour l'instauration de la monnaie unique de la CEDEAO. C'est l'échéance qui est fixée dans la feuille de route adoptée par la CEDEAO pour l'instauration de cette monnaie unique. Le Chapitre XI examine les progrès et les perspectives en matière de convergence des économies. Le Chapitre XII propose une feuille de route pour que l'instauration de la monnaie unique en 2020 puisse se matérialiser.

Chapitre XI

Les progrès en matière de convergence sont satisfaisants et permettent d'envisager l'instauration de la monnaie unique de la CEDEAO en 2020

Introduction

Dans la littérature et dans le débat sur les unions monétaires, pas seulement celle de la CEDEAO, une préoccupation qui revient le plus souvent est celle de la convergence des économies. Puisque cette question est importante, nous allons, dans ce chapitre, évaluer la performance des pays membres de la CEDEAO du point de vue de la convergence de leur économie. Mais avant d'entamer cette évaluation proprement dite, nous allons d'abord tenter de clarifier la notion de convergence dans le contexte des unions monétaires.

Notion de convergence dans l'analyse des unions monétaires

Nous avons montré, dans la quatrième partie, que dans le système monétaire international actuel caractérisé par un système de changes flexibles, une mobilité parfaite des facteurs de production est la garantie d'un fonctionnement optimal d'une union monétaire, en tout cas du point de vue de la politique macroéconomique. C'est une union monétaire qui remplit cette condition que l'économiste Mundell avait appelé zone monétaire optimale. Cette mobilité parfaite des facteurs de production implique en fait qu'une telle zone monétaire est très homogène d'un point de vue économique, c'est-à-dire qu'un seul et même bien est produit sur tout l'espace géographique de l'union monétaire, avec partout la même technologie, la même productivité, et que les comportements des agents économiques (producteurs et consommateurs) sur tout le territoire de la zone monétaire sont partout les mêmes. Une autre conséquence de la zone monétaire optimale est que les revenus, et donc les niveaux de vie, sont les mêmes sur tout le territoire géographique d'une telle union monétaire. Il n'existe pas d'inégalités dans une zone monétaire optimale.

Nous avons aussi vu dans cette même quatrième partie (Chapitre X) qu'une telle zone monétaire est plus un concept pour l'analyse théorique qu'une réalité à rechercher dans la pratique. Les conditions d'une zone monétaire optimale ne peuvent donc pas être satisfaites dans la réalité, pas même d'un point de vue tendanciel. C'est peut-être en reconnaissance de ce fait que, dans le cadre des préparatifs pour l'introduction, en 1999, de la monnaie unique européenne, l'euro, l'Union européenne élabora un ensemble de critères dits « critères de convergence » que les pays candidats à l'adoption de la monnaie unique, lorsque celle-ci serait introduite, devaient respecter. Ces critères, qui furent aussi connus sous le nom de « critères de Maastricht », fixèrent des normes en matière de taux d'inflation, de déficit budgétaire, de dette publique, de taux de change et de taux d'intérêt. Depuis cette expérience européenne, l'évaluation de la « convergence » est devenue une pratique courante dans les projets de monnaie unique.

Y a-t-il une relation entre les critères de convergence et le critère d'optimalité d'une zone monétaire ? Un examen attentif permet de se rendre compte que, tandis que le critère d'optimalité d'une zone monétaire selon Mundell est la convergence des structures réelles des économies, ce qui est, nous le répétons, pratiquement impossible dans le monde réel, les critères de convergence à la Maastricht sont une convergence des agrégats macroéconomiques. À regarder de près, exiger une certaine convergence des agrégats macroéconomiques dans le cadre d'une union monétaire revient à exiger qu'aucun pays ne vive au-dessus de ses moyens parce que ce que les déséquilibres macroéconomiques dans un pays traduisent, c'est bien le fait, que le pays essaie de vivre au-dessus de ses moyens, c'est-à-dire qu'il essaie de consommer plus qu'il ne produit. Il est bien connu qu'une telle situation ne peut pas durer longtemps, que le pays soit membre d'une union monétaire ou pas. La vertu macroéconomique que les critères de convergence macroéconomique essaient de promouvoir n'a donc rien à voir avec l'appartenance à une union monétaire. Que le pays soit membre ou pas d'une union monétaire, il est tenu, à moyen ou long terme, et dans le système économique mondial actuel, de faire converger ses agrégats macroéconomiques vers l'équilibre.

Pour conclure sur ce point, nous pouvons dire que les pays doivent apprendre à vivre avec la monnaie unique même s'il y a des divergences entre leurs économies parce que, dans l'environnement international d'aujourd'hui, la monnaie unique leur offre une opportunité de résoudre les problèmes monétaires qui se posent à chaque pays et qu'aucun pays ne peut, seul, résoudre. La solidarité entre les pays membres, mise en œuvre notamment à travers les transferts inter-États, s'ils existent, peut atténuer les impacts de ces divergences, mais ne peut pas les éliminer totalement. Par ailleurs, dans le cas de la CEDEAO, la mobilité des facteurs déjà relativement avancée prédispose cette région à la monnaie unique. Si la convergence macroéconomique est utile, doit-elle être respectée ex-ante ou ex-post ?

Convergence ex ante ou convergence ex post ?

La question a souvent été posée de savoir si les pays doivent remplir les critères de convergence macroéconomique avant l'instauration de la monnaie unique (convergence ex ante) ou bien après (convergence ex post). Beaucoup d'auteurs ont mis en garde contre une conception statique des critères de convergence généralement retenus, arguant que l'union monétaire peut aussi contribuer, ex post, à renforcer la convergence entre les États membres. Selon cette analyse, la convergence doit être vue comme un objectif permanent plutôt que comme une précondition pour être membre d'une union monétaire[109]. Tsangarides, Ewenczyk et Hulej (2006) établissent qu'en plus d'induire une création nette de commerce et une stabilité des échanges, les unions monétaires favorisent la corrélation des mouvements de prix. Rose (2000) et Tabsoba (2009) avancent également que l'appartenance à une union monétaire accroit le commerce et la synchronisation des cycles d'activités. Mundell lui-même, qui a initié les analyses théoriques des unions monétaires, a défendu l'idée que l'union monétaire est en elle-même un facteur d'intégration qui, à la fois, augmente la mobilité des facteurs de production et réduit la probabilité des chocs asymétriques. Dans le débat sur l'unification monétaire européenne, il s'est rangé sur l'idée que la fixation des taux de change et l'adoption d'une monnaie

[109] Rossouw, Janine, 2006, « An Analysis of Macro-economic Convergence in SADC», cited in Debrun W., Masson P., Patillo C. (2010), art. cit.

unique assureront une convergence suffisante des économies candidates à l'union, notamment celle de leurs taux d'inflation et d'intérêt, plutôt que sur l'argumentaire selon lequel l'adoption d'une monnaie unique doit être le couronnement d'un long processus de convergence des économies candidates[110].

Les considérations ci-dessus permettent donc de conclure que bien qu'il faille rechercher la convergence des économies dans un processus d'intégration monétaire visant la création d'une monnaie unique, il faudrait avoir une conception modérée de cette notion de convergence. Ex ante, des progrès vers la convergence des agrégats macroéconomiques, et non une exigence stricte de respect de certains critères quantitativement définis, devraient être acceptables pour passer au stade de l'instauration de la monnaie unique.

Muni des développements précédents, qu'en est-il de la performance de la CEDEAO ?

La CEDEAO : une convergence macroéconomique satisfaisante dans pratiquement tous les pays

Comme nous allons le montrer dans les lignes qui suivent, la convergence ex ante est plutôt bonne dans l'espace CEDEAO. Il faut dire que la coexistence de trois cadres de surveillance multilatérale et de promotion de la convergence au sein de la CEDEAO (UEMOA, ZMAO, CEDEAO) avec chacun ses critères, a souvent rendu difficile l'appréciation de la convergence des États. En effet, un pays peut être performant dans un cadre et ne pas l'être dans un autre. Cependant, un important effort de simplification a été entrepris en 2012 par la CEDEAO, avec notamment l'appui de la Banque africaine de développement. Il en a résulté une harmonisation des critères de convergence au sein de l'espace CEDEAO.

Les évaluations des projets d'intégration monétaire en Afrique, s'appuyant sur les critères de convergence, ont conclu que l'intégration monétaire, en tout cas dans sa forme la plus avancée qui est l'instauration d'une monnaie unique, ne présentait pas d'intérêt en

---

[110] Pour les développements, voir l'article d'Alexandre Swoboda : «Robert Mundell and the Theoretical Foundation for the European Monetary Union», décembre 1999, disponible sur le site du FMI (https://www.imf.org/external/np/vc/1999/121399.htm.)

Afrique de l'Ouest et en Afrique sub-saharienne en général[111]. Ces études procèdent en général soit par une étude des conséquences de la perte de l'autonomie monétaire sur les performances économiques globales des pays membres d'un processus d'intégration monétaire envisagée, notamment et surtout en cas de survenance de chocs économiques, soit par une comparaison de ces mêmes performances économiques globales des pays membres d'un processus d'intégration monétaire à celles des pays qui n'en sont pas membres. Bien évidemment, les arguments contraires que nous avons développés tout au long de cet ouvrage ne nous permettent pas de corroborer ces analyses.

Le point de vue souvent avancé est que les divergences de conjonctures économiques[112] sont encore trop importantes entre les pays, et les performances de la région en matière de convergence macroéconomique encore insuffisantes pour l'instauration, en 2020, de la monnaie unique dans la CEDEAO. Les évaluations entreprises semblent donc souvent conclure que l'Afrique de l'Ouest est encore loin du compte en ce qui concerne la convergence nécessaire à l'introduction de la monnaie unique. Le niveau insuffisant de la convergence dans la ZMAO fut évoqué pour justifier la décision de surseoir à l'instauration de l'Eco dans la ZMAO en janvier 2015. Seul le Nigéria avait satisfait aux quatre critères de premier rang en décembre 2013.

Des facteurs d'ordre conjoncturel ou structurel (crise politique dans certains pays, environnement institutionnel peu propice aux réformes nécessaires pour la convergence, chocs économiques extérieurs ou intérieurs, engagements politiques insuffisants) sont souvent avancés pour expliquer, au moins en partie, les difficultés que les États

---

111 Pour une de ces évaluations de la monnaie unique en Afrique de l'Ouest, voir Masson, P. and Catherine Pattillo, C. (2004), « A Single Currency for Africa ? Probably not, but a selective expansion of existing monetary unions could be used to induce countries to improve their policies», *Finances and Development*, December 2004. Voir aussi par les mêmes auteurs «Should African Monetary Unions Be Expanded ? An Empirical Investigation of the Scope for Monetary Integration in Sub-Saharan Africa», *IMF Working Paper,* July 2010.

112 Si l'on suit le raisonnement que nous avons développé dans ce livre, les divergences de conjonctures ne sont pas un problème puisque, pour qu'il n'y ait pas de divergences de conjonctures, il aurait fallu que nous soyons dans une zone monétaire optimale, ce qui n'est pas de ce monde. Le plus important, c'est la convergence des agrégats macroéconomiques.

rencontrent à respecter les critères de convergence. Des retards sont aussi souvent mentionnés en ce qui concerne l'incorporation des engagements régionaux dans les législations nationales et dans les ratifications prévues dans la feuille de route. En somme, c'est la convergence insuffisante des économies ouest-africaines qui est souvent avancée pour fonder les positions prônant un ralentissement de la marche vers la monnaie unique ouest-africaine.

Bien que très répandu dans la littérature et dans les milieux politiques, ce point de vue qui veut justifier une pause dans l'introduction de la monnaie unique ouest-africaine par l'absence de convergence ne résiste cependant pas à une analyse rigoureuse de l'état de la convergence en Afrique de l'Ouest. Le Tableau 4 ci-dessus montre ainsi que la performance des pays de la CEDEAO en matière de respect des critères de convergence est plutôt satisfaisante, l'on pourrait même dire très satisfaisante.

Tableau 4. Évolution du nombre de pays ayant respecté les critères de convergence au sein de la CEDEAO

		Norme	2012	2013	2014*		2015**	
					juin	décembre	juin	Décembre
Critères du 1er rang								
1	Ratio du déficit budgétaire dons compris (base engagement) rapporté au PIB	≤ 3 %	7	8	5	6	5	4
2	Taux d'inflation en moyenne annuelle	≤ 10 %	12	12	13	14	14	14
3	Financement du déficit budgétaire par la Banque centrale	≤ 10 % des recettes fiscales de l'année antérieure	13	14	14	15	13	13
4	Réserves brutes	≥ 3 mois d'importations	14	15	13	13	14	15
Critères du second rang								
5	Stabilité du taux de change nominal	+/- 10 %	14	14	12	13	13	13
6	Ratio de la dette publique /PIB nominal	≤ 70 %	13	13	13	13	12	12
Moyenne du nombre de pays ayant respecté les critères de convergence***			12,2	12,7	11,7	12,3	11,8	13,5

Source : AMAO (2015), « Programme de coopération monétaire de la CEDEAO », Freetown, décembre 2015, page 27.* : Estimations. ** : Projections. *** : Calculs des auteurs à partir des données du tableau (pour chaque année, la moyenne du nombre de pays ayant respecté les critères de convergence est calculée comme la somme du nombre de pays ayant respecté chaque critère divisée par 6. Ainsi, soit xi le nombre de pays ayant respecté le critère i, X (moyenne du nombre de pays ayant respecté les critères de convergence) = $1/6*[\sum xi)]$.

Ainsi, selon les données publiées en décembre 2015 par l'Agence monétaire de l'Afrique de l'Ouest qui, nous le rappelons, est l'institution chargée de suivre la mise en œuvre du programme de coopération monétaire de la CEDEAO, sur la période 2012-2015, le nombre de pays ayant respecté les critères de convergence varie entre 12 et 15 sur les 15 pays que compte la CEDEAO, sauf pour le critère relatif au déficit budgétaire qui a été respecté par 7 pays sur 15. Si l'on fait la moyenne du nombre de pays ayant respecté les critères de convergence, celle-ci varie entre 12 et 14 pays sur la période 2012-2015. La bonne nouvelle est la très bonne performance d'ensemble sur le critère relatif au financement du déficit bancaire par la Banque centrale. En effet, quand on sait que le financement excessif des déficits budgétaires par la Banque centrale peut être une source importante d'instabilité macroéconomique, y compris dans une union monétaire, le fait que l'absence de ce type de financement se généralise dans la région est de bon augure pour la stabilité de la future union monétaire. Beaucoup de pays dans la région ont ainsi déjà pris des dispositions, y compris législatives, pour supprimer ce type de financement. Au-delà de cette performance d'ensemble, l'on peut aussi s'intéresser à la performance par pays. Le Tableau 5 ci-dessous montre le nombre total de critères de convergence respectés par chaque pays.

Tableau 5 : Nombre de critères de convergence réalisés par pays

Pays	2012	2013	2014*		2015**		Nombre moyen de critères de convergence respectés***
			juin	décembre	Juin	décembre	
Bénin	6	5	6	6	5	5	5,5
Burkina-Faso	5	5	6	6	6	5	5,5
Cabo Verde	4	4	4	4	4	4	4
Côte d'Ivoire	5	6	5	6	5	5	5,3
Gambie	4	3	2	2	3	3	2,8
Ghana	3	4	2	2	2	2	2,5
Guinée	4	5	5	5	3	4	4,3
Guinée-Bissau	6	6	5	6	6	6	5,8
Libéria	5	5	3	6	5	5	4,8
Mali	6	6	6	5	6	6	5,8
Niger	6	6	5	5	5	5	5,3
Nigéria	5	6	6	6	6	6	5,8
Sénégal	5	5	5	5	5	5	5
Sierra Leone	3	5	5	5	5	5	4,6
Togo	5	5	5	5	5	5	5

Source : AMAO (2015) « Programme de coopération monétaire de la CEDEAO », Freetown, décembre 2015, page 29.

* : Estimations. ** : Projections. *** : Calculs des auteurs à partir des données du tableau.

Le principal commentaire que suscitent les données de ce Tableau 5 est la confirmation des informations déjà contenues dans le Tableau 4 précédent, du nombre assez élevé de critères de convergence respectés par les pays de la CEDEAO. L'on note aussi une assez bonne répartition des bonnes performances, c'est-à-dire que le nombre élevé des critères de convergence respectés n'est pas concentré dans certains pays ou groupes de pays, ce qui là aussi est de bon augure pour la stabilité de la future union monétaire de la CEDEAO. Même le Nigéria, qui est souvent présenté dans une certaine littérature comme le pays dont la gestion macroéconomique pourrait poser un risque pour la stabilité macroéconomique de la future union monétaire, respecte régulièrement tous les critères de convergence. Le Nigéria respecte bel et bien les critères de convergence de la CEDEAO, y compris l'un des critères les plus importants pour la stabilité macroéconomique qui est relatif au financement du déficit budgétaire par la Banque centrale, comme le montre justement le Tableau 6 ci-dessous. Il en est de même des pays de l'UEMOA où le recours au financement monétaire du déficit n'est plus possible depuis 2001.

Tableau 6 : Financement du déficit budgétaire par la Banque centrale ≤ 10% des recettes fiscales de l'année précédente

Pays	2012	2013	2014*		2015**	
			juin	décembre	juin	décembre
Cabo Verde	0,0	0,0	0,0	0,0	0,0	0,0
Gambie	0,4	0,0	18,1	41,1	0,0	0,0
Ghana	21,6	9,3	49,5	11,1	4,6	0,0
Guinée	0,0	0,0	1,0	0,0	28,2	0,0
Libéria	0,0	0,0	5,6	0,0	0,0	0,0
Nigéria	0,0	0,0	0,0	0,0	0,0	0,0
Sierra Leone	0,0	0,0	9,9	7,6	0,0	0,0
UEMOA	0,0	0,0	0,0	0 ,0	0,0	0,0
ZMAO	1,8	0,8	4,2	1,0	0,7	0,0
CEDEAO	1,5	0,7	3,6	0,9	0,6	0,0
Nombre de pays ayant respecté le critère	14	15	13	13	14	15

Source : AMAO (2015) « Programme de coopération monétaire de la CEDEAO », Freetown, décembre 2015, page 31.
* : Estimations. ** : Projections.

Comme il apparait, le Nigéria et l'ensemble des autres pays membres de la ZMAO sauf le Ghana ont régulièrement respecté l'important critère relatif à la limitation des financements du déficit budgétaire par la Banque centrale. En fait comme le note le rapport de l'AMAO, « le recours aux concours de la Banque centrale pour financer le déficit budgétaire reste très marginal » dans la région Afrique de l'Ouest[113]. En fait, ce que l'on peut noter, c'est que les niveaux même des déficits budgétaires se sont considérablement réduits dans la région, comme le montre le Tableau 7 ci-dessous.

[113] Voir AMAO (2015) « Programme de coopération monétaire de la CEDEAO », Freetown, décembre 2015, page 31.

Tableau 7 : Déficit budgétaire / PIB (en %)

Pays	2012	2013	2014*		2015**	
			juin	décembre	juin	décembre
Bénin	0,5	3,1	2,6	2,3	4,7	4,4
Burkina-Faso	3,1	3,5	2,1	2,2	2,3	3,7
Cabo Verde	10,3	8,6	5,4	8,5	3,6	6,0
Côte d'Ivoire	3,1	2,2	3,7	2,2	4,6	3,6
Gambie	4,7	8,7	4,4	9 ,1	4,7	5,0
Ghana	5,7	8,6	4,3	6,4	3,8	6,4
Guinée	1,2	2,1	0,5	3,9	4,7	5,5
Guinée-Bissau	2,4	2,2	3,6	2,2	3,0	1,4
Libéria	-4,3	-2,1	3,5	-0,2	0,1	0,0
Mali	1,3	2,9	-1,1	3,4	-4,8	2,8
Niger	1,2	2,6	7,1	5,5	8,0	7,1
Nigéria	1,1	1,4	1,1	0,9	1,2	0,9
Sénégal	5,9	5,5	4,3	5,5	3,2	4,8
Sierra Leone	5,5	1,5	3,7	3,4	4,1	4,1
Togo	5,8	4,3	4,7	3,3	5,1	3,6
UEMOA	3,1	3,3	3,2	3,2	3,2	4,1
ZMAO	1,5	2,0	1,4	1,5	1,5	1,5
CEDEAO	1,7	2,2	1,7	1,7	1,7	1,8
Nombre de pays ayant respecté le critère	7	8	5	6	5	4

* : Estimations. ** : Projections.

Comme il apparait, les niveaux de déficit budgétaire dans la région sont assez faibles, bien qu'ils se situent au-dessus de la norme de 3 % pour certains pays. C'est peut-être ce qui explique aussi que les gouvernements aient la possibilité de les financer sans recourir à la Banque centrale. Cette bonne performance de la région en matière de respect des critères de convergence a aussi été soulignée dans d'autres analyses. Ainsi, évaluant trois projets d'intégration monétaire en Afrique de l'Est (EAC), en Afrique australe (SADC) et en Afrique de l'Ouest, Debrun et alii (2010) notent que la ZMAO est celui le plus avancé en termes de préparation institutionnelle, légale et réglementaire.

Autres préalables souvent évoqués

En plus de la convergence, certaines autres réformes sont souvent avancées et présentées comme préalables à l'instauration de la monnaie unique en 2020. Parmi ces réformes, mentionnons la création d'une union budgétaire, la création d'une union bancaire et l'achèvement de l'intégration commerciale. Nous pensons que bien que ces autres réformes puissent être utiles, leur mise en œuvre ne devrait pas être considérée comme un préalable à l'instauration de la monnaie unique, mais comme des actions permanentes dont la mise en œuvre peut progresser concurremment avant, pendant et après l'instauration de la monnaie unique.

L'Union budgétaire. À la suite de la crise de la zone euro, certains observateurs ont avancé l'idée selon laquelle si la crise a eu lieu, c'est parce que les pays avaient relâché leur engagement à respecter les critères de Maastricht relatifs à la gestion budgétaire, mais aussi parce que les mécanismes mis en place par l'Union européenne pour inciter les pays à respecter ces critères n'étaient pas assez robustes. En d'autres termes, si l'Union monétaire avait lié les mains des gouvernements en ce qui concerne la politique monétaire et de change, elle leur avait en revanche, laissé les mains libres en ce qui concerne la politique budgétaire et c'est de là que serait partie la crise budgétaire qui a failli emporter l'euro. Il y a aussi eu l'idée selon laquelle en l'absence d'une union budgétaire, les ressources pour financer les transferts ont fait défaut. Pour remédier à cette situation, une intégration plus poussée des gestions budgétaires pouvant aller jusqu'à ce qui a été appelé l'union budgétaire fut préconisée. Une union budgétaire complète au même titre que l'union monétaire serait très difficile à mettre en œuvre, et il n'est même pas certain qu'une majorité suffisante de pays européens soit favorable à un tel scénario. En attendant, il y a eu ce que nous appellerons un accord a minima sur une surveillance renforcée des budgets des États par la Commission de l'Union européenne.

Comme il fallait s'y attendre, cette idée d'une union budgétaire, préalable à l'union monétaire, a rejailli dans le débat sur la monnaie unique de la CEDEAO. Nous ne sommes pas d'avis qu'une union budgétaire soit un préalable à la monnaie unique de la CEDEAO, pour au moins deux raisons : d'abord, si l'objectif est d'éviter les déficits excessifs des États, il n'est pas nécessaire d'aller jusqu'à l'union budgétaire. Une surveillance renforcée par les instances régionales couplée à une application stricte de la règle de non-financement monétaire des déficits peut suffire. Ensuite, si l'objectif est de disposer de ressources pour éventuellement financer les transferts inter-États, il n'est pas nécessaire non plus d'aller jusqu'à l'union budgétaire. Un mécanisme de contribution des États à un budget communautaire dédié à cet objectif peut là aussi suffire. L'union budgétaire doit être envisagée si la perspective est une union politique. Cela étant dit, si la CEDEAO souhaite anticiper et commencer à travailler sur un projet d'union budgétaire, nous n'y voyons pas d'inconvénient, mais cela ne devrait pas être un préalable à l'instauration de la monnaie unique.

L'Union bancaire. Un autre débat né de la crise de la zone euro et qui rejaillit vite sur le projet de monnaie unique de la CEDEAO, est celui sur l'union bancaire. Dans cette crise de la zone euro, il est aussi apparu que les pratiques différentes des États en ce qui concerne la supervision du système bancaire et du système financier en général, avaient peut-être joué un rôle dans les différences observées entre les pays dans l'exposition des banques et dans les impacts différenciés de la crise. D'où l'idée que si la supervision bancaire avait été harmonisée dans le cadre d'une union bancaire cela aurait peut-être atténué la crise. Il est effectivement important que, dans une union monétaire, la supervision bancaire soit harmonisée sinon il risque de se poser un problème d'équité dans l'accès aux ressources de la banque centrale commune en plus des risques macroéconomiques qui peuvent en découler.

La question souvent posée dans ce débat est celle de savoir quel était le modèle approprié de régulation et de contrôle des banques dans un contexte de forte intégration financière comme on peut le constater dans une union monétaire. Faut-il une supervision décentralisée exercée par les entités nationales et assurer un échange d'informations entre celles-ci ? Ou alors faut-il tout simplement une supervision centralisée conduite par une institution supranationale unique ? Et dans ce cas, doit-on confier cette responsabilité à la Banque Centrale ou à une institution différente ?

Chaque option présente ses avantages et ses limites qu'on peut résumer comme suit. La supervision décentralisée peut s'avérer plus aisée et offre une plus grande proximité entre superviseurs et entités supervisées. Cependant, cette proximité peut elle-même être aussi perçue comme une faiblesse dans la mesure où elle peut rendre le superviseur local moins vigilant. Par ailleurs avec l'émergence de grands groupes aux ramifications transfrontalières et aux opérations intra-groupes de plus en plus complexes, ce cadre de supervision décentralisée devient vite limité. La supervision centralisée permet de pallier les faiblesses ci-dessus pour l'approche décentralisée. L'argument traditionnel en faveur d'une surveillance centralisée réside dans la difficulté à concilier marché financier unique et stabilité financière avec une surveillance décentralisée conduite par les autorités nationales selon un triangle d'incompatibilité[114]. Elle nécessite cependant une structure fortement dotée de capacités institutionnelles, techniques et humaines pour mener un contrôle efficace et régulier notamment sur les groupes bancaires.

Si nous prenons l'exemple de la zone euro, la création d'une union bancaire permettant d'assurer de manière centralisée la surveillance et la résolution des crises bancaires de la zone est apparue comme une nécessité en réponse à la crise. Cette union bancaire se compose d'un Mécanisme de surveillance unique (et d'un Mécanisme de résolution unique), qui sont obligatoires pour tous les États membres de la zone euro. Dans le cadre du Mécanisme de surveillance unique, opérationnel depuis novembre 2014, la Banque centrale européenne est devenue l'autorité de surveillance de l'ensemble des banques de la zone euro, directement chargée de surveiller les plus grands groupes bancaires (représentant plus de 80 % des actifs).

---

[114] Voir les développements sur le triangle d'incompatibilité (Intégration financière-Stabilité financière –supervision bancaire décentralisée) in Laurent Quignon, « Les enjeux de l'Union bancaire », *notes de recherche BNP Paribas* ; 2013.
Disponible sur le site : http://economic-research.bnpparibas.com/Views/Display-Publication.aspx?type=document&IdPdf=21737

Le bien-fondé de l'unification des fonctions de politique monétaire et de supervision au sein de la Banque centrale repose sur la mission naturelle qui lui incombe en matière de stabilité financière. Une défaillance bancaire présente un risque de contagion qu'une banque centrale aura à cœur d'éviter, afin de préserver le fonctionnement du marché monétaire et la transmission de sa politique monétaire. Cependant, des conflits d'intérêts peuvent surgir entre conduite de la politique monétaire et fonctions de supervision. On peut donner l'exemple d'un relèvement des taux directeurs qui satisferait à l'objectif de stabilité des prix mais, serait susceptible d'entraîner la défaillance d'une ou plusieurs banques placées sous surveillance[115]. Cela nécessite donc pour la Banque centrale une priorisation des objectifs et des règles claires de décision monétaire.

Pour en revenir au contexte ouest-africain, nous pensons qu'au regard de la structure de plus en plus intégrée du système bancaire, qui pourrait se renforcer avec l'union monétaire, et au regard des insuffisances en ce qui concerne la supervision des groupes bancaires et des flux financiers transfrontaliers, une supervision centralisée serait la plus appropriée. Cette fonction de superviseur central pourrait revenir à la Banque centrale de la CEDEAO qui travaillerait en étroite coordination avec les entités nationales. Cette question qui n'est pas à notre sens suffisamment prise en compte dans le débat sur l'intégration monétaire en Afrique de l'Ouest, devra donc être analysée en profondeur dans le cadre des travaux préparatifs de la création de l'union monétaire en Afrique de l'Ouest. On peut penser que, dans un premier temps, le rôle du collège des superviseurs devrait être renforcé avant que cette responsabilité ne soit transférée à la Banque centrale de la CEDEAO. Comme dans le cas de l'union budgétaire, nous pensons que ces réformes de la supervision bancaire ne doivent pas être un préalable à l'instauration de la monnaie unique, mais peuvent avancer concurremment avec celle-ci.

Intégration commerciale. L'achèvement de l'intégration commerciale doit-elle être un préalable à l'instauration de la monnaie unique ? L'intégration commerciale et l'intégration monétaire visent le même objectif à savoir le développement des échanges pour stimuler la croissance économique et la création d'emplois. L'intégration commerciale facilite l'identification des opportunités

---

[115] Quignon L (2013), « les enjeux de l'Union bancaire », *notes de recherche BNP Paribas*.

d'échanges tandis que l'intégration monétaire, et l'union monétaire en particulier, facilitent les paiements pour les opportunités d'échanges qui se sont concrétisées. Dans la mesure du possible, les réformes dans ces deux domaines peuvent donc aller de pair et se renforcer mutuellement. Il n'y a pas vraiment de séquence optimale entre ces deux domaines. Une idée souvent présente dans la littérature est que l'Europe a d'abord achevé son intégration commerciale avant de mettre en place la monnaie unique. Cette idée n'est pas vraie. En effet, les efforts d'intégration monétaire en Europe sont aussi anciens que les efforts d'intégration commerciale. Même si ce n'est qu'en 1999 que l'euro fut introduit, il y a eu beaucoup de choses qui se sont passées sur le plan monétaire quand l'intégration commerciale n'était qu'à ses débuts.

En dépit de ces appréciations, l'on peut dire que l'intégration commerciale avance en Afrique de l'Ouest. Des progrès sont enregistrés dans la mise en œuvre du schéma de libéralisation des échanges de la CEDEAO. Le Tarif extérieur commun est entré en vigueur en janvier 2015, après de longues et difficiles négociations.

Conclusion du Chapitre XI

Dans ce Chapitre, nous avons clarifié le concept de convergence en union monétaire et fait la distinction entre convergence ex ante et convergence ex post. Nous avons aussi montré que les progrès déjà accomplis en matière de convergence ex ante, et les perspectives, sont suffisants pour programmer l'introduction de la monnaie unique en 2020. Enfin, nous avons indiqué que l'union monétaire peut avancer concomitamment avec les efforts d'intégration sur les plans budgétaire, bancaire et commerciale et que les progrès dans ces domaines ne doivent pas être considérés comme des préalables à l'instauration de la monnaie unique en 2020. Sur la base de ces clarifications, nous proposons, dans le Chapitre XII, une feuille de route pour que l'instauration de la monnaie unique en 2020 puisse avoir lieu.

Chapitre XII

Une feuille de route afin que 2020 soit une réussite pour l'introduction de la monnaie unique ouest-africaine

Nous avons, tout au long des chapitres précédents, d'abord essayé de répondre à la question « pourquoi une monnaie unique dans la CEDEAO ? » Nous avons alors fondé la rationalité de la monnaie unique de la CEDEAO sur le fait que, dans le contexte du système monétaire international actuel, la monnaie unique offre la possibilité d'une politique monétaire supérieure pour les pays membres de la CEDEAO et individuellement et collectivement, possibilité hors de portée de chacun de ces pays agissant seul. Nous avons aussi montré que, contrairement à une idée assez répandue, les progrès déjà accomplis par ces pays sur le plan de la convergence macroéconomique permettent d'envisager une union monétaire stable sur le plan macroéconomique. En particulier, les déficits publics sont maintenant tombés à des niveaux bas et les déficits qui existent sont financés sans recours aux avances de la Banque centrale. Même le géant nigérian, qui a souvent été présenté comme pouvant être une source d'instabilité pour l'ensemble de l'Union monétaire, a beaucoup progressé sur le plan de la stabilité macroéconomique.

Comme nous le savons tous, un projet n'est rien sans une feuille de route bien élaborée pour le mettre en œuvre. C'est pour cette raison que notre tâche dans ce chapitre sera de jeter un regard critique sur la feuille de route actuellement adoptée par les responsables ouest-africains pour mettre en œuvre ce projet et aboutir à l'introduction de la monnaie unique dans l'espace CEDEAO en 2020. Nous avons, en fait, à divers endroits dans les chapitres précédents fait des suggestions pouvant s'inscrire dans une feuille de route pour faire avancer le projet de création de la monnaie unique ouest-africaine. Nous allons, dans le présent chapitre, tenter de synthétiser ces suggestions, et de les présenter sous forme de propositions visant à doter la CEDEAO et l'ensemble des parties prenantes, d'une véritable feuille de route pouvant mener à la monnaie unique en 2020.

Dans ce chapitre, notre démarche sera la suivante : nous allons dans un premier temps examiner quelques scénarii possibles pour l'instauration de la monnaie unique en 2020, en nous basant sur la feuille de route actuelle. Ensuite, nous ferons quelques propositions d'amélioration de la feuille de route. Ces propositions visant en particulier à renforcer la mise en œuvre de certaines tâches qui nous semblent critiques pour l'atteinte de l'objectif d'instauration de la monnaie unique en 2020.

Scénarii possibles d'instauration de la monnaie unique en 2020

Après avoir renoncé à l'objectif d'introduire, en janvier 2015, une monnaie unique dans les pays de la ZMAO, les pays membres de la CEDEAO se sont fixés comme nouvel objectif d'introduire la monnaie unique de la CEDEAO en 2020. Lors d'une réunion inaugurale tenue en février 2014 à Niamey, le Groupe de travail présidentiel mis en place par les chefs d'État et de gouvernement des pays membres de la CEDEAO pour accélérer l'introduction de la monnaie unique a examiné trois options pour l'introduction de la monnaie unique. L'option 1 est celle du *Big Bang* qui recommande que tous les pays membres participent à la monnaie unique en 2020. La deuxième option est l'option graduelle (option 2). Selon cette option, les pays membres qui respecteront les critères de convergence de premier rang avant 2020 participeront à la monnaie unique. Enfin l'option 3, celle de la masse critique qui préconise que la monnaie unique soit lancée en 2020 si une masse critique de pays représentant au moins 75 % du PIB de la CEDEAO respectent les critères de convergence. Au terme de l'examen de ces alternatives, l'option graduelle a été retenue par le Groupe de travail présidentiel. Bien qu'elle semble la plus prudente, l'option graduelle comporte aussi le risque que l'échéance de 2020 pour le lancement de la monnaie unique ne soit pas respectée. Nous pouvons apprécier ce risque en identifiant quatre scénarii possibles en 2020 et voir à quel résultat ils aboutiraient. Le Tableau 8 ci-dessous résume ces scénarii.

Tableau 8 : Scénarii possibles pour l'introduction de la monnaie unique de la CEDEAO en 2020

Scénarii de convergence	**Pays qualifiés**	**Résultat**
Scénario 1	Pays de l'UEMOA	Statut quo actuel. Possibilité d'un nouveau report de la monnaie unique de la CEDEAO
Scénario 2	Pays de l'UEMOA + Nigéria + Ghana + et quelques pays de la ZMAO	Lancement de la monnaie unique de la CEDEAO possible
Scénario 3	Pays de l'UEMOA + pays de la ZMAO sans le Nigéria et/ou le Ghana	Possibilité d'un nouveau report de la monnaie unique de la CEDEAO. On peut en effet s'attendre à ce qu'un délai supplémentaire soit donné notamment au Nigéria et au Ghana au regard de leur poids économique afin de ne pas lancer la monnaie unique sans eux. Dans ce scénario, l'on peut aussi imaginer que certains pays de la ZMAO rejoignent un à un l'UEMOA (hypothèse de l'élargissement de l'UEMOA par absorption de certains pays de la ZMAO) ou même adoptent le naira (hypothèse de l'élargissement de la zone naira par absorption de certains pays de la ZMAO). Mais ces sous-scénarii ne seraient pas conformes à l'engagement politique pris par les pays et sur lequel ils travaillent depuis maintenant longtemps. Cet engagement est de créer la monnaie unique de la CEDEAO. De tels scénarii auraient un impact fondamental sur la crédibilité politique des pays qui adopteraient ces options en dernière minute.
Scénario 4	Pays de l'UEMOA + Pays de la ZMAO	Lancement de la monnaie unique de la CEDEAO possible

Bien qu'il soit difficile de donner une probabilité précise à chacune de ces scenarii et qu'on ait vu que les performances concernant le respect des critères de convergence se sont beaucoup améliorées, laissant présager d'une convergence d'un grand nombre de pays notamment les plus grands, les scenarii 1 et 3 qui se traduiraient probablement par un report du lancement de la monnaie unique ne sont pas à exclure. Il apparait donc que le risque d'un nouveau report du lancement de la monnaie unique de la CEDEAO prévue en 2020, lequel porterait un coup dur à la crédibilité et à la poursuite du processus de création de l'union monétaire si l'on tient compte des multiples reports antérieurs, est bien présent dans l'option graduelle. Pour écarter ce risque, il aurait été souhaitable que l'option *Big-Bang* (option 1), que nous recommandons sur la base de notre analyse dans cet ouvrage fût retenue. Un autre facteur qui pourrait retarder le lancement de la monnaie unique est la répartition des tâches entre les principaux acteurs. Il faudrait en effet que plus de responsabilités soient allouées aux banques centrales de la région[116] dans la mise en œuvre des actions critiques pour l'introduction de la monnaie unique. Une telle approche permettrait une plus grande appropriation de ces tâches par les banques centrales qui devraient être au cœur du processus.

Propositions pour une feuille de route qui permette d'atteindre l'objectif d'instaurer la monnaie unique de la CEDEAO en 2020

Nécessité d'un recentrage de la feuille de route sur le chemin critique

Lorsque l'on examine l'état actuel des préparatifs pour l'introduction de la monnaie unique en 2020, l'on se rend compte que la feuille de route actuelle comporte beaucoup d'activités dont certaines ne nous semblent pas se situer sur le chemin critique pour une monnaie unique[117]. En fait, cette feuille de route nous semble quelque peu surchargée. Il nous semble évident qu'il faudrait dans la feuille de route deux types de tâches. Celles que l'on pourrait qualifier de tâches critiques pour l'introduction de la monnaie unique et celles que l'on pourrait qualifier de tâches d'accompagnement de la monnaie unique. Les tâches critiques doivent nécessairement être réalisées dans les délais pour que la monnaie puisse voir le jour en 2020. Les tâches d'accompagnement visent à créer un environnement favorable pour un fonctionnement adéquat de l'union monétaire et de la monnaie unique.

---

116 BCEAO et les banques centrales nationales des pays membres de la ZMAO.

117 Les chefs d'État et de gouvernement des pays membres de la CEDEAO ont adopté une feuille de route pour l'introduction de la monnaie unique en 2020.

Contrairement aux tâches critiques, les tâches d'accompagnement ne sont pas un préalable au lancement de la monnaie unique. Les tâches d'accompagnement sont des tâches permanentes, qui doivent continuer même après l'introduction de la monnaie unique. Cette distinction ne nous semble pas faite dans la feuille de route actuelle, ce qui a pour résultat une surcharge de la feuille de route et une augmentation des risques d'un nouveau report de la date d'introduction de la monnaie unique. Un nouveau report serait dommageable d'un double point de vue. D'une part, cela retarderait les bénéfices économiques, notamment en termes de croissance, attendus par ces pays et leurs populations et d'autre part, la crédibilité du projet pourrait être irrémédiablement compromise.

Parmi les tâches critiques, nous voyons la création de l'Institut monétaire de la CEDEAO, la création de la Banque centrale de la CEDEAO, la définition et l'adoption d'un cadre pour la politique monétaire unique, la définition de la politique de change de la future Banque centrale de la CEDEAO, les aspects pratiques et logistiques de l'introduction de la monnaie unique, et l'information des acteurs économiques et des parties prenantes, notamment des peuples. Parmi les tâches d'accompagnement, nous voyons la veille sur les critères de convergence étant donné que la performance récente et les perspectives paraissent bonnes (nous en avons longuement parlé ci-dessus), les autres activités déjà inscrites dans la feuille de route comme l'harmonisation des pratiques et des données statistiques, ainsi que des cadres de politiques budgétaires, l'intégration du système financier et la définition du cadre de supervision centralisé du secteur bancaire.

Nous examinons ci-dessous quelques tâches critiques.

L'Institut monétaire de la CEDEAO

Les autorités régionales en charge du projet prévoient la création, en 2018, d'un Institut monétaire de la CEDEAO (IMC) comme précurseur de la future Banque centrale de la CEDEAO. Étant donné le rôle important de cet Institut dans la conduite du projet, il nous semble préférable de cibler 2017 pour la création et l'entrée en fonction de l'IMC, notamment afin que son personnel ait le temps d'assimiler le nouveau cadre de politique monétaire commune et d'autres responsabilités qui incomberont à la future Banque centrale de la CEDEAO.

Politique monétaire unique

La réflexion régionale sur une stratégie de politique monétaire pour la future Banque centrale de la CEDEAO semble à un stade déjà avancé. Ainsi, l'Agence monétaire de l'Afrique de l'Ouest a-t-elle déjà fait réaliser des études de très bonne facture qui ont abouti au choix d'un cadre opérationnel pour la politique monétaire unique[118]. Au moment où nous mettions le point final à cet ouvrage, l'étude avait examiné et rejeté les cadres basés sur le ciblage du taux de change ou sur le ciblage monétaire, et proposé que soit adopté un cadre de politique monétaire commune basé sur le ciblage souple de l'inflation. L'étude devait être présentée pour validation au cours d'un atelier régional d'experts en politique monétaire des banques centrales de la CEDEAO avant sa transmission à un comité des gouverneurs des banques centrales de la CEDEAO.

Un point mérite cependant d'être souligné. La démarche actuelle des autorités régionales envisage, dès la validation du cadre proposé, de procéder à ce que l'étude appelle une harmonisation des cadres de politiques monétaires des banques centrales de la région. Il s'agit en fait de faire basculer les banques centrales vers l'utilisation progressive du nouveau cadre proposé en prélude à son utilisation par la future Banque centrale de la CEDEAO. Si une telle démarche peut sembler procéder d'une volonté de familiarisation et peut-être de renforcement des capacités des banques centrales de la région dans l'utilisation du nouveau cadre, et donc a priori louable, il ne nous semble pas qu'elle soit strictement nécessaire. En effet, puisque le nouveau cadre de politique monétaire va remplacer tous les cadres de politique monétaire utilisés par les banques centrales de la région, il nous semble préférable, dès l'adoption du nouveau cadre, de mettre l'accent sur l'assimilation de ce nouveau cadre par l'IMC et les banques centrales, mais sans impliquer l'adoption et l'application du nouveau cadre par les banques centrales préalablement au lancement de la monnaie unique. Le plus important à ce stade est qu'un noyau dur du personnel de la future Banque centrale, qui serait en fonction à

118 Voir par exemple, AMAO (2015), « État de l'harmonisation des cadres de politique monétaire au sein de la CEDEAO », Freetown, décembre 2015.

l'IMC, assimile convenablement le nouveau cadre pour pouvoir l'appliquer dès l'entrée en fonction de la future Banque centrale dès le 1er janvier 2020. Il est aussi important que le personnel des banques centrales actuelles ait une bonne compréhension du nouveau cadre puisqu'ils seront les interlocuteurs de la Banque centrale dans l'application du nouveau cadre. Mais, une bonne application par les banques centrales actuelles ne doit pas être un prérequis pour l'introduction de la monnaie unique. Pourquoi investir autant de ressources dans l'application temporaire d'un nouveau cadre ? Il faut donc intensifier des actions de formation de l'embryon de personnel de la future Banque centrale de la CEDEAO et des cadres des banques centrales actuelles sur le nouveau cadre de politique monétaire.

Politique de change unique

Nous avons, tout au long du présent ouvrage, insisté sur les difficultés auxquelles les pays d'Afrique de l'Ouest, et les pays en développement en général, font face dans la définition et la mise en œuvre d'une politique de change qui promeut leurs objectifs économiques du fait des politiques monétaires et de change mises en œuvre dans le reste du monde. Partant de ce constat, nous avons présenté la politique de change comme l'un des domaines où la monnaie unique aurait le plus de potentiel pour offrir aux pays de la CEDEAO la possibilité d'une politique de change supérieure, comparée à la situation actuelle où chaque pays a sa monnaie nationale. La définition de la politique de change de la future monnaie unique nous parait donc être d'une importance capitale pour le projet de monnaie unique. Les responsables ouest-africains semblent partager ce constat de l'importance de la politique de change. Ainsi, après une précédente étude menée en 2008, que nous avons évoquée dans les chapitres précédents, l'Agence monétaire de l'Afrique de l'Ouest vient-elle de lancer deux nouvelles études dans le domaine de la politique de change, l'une visant à définir et mettre en place un mécanisme de change de la CEDEAO et l'autre visant à proposer un régime de change commun de la CEDEAO. L'étude sur la mise en place du mécanisme de change ressemble à celle déjà menée en 2008.

Comme nous avons déjà eu à l'expliquer longuement dans le Chapitre V, la mise en place d'un mécanisme de change pour la CEDEAO dans la perspective de la monnaie unique en 2020, avec tout ce qu'un tel mécanisme impliquerait en termes d'arrangements institutionnels à mettre en place temporairement, ne nous semble pas justifiée.

Quant à l'étude sur le régime de change commun de la CEDEAO, les termes de référence de cette étude, auxquelles nous avons eu accès, semblent indiquer que les objectifs visés par cette étude sont non seulement de définir un régime de change mais aussi de proposer « une description des modalités d'aménagements des cadres légaux nationaux, pour permettre l'adoption et la mise en œuvre du régime de change commun »[119]. Nous pensons qu'il n'est pas nécessaire de viser l'adoption, l'incorporation dans les systèmes légaux nationaux et la mise en œuvre par les banques centrales nationales du régime de change commun qui sera proposé par l'étude, préalablement à l'entrée en vigueur de la monnaie unique en 2020. L'objectif doit être de définir un cadre stratégique pour une politique de change unique qui permette aux pays membres de la CEDEAO de promouvoir individuellement et collectivement leur compétitivité et leur développement économique dans le contexte du système monétaire international actuel et des défis que celui-ci ne cesse de poser à ces pays (voir nos développements dans le Chapitre 2 ci-dessus). Une fois ce cadre stratégique de politique de change élaboré et adopté, il faudra ensuite veiller à former les cadres de la future Banque centrale et des ministères en charge de l'économie et des finances des pays membres à sa mise en œuvre, sans exiger que les pays mettent en œuvre ce cadre avant l'entrée en vigueur de la monnaie unique. Bien entendu, il sera nécessaire, comme prévu dans la feuille de route, d'assurer autant que possible une stabilisation des taux de change entre les monnaies de l'Afrique de l'Ouest afin de déterminer leur parité de façon irrévocable avec la monnaie unique et de rendre aisé le passage à cette monnaie en 2020.

Une question souvent évoquée dans les débats sur la monnaie unique de la CEDEAO est celle de savoir quelle sera la monnaie d'ancrage de la future monnaie et si cette monnaie devrait avoir un taux de change flottant ou un taux de change fixe. D'ailleurs, les termes de référence de l'étude sur le mécanisme de change que nous venons d'évoquer parle de « … définir la monnaie d'ancrage… ». Cette question peut effectivement être posée car dans la région, il

---

[119] Voir Agence monétaire de l'Afrique de l'Ouest (2015), « État de l'harmonisation des politiques de change au sein de la CEDEAO », Freetown, décembre 2015.

existe actuellement une variété de politique et de pratiques en matière de taux de change (voir le Tableau 3 plus haut). Certains pays ont un taux de change fixe, comme les pays de l'Union monétaire ouest-africaine ou le Cabo Verde. D'autres pratiquent un taux de change flottant, comme la Gambie et la Sierra Leone. D'autres encore, comme le Nigéria, pratiquent un taux de change flottant dirigé. En règle générale, nous pouvons dire que depuis la fin du système monétaire international de Bretton-Woods, la tendance est plus en faveur de l'adoption d'un taux de change flottant que d'un taux de change fixe. En observant les pratiques *de facto* des pays en matière de taux de change, l'on se rend compte que la proportion des pays qui pratiquent un taux de change fixe a progressivement diminué au fil du temps et continue d'ailleurs à le faire au profit d'une plus grande flexibilité. Il serait donc souhaitable que la future monnaie ait un taux de change flottant, coté par rapport au dollar pour un début, compte tenu du fait que le dollar est encore la monnaie de facturation d'une part importante des transactions internationales des pays d'Afrique de l'Ouest.

Donner dès maintenant un visage à la monnaie unique de la CEDEAO

Il est aussi important de donner très tôt un visage à la future monnaie unique. Ainsi, les autorités régionales devraient-elles, dès 2017, prendre les décisions relatives à l'appellation et à la conception des billets et pièces de la future monnaie unique, ainsi que les dispositions pratiques pour la production de ces billets et pièces.

La Banque centrale de la CEDEAO

Si la future Banque centrale de la CEDEAO doit démarrer ses activités dès le 1er janvier 2020, comme il est envisagé dans l'actuelle feuille de route, il est important que plusieurs sujets qui vont conditionner son bon fonctionnement soient débattues et tranchés assez tôt, de préférence avant 2017, pour donner plus de visibilité aux parties prenantes. Parmi ces sujets, l'on peut citer le choix du pays et de la ville qui abriteront le siège de la future Banque centrale, le mode de désignation de ses dirigeants et son système de gouvernance en général. Nous avons évoqué ci-dessus les questions liées à la politique monétaire unique.

Renforcer les capacités de gestion de la monnaie unique

Comme nous l'avons longuement expliqué ci-dessus, la monnaie unique n'offrira qu'une opportunité, celle de mieux mettre l'instrument monétaire au service des économies ouest-africaines. Exploiter réellement cette opportunité demandera de disposer des capacités techniques suffisantes en matière de gestion monétaire. La mutualisation des moyens revêt un caractère important dans cette perspective. Les projets en cours de renforcement des systèmes et moyens de paiements contribueront également à asseoir les infrastructures pour la gestion de la monnaie unique. Le renforcement des capacités humaines, notamment pour l'élaboration et la mise en œuvre d'une stratégie de politique monétaire appropriée dans le cadre de la monnaie unique, la prise en charge des questions liées au suivi des conglomérats financiers et des flux transfrontaliers ainsi que des marchés monétaires et financiers internationaux, constitue aussi une question essentielle à adresser dans le processus de lancement de la monnaie unique.

L'implication des acteurs économiques, des parties prenantes et des peuples

Il est aussi important que des actions soient dores et déjà menées pour susciter l'adhésion des peuples ouest-africains à cet important projet. Le tableau ci-dessous résume nos recommandations pour une feuille de route plus efficace et recentrée sur les activités du chemin critique.

Tableau 9 : Propositions pour une feuille de route pour l'instauration de la monnaie unique de la CEDEAO en 2020

Domaines	Description de l'activité	Échéance	Parties responsables Leader/Contributeurs)	Statut dans la feuille de route actuelle de la CEDEAO
Politique monétaire	• Finalisation et adoption par les organes compétents du cadre stratégique de la politique monétaire unique de la Banque centrale de l'Afrique de l'Ouest (BCAO)	Fin 2016	AMAO /Banques centrales nationales	Repris dans la feuille de route
	• Formation du personnel de l'Institut monétaire de la CEDEAO, des banques centrales nationales et des autres parties intéressées sur la mise en œuvre du cadre stratégique de la politique monétaire unique	2017-2019	AMAO et IMC /Banques centrales nationales	N'existe pas dans la feuille de route
Politique de change	• Finalisation et adoption par les organes compétents du cadre stratégique de la politique de change unique de la BCAO	juin 2017	AMAO et IMC /Banques centrales nationales	N'existent pas dans la feuille de route
	• Formation du personnel de l'IMC, de la BCAO et des banques centrales nationales sur la mise en œuvre du cadre stratégique de la politique de change unique	2017-2019		
Arrangements institutionnels	• Ratifications par les pays membres d'un amendement instituant la monnaie unique au Traité créant la CEDEAO	juin 2017	Commission CEDEAO /AMAO	Mise en place prévue en janvier 2018
	• Création et opérationnalisation de l'Institut monétaire de la CEDEAO	janvier 2017	Commission CEDEAO/AMAO, IMAO	Non spécifié dans la feuille de route
	• Finalisation d'une étude sur le cadre institutionnel et le modèle de gouvernance de la BCAO	juin 2017	AMAO/Commission CEDEAO	Non spécifié dans la feuille de route
	• Accord sur le modèle de gouvernance de la BCAO	décembre 2017	Commission CEDEAO	Non spécifié dans la feuille de route
	• Désignation des responsables des organes de direction de la BCAO	juin 2018	Commission CEDEAO	Non spécifié dans la feuille
		décem		

Domaines	Description de l'activité	Échéance	Parties responsables Leader/Contributeurs)	Statut dans la feuille de route actuelle de la CEDEAO
	• Recrutement du personnel de la BCAO	bre 2018	IMC	de route
Aspects logistiques	• Choix du pays devant abriter le siège de la BCAO • Identification et opérationnalisation des locaux de la BCAO • Finalisation de la conception des billets et pièces de la monnaie unique et des dispositions pratiques pour leur fabrication	décembre 2016 décembre 2018 décembre 2018	Commission CEDEAO/AMAO Commission CEDEAO/IMC IMC	N'existent pas dans la feuille de route
Statistiques	• Définition et adoption du cadre harmonisé des statistiques • Formation des parties prenantes sur la mise en œuvre du cadre harmonisé des statistiques	décembre 2016 À partir de janvier 2017	AMAO AMAO/IMAO	Existe N'existe pas dans la feuille de route
Supervision bancaire	• La définition d'un cadre de supervision bancaire unifiée qui serait confiée à une institution supranationale, notamment le BCAO	À partir de janvier 2019	AMAO, IMC et BCAO /Banques centrales nationales, autorités de supervision nationales	N'existe pas
Convergence macroéconomique	• Poursuivre la surveillance multilatérale en vue d'assurer la convergence	Continue	AMAO, IMC et BCAO /Banques centrales nationales, ministères des Finances et autres parties concernées	Existe
Autres domaines	• Libéralisation du compte courant et du capital, facilitation des échanges, marchés financiers, systèmes de paiement, etc.	Continue	AMAO, IMC et BCAO /Banques centrales nationales, ministères des Finances et autres parties concernées	Existe

Conclusion du Chapitre XII

Nous avons, dans ce chapitre, examiné la feuille de route adoptée par les responsables ouest-africains pour mener à l'introduction de la monnaie unique en 2020. Le but de cet examen était de faire des propositions visant à améliorer cette feuille de route afin qu'elle soit plus efficace. Cet examen nous a conduits à faire un certain nombre de suggestions, notamment la nécessité d'un recentrage de la feuille de route sur les activités critiques qui doivent absolument être réalisées pour que la monnaie unique puisse voir le jour en 2020 comme prévu. Nous avons aussi distingué les activités que nous avons qualifiées d'activités d'accompagnement qui, elles, visent à créer un environnement favorable à la bonne marche de la monnaie après son lancement.

Conclusion de la cinquième partie

Dans cette cinquième partie, nous avons tenté d'apporter une réponse à l'importante question de savoir quand instaurer la monnaie unique dans la CEDEAO. Au-delà de toutes les analyses qui peuvent être faites c'est, nous semble-t-il, la question qui intéresse plus les parties prenantes. À cette importante question, nous avons, dans un premier temps, répondu que les progrès déjà réalisés en matière de convergence et les perspectives, sont suffisants pour une introduction de la monnaie unique en 2020. Nous avons ensuite fait des propositions visant à renforcer la feuille de route pour l'instauration de la monnaie unique en 2020.

SIXIEME PARTIE

ECONOMIE POLITIQUE DU PROJET DE MONNAIE UNIQUE DE LA CEDEAO

Nous avons tout au long des chapitres précédents tenté de démontrer la rationalité économique d'une monnaie unique pour l'espace CEDEAO. Nous avons dans ce cadre montré les possibilités d'une politique monétaire supérieure que cette monnaie unique offrirait aux pays de cette région individuellement et collectivement. Pour que ce projet se concrétise, et que cette monnaie unique soit créée et devienne réalité, il en faut plus que la seule rationalité économique. En effet, il ne fait aucun doute que ce projet de monnaie unique de la CEDEAO est aussi un projet éminemment politique, qui soulève des problèmes d'économie politique d'une extrême complexité. Les principales parties prenantes doivent donc s'approprier ce projet pour qu'il réussisse. Il nous faut donc faire une analyse approfondie de l'économie politique de cette monnaie unique. Comment les principaux acteurs, tant nationaux dans les pays concernés (Chapitres XIII), qu'internationaux (Chapitre XIV) voient-ils leurs intérêts dans un tel projet ?

Chapitre XIII

Le rôle des acteurs nationaux et régionaux

Introduction

La monnaie étant l'un des attributs fondamentaux de la souveraineté des États, les décisions de l'ordre d'importance de l'introduction d'une monnaie unique commune à plusieurs États ne répondent pas seulement aux impératifs de la politique économique, ils répondent aussi aux impératifs d'économie politique. La monnaie unique de la CEDEAO n'échappe pas à cette règle. En effet, bien qu'elle soit une décision économique éminemment rationnelle comme nous l'avons démontré tout au long du présent ouvrage, la création d'une monnaie unique de la CEDEAO est aussi une décision qui soulève des questions d'économie politique d'une extrême complexité. Ces questions se situent d'abord au niveau des pays d'Afrique de l'Ouest. Examinons successivement le rôle des populations ouest-africaines, des élites au pouvoir dans les pays et des puissances régionales.

Les populations ouest-africaines

Le projet de création d'une monnaie unique de la CEDEAO est une initiative politique conforme à l'intérêt des peuples de cette partie de l'Afrique. La question de la monnaie unique ne devrait pas être limitée au cercle des élites politico-économiques. Il est important qu'à quelques années de la date de lancement de cette monnaie unique que les populations soient largement informées sur les enjeux de ce projet afin de recueillir leur pleine adhésion. Cela est nécessaire pour asseoir les choix politiques liés à l'introduction de la monnaie unique sur une adhésion populaire, car cette monnaie unique impliquera inévitablement des changements et des adaptations dans la vie des populations.

L'idéal eut été de disposer des résultats d'une consultation populaire ou d'une enquête d'opinion sur la monnaie unique de la CEDEAO. Malheureusement, l'usage de ce type d'outil n'est pas encore assez répandu dans les pays de la région, si bien qu'il devient assez difficile de se faire une idée précise de ce que pensent véritablement les peuples d'Afrique de l'Ouest sur la question de la disparition des huit monnaies nationales qui coexistent actuellement dans l'espace CEDEAO et leur remplacement par une monnaie unique. Les populations des pays membres de l'UEMOA sont-elles favorables au remplacement du franc CFA par une monnaie unique régionale émise au niveau de la CEDEAO ? Est-ce que les Cap-verdiens, les Gambiens, les Ghanéens, les Guinéens, les Nigérians, les Libériens et les Sierra-léonais sont favorables au remplacement de leur monnaie nationale respective par une monnaie unique commune à l'espace CEDEAO ? Dans les sociétés démocratiques où l'opinion publique compte, il existe en général des outils qui permettent à tout moment de connaitre l'opinion publique sur les questions d'intérêt national. Mais ce n'est pas le cas dans la plupart des pays de la CEDEAO où la pratique de la démocratie est encore à ses débuts et les capacités pour réellement appréhender et suivre les évolutions de l'opinion sont encore faibles. Nous n'avons pas connaissance d'une enquête ou d'un sondage d'opinion dans les pays de la CEDEAO sur la question de la monnaie unique. En dépit de cela, notre connaissance des sociétés africaines nous enseigne que la monnaie unique, qui va dans le sens de l'union des peuples, rencontrerait certainement un écho favorable au sein des populations de la CEDEAO, si elles y sont bien sensibilisées.

Les élites au pouvoir

L'idée de créer une monnaie commune pour l'ensemble des pays membres de la CEDEAO a été émise dès 1983, lors d'une conférence des chefs d'État et de gouvernement tenue à Conakry, en Guinée. À partir de 1987, elle fut matérialisée par la mise en place du programme de coopération monétaire de la CEDEAO (PCMC), destiné à réaliser l'objectif précité à l'horizon 1994, porté ensuite à l'an 2000. Pour conduire le PCMC, l'Agence monétaire de l'Afrique de l'Ouest

(AMAO) a été créée en 1996, en remplacement de la Chambre de compensation de l'Afrique de l'Ouest[120].

On peut affirmer qu'une certaine volonté politique d'introduire une monnaie unique en Afrique de l'Ouest existe et a été maintes fois réaffirmée, y compris au plus haut niveau des États. Mme Ngozi Okonjo-Iweala, alors ministre nigériane en charge de la coordination des affaires économiques et des finances, reconnaissait d'ailleurs que la volonté politique, essentielle pour l'atteinte des objectifs d'intégration monétaire, est bien là, même si le rythme des réformes à mener doit encore être accéléré au niveau des pays membres[121]. La création d'un groupe de travail présidentiel pour suivre de près le processus de création de la monnaie unique, dirigée par les chefs d'État ghanéen, nigérien et ivoirien et incluant le comité des gouverneurs des banques centrales, est aussi une illustration de cette volonté politique. L'intérêt de la monnaie unique semble donc compris en Afrique de l'Ouest et la volonté politique est affirmée. Il reste à transformer cette volonté par l'accélération de la mise en œuvre des réformes devant conduire à cet objectif.

En ce qui concerne les élites au pouvoir, et la classe politique en général, l'appréciation de leur appropriation effective est rendue difficile par les signaux contradictoires qu'elles donnent par rapport à ce projet. D'abord, il y a le décalage que l'on peut observer entre les progrès, quoi qu'encore lents, notés dans les actions des instances régionales sur cette question et le peu de transposition de ces progrès dans les débats nationaux au niveau de chaque pays. Ce que nous voulons dire, c'est que la question de la monnaie unique de la CEDEAO n'est pas suffisamment présente dans le peu de débats politiques et économiques qui ont lieu au niveau national dans les différents pays. L'on note aussi que peu de partis politiques dans la région semblent accorder à cette question une place de choix dans leurs programmes de gouvernement lors des consultations électorales, comme cela aurait été le cas si ces partis politiques s'étaient véritablement approprié cette question. L'on peut se poser la question de savoir si cela traduit une question de capacités insuffisantes des partis politiques à élaborer des programmes qui présentent de façon

[120] Cette chambre avait été créée en 1975 pour servir de facilité multilatérale de paiements dans le cadre de la promotion des échanges au sein de l'Afrique de l'Ouest.

[121] Source : *AMAO News*, 6 juillet 2013.

visible leurs préoccupations réelles ou bien s'il s'agit d'un réel problème d'appropriation insuffisante de cet important projet ? Quoi qu'il en soit, les autorités dirigeantes de la région semblent démontrer une certaine volonté d'avancer sur ce projet. En témoignent les progrès déjà accomplis dans la préparation de ce projet (plusieurs décisions des chefs d'État et de gouvernement réaffirmant l'objectif d'introduire la monnaie unique, préparatifs institutionnels à un stade déjà avancé, etc…). On dirait même que tout est assez avancé sur le plan technique et qu'il ne manque qu'un accord final pour que commence le compte à rebours de l'étape finale de l'introduction de la monnaie unique. En dépit de ces avancées, certains observateurs estiment que les élites au pouvoir dans ces pays ont souvent plus brillé par un certain immobilisme quand il s'est agît des décisions majeures que par leur capacité d'action[122].

Les parlements nationaux et communautaires devront également être régulièrement informés du processus afin qu'ils servent aussi de relais aux populations et facilitent l'adoption des cadres légaux et institutionnels liés à la monnaie unique. Il n'est pas certain que la monnaie unique de la CEDEAO ait fait l'objet de débats dans les parlements nationaux ou dans les parlements communautaires (il existe des instances parlementaires au niveau de la CEDEAO et de l'UEMOA) comme l'on aurait souhaité.

Les puissances régionales

Par leur poids économique et politique, les pays comme le Nigéria, la Côte d'Ivoire, le Ghana, la Guinée et le Sénégal devront jouer un rôle important dans l'appropriation du projet. Bien entendu, nous ne sous-estimons pas le rôle des autres pays de la CEDEAO qui est également important. Mais nous pensons qu'à l'instar de l'Allemagne et de la France qui ont joué un rôle de locomotive dans la création de l'euro, il est nécessaire que ces premières puissances économiques de la CEDEAO puissent assumer un rôle de leadership et trouver les synergies pour accélérer la mise en place de cette union monétaire de la CEDEAO.

Le Nigéria, de loin la première puissance de l'Afrique de l'Ouest et le plus grand marché, doit assumer un rôle de catalyseur dans le

[122] Voir, par exemple, Derreumaux, P (2016) « Non, le franc CFA n'est pas responsable de l'immobilisme de l'Afrique francophone », *Le Monde Afrique*, 30 septembre 2016.

processus de mise en place de l'Union monétaire. La monnaie unique peut être une aubaine pour renforcer la dynamique déjà notée de l'expansion du secteur privé nigérian dans les pays de l'Afrique de l'Ouest (banques, cimenteries, etc.) et le développement de chaines de valeurs régionales, en particulier dans l'agro-industrie. Cela requiert du Nigéria une plus grande ouverture de son marché aux exportations régionales, mais surtout un changement de perspective en considérant les pays voisins comme des partenaires et non comme de simples clients[123].

Dans leur ensemble, les pays membres de l'UEMOA, qui ont pendant plus de soixante ans acquis une expérience en matière de gestion commune d'une monnaie unique, ont également un rôle majeur à jouer dans la structuration de l'Union monétaire de la CEDEAO. Ils devront voir à travers cette union monétaire une opportunité d'élargir leur espace économique et financier à l'Afrique de l'Ouest toute entière, tout en préservant leur stabilité macroéconomique acquise en partie grâce à leur appartenance à une union monétaire et en partageant leur expérience avec le reste de l'Afrique de l'Ouest. La taille économique et politique de l'UEMOA n'est pas aujourd'hui suffisante pour lui permettre de résoudre seule les problèmes monétaires auxquels ses pays membres sont confrontés individuellement et collectivement, en se projetant dans le dialogue monétaire international, comme pourrait le faire la CEDEAO.

Faut-il craindre une domination du Nigéria dans la future union monétaire ?

Le spectre de la domination du Nigéria a souvent été présenté comme un élément à mettre au passif de la future union monétaire, et donc pour décourager les autres pays ouest-africains de participer à cet important projet. La politique monétaire de la future union et le taux de change de la future monnaie, seront déterminés par le cours du pétrole, entend-on souvent dire. Ces points de vue ne sont pas fondés. En effet, les exportations de la future union et donc les recettes en devises de la future union seront certainement plus diversifiées que ne

[123] Banque africaine de développement (2014), *Rapport combiné de revue à mi-parcours du document de stratégie d'intégration régionale pour l'Afrique de l'Ouest 2011-2015 et de revue de la performance du portefeuille régional*.

le sont celles des pays membres de la CEDEAO pris individuellement. Par ailleurs, dans la mesure où la future Banque centrale ne financera pas les budgets publics nationaux des pays membres, ses financements seront essentiellement déterminés par les performances économiques des pays. Aucun pays n'aura donc un accès privilégié aux financements de la Banque centrale. En conséquence aucun pays ne dominera véritablement la future union monétaire.

Conclusion du Chapitre XIII

En conclusion de ce chapitre, l'on peut dire que le premier moteur de la réalisation concrète du projet de monnaie unique ouest-africaine se trouve dans l'appropriation effective de ce projet par les acteurs nationaux et régionaux que sont les peuples dans toutes leurs composantes et les élites au pouvoir dans les pays. Nous allons examiner le rôle des acteurs internationaux dans le chapitre suivant.

Chapitre XIV

Le rôle des acteurs internationaux

Introduction

Compte tenu de leur intérêt potentiel à la fois dans ce projet et dans l'économie politique de l'Afrique de l'Ouest, nous allons, dans ce Chapitre XIV, analyser la création de la monnaie unique de la CEDEAO du point de vue des principaux acteurs internationaux concernés, notamment le Fonds monétaire international, l'Union africaine, l'Union européenne et les principaux partenaires bilatéraux de la région, notamment la France, les autres pays africains membres de la zone franc, la Chine, les BRICS.

Vis-à-vis du reste du monde, les implications d'économique politique devront aussi faire l'objet d'une attention particulière. En effet, dans la mesure où elle est mise en œuvre, la monnaie unique ouest-africaine devra remplacer toutes les monnaies actuellement en vigueur dans cette partie du continent, y compris le franc CFA, une monnaie actuellement rattachée à l'euro en vertu d'un accord conclu entre les pays qui l'utilisent et la France, il va de soi que les considérations d'économie politique impliquant notamment la France acquièrent une importance considérable.

Le Fonds monétaire international

Le FMI est l'organisme chargé de promouvoir la coopération monétaire internationale en vue de promouvoir la stabilité du système monétaire international. Un événement comme la création d'une monnaie unique entre plusieurs pays qui, jusque-là, disposent chacun de sa monnaie devrait le concerner en premier chef. Et ceci, en dépit du fait que la création d'une monnaie unique pour l'espace CEDEAO ne devrait pas avoir d'impact significatif sur le système monétaire international. En effet, en dépit du fait qu'elle serait une monnaie pour quinze pays, y compris le Nigéria, première puissance économique du continent africain par la taille de son PIB, il n'y a pas, dans un avenir proche, de perspective que cette monnaie unique joue un rôle international, ni en tant que moyen de paiement, ni en tant qu'unité de compte, ni en tant qu'instrument de réserve de valeur. Cette monnaie unique devrait en outre contribuer à résoudre les problèmes monétaires, à promouvoir les échanges et la croissance économique au sein de l'espace CEDEAO, ce qui serait une bonne chose pour l'économie mondiale aussi. L'on peut donc s'attendre à ce que le FMI n'ait pas d'objection particulière à la naissance de cette monnaie. Après tout, si le FMI a accepté la création de l'euro, une monnaie qui était potentiellement significative pour le système monétaire international et qui l'est, il n'y a pas de raison que ce soit différent pour la création de la monnaie unique de l'Afrique de l'Ouest.

L'Union africaine

L'Union africaine est aujourd'hui un acteur majeur de la construction économique et politique du continent. Un projet comme celui-ci pourrait donc retenir son attention. L'UA devrait être favorable à la création de la monnaie unique de l'espace CEDEAO au moins pour la simple raison que cette monnaie se situe sur la trajectoire vers la création de la monnaie unique et de la Banque centrale africaine, qu'elle a elle-même mis en place. En effet, selon plusieurs décisions des chefs d'État et de gouvernements de l'UA, le continent africain doit se doter de la monnaie unique africaine et de la banque centrale africaine en 2034. L'une des étapes intermédiaires vers cet objectif est la création d'une monnaie unique par chacune des 5 sous-régions du continent (Nord, Est, Ouest, Sud, Centre). Parmi ces cinq projets de monnaie unique, celui de la CEDEAO apparait comme le plus avancé. Ce projet devrait donc logiquement recevoir la bénédiction et le soutien appuyé de l'UA.

La France

La France est probablement le pays hors de l'Afrique de l'Ouest qui est le plus concerné par ce projet de monnaie unique de la CEDEAO. Huit des quinze pays de la CEDEAO sont déjà dans une coopération monétaire très structurée avec la France dans le cadre de la zone franc (voir Encadré 3). Cette zone franc est elle-même composée de trois grands blocs, les huit pays d'Afrique de l'ouest, les

6 pays d'Afrique centrale et les Comores. Les huit pays d'Afrique de l'Ouest devront nécessairement quitter la zone franc s'ils participent à la monnaie unique de l'Afrique de l'Ouest. Cette évolution aura certainement des conséquences sur l'avenir de cette zone franc. Comment la France verrait-elle une telle évolution ? Comment la zone franc peut-elle être structurée sans les huit pays d'Afrique de l'Ouest ? Quels sont les scénarii possibles d'une telle structuration ? Telles sont quelques-unes des questions politiques clés que pose la création de la monnaie unique ouest-africaine et auxquelles les dirigeants ouest-africains doivent trouver des réponses acceptables par tous s'ils veulent vraiment faire avancer ce projet.

Encadré 3 : La zone franc en quelques mots

La création de la zone franc remonte en 1939, lorsque la France décida en lien avec la déclaration de guerre, un strict contrôle des changes et l'inconvertibilité du franc à l'extérieur d'un espace géographique qui inclut la France métropolitaine, ses départements d'outre-mer et ses colonies africaines et asiatiques. Mais elle a commencé à se structurer dans sa forme actuelle au lendemain des indépendances. En effet, entre 1954 et 1962, l'accession à l'indépendance des territoires placés jusqu'alors sous la tutelle de la France ne provoque pas l'éclatement de la zone, mais elle en transforme profondément sa nature.

Les jeunes États indépendants choisissent, pour la plupart, de rester dans la zone franc et pour ceux d'Afrique de l'Ouest et d'Afrique centrale, de conserver entre eux une union monétaire, respectivement l'Union monétaire ouest-africaine (UMOA) et l'Union monétaire de l'Afrique centrale (UMAC). La France reconnait aux deux unions monétaires le droit d'émettre leur propre monnaie, le franc de la Communauté financière africaine (XOF) et le franc de la coopération financière en Afrique centrale (XAF) et de disposer de leur institut d'émission : la Banque centrale des États de l'Afrique de l'Ouest (BCEAO) et la Banque centrale des États de l'Afrique centrale (BEAC). Au cours des années soixante-dix, la volonté des États membres d'étendre leur souveraineté a conduit à l' « africanisation » des banques centrales avec le transfert des sièges respectivement à Dakar (Sénégal) et à Yaoundé (Cameroun) et leur gestion par les ressortissants des pays membres. La présence française est fortement réduite dans les banques centrales mais elle continue d'être représentée au sein des conseils d'administration de la BCEAO et de la BEAC. L'accession des Comores à l'indépendance en 1976 s'accompagne de l'entrée des Comores dans la zone franc, avec la création d'un franc comorien (FC) ayant la même parité fixe vis-à-vis du franc que les francs CFA.

Les principes fondateurs sur lesquels repose la zone franc sont au nombre de trois :

**La fixité des parités avec la monnaie ancre* : la parité des monnaies de la zone avec l'euro est fixée comme suit : 1 EUR = 655,957 francs CFA ; 1 EUR = 491,96775 FC

• *La garantie de convertibilité illimitée par le Trésor français : la convertibilité des monnaies émises par les trois instituts d'émission de la zone franc est garantie sans limite par le Trésor français* ; en contrepartie, les réserves de change sont centralisées. Cette centralisation apparaît à deux niveaux : d'une part, les États centralisent leurs réserves de change auprès de leur banque centrale. D'autre part, les banques centrales sont tenues de déposer une fraction de leurs réserves de change auprès du Trésor français, sur un compte d'opérations ouvert au nom de chacune d'elles.

• *La libre transférabilité :* les transferts sont, en principe, libres à l'intérieur de la zone.

La mise en œuvre des mécanismes de la zone franc est rendue possible par un mécanisme particulier, « les comptes d'opérations ». Les comptes d'opérations sont des comptes à vue, ouverts auprès du Trésor français, au nom de chacun des trois instituts d'émission : la BCEAO, la BEAC et la Banque centrale des Comores. Ces comptes sont rémunérés et offrent la possibilité d'un découvert illimité, donnant lieu à paiement d'intérêts en cas de position débitrice. Le solde créditeur du compte d'opérations est rémunéré au taux de la facilité de prêt marginal de la Banque centrale européenne (BCE), pour la fraction (50 %) des avoirs en devises des banques centrales devant être déposée sur le Compte d'opérations et au taux minimum des opérations principales de refinancement de la BCE pour les avoirs placés auprès du Trésor français au-delà du taux conventionnel de centralisation. Si les banques centrales peuvent recourir sans limitation aux avances du Trésor français, cette faculté doit, dans l'esprit des textes, revêtir un caractère exceptionnel. Pour éviter que les comptes d'opérations ne deviennent durablement débiteurs, un dispositif d'alerte existe et diverses mesures préventives sont prises par les Banque centrales.

Source : Banque de France, *Note d'information sur la Zone franc*, août 2015 (https://www.banque-france.fr/fileadmin/user_upload/banque_de_france/publications/Note%20dinformation/NI_ZF_08_2015.pdf)

Certes les pays africains de la zone tirent des avantages de cette coopération monétaire avec la France[124]. Mais il est tout aussi évident que la zone franc et les arrangements institutionnels qui gouvernent son fonctionnement procurent à la France des avantages économiques et politiques considérables. Les interactions entre la monnaie et la politique, analysées dans la théorie des cycles politiques bien connue en sciences économiques font que les accords de coopération monétaire et la présence française dans les organes de décisions des banques centrales des pays de la zone franc lui donnent certainement un levier d'action politique dans ces pays. L'on peut donc s'attendre à ce que, a priori, la France souhaite réfléchir deux fois avant de donner sa « caution » définitive à la création de la monnaie unique ouest-africaine, surtout si cela doit passer par la fin de la zone franc. Indépendamment même de la monnaie unique ouest-africaine, la zone franc a depuis longtemps été au cœur d'incompréhensions réciproques entre la France et une certaine opinion publique africaine. Ce débat est d'ailleurs réapparu récemment. Réagissant d'ailleurs à ce débat lors d'une récente réunion des ministres des Finances de la zone franc, Michel Sapin, ministre de l'Économie et des Finances français, avait affirmé que la zone franc n'était pas une zone figée, qu'elle n'était pas une zone historique et souhaité que les propositions de réformes soient

[124] En particulier, le compte d'opérations leur assure une rémunération stable à l'abri des soubresauts et des incertitudes sur des marchés financiers. D'ailleurs les banques centrales (BCEAO et BEAC) placent généralement plus que les 50 % convenus de leurs réserves extérieures dans les comptes d'opérations.

mises sur la table des discussions. Nous pensons que la France est aujourd'hui préparée à une évolution significative de la zone franc. Il appartient donc aux responsables africains d'articuler leurs projets de réformes. La création de la monnaie unique ouest-africaine en 2020 pourrait offrir l'opportunité de réformes bénéfiques pour tous. Après la création de la monnaie unique de la CEDEAO, la zone franc serait alors désormais constituée des pays de la Communauté économique et monétaire de l'Afrique centrale jusqu'à ce que ceux-ci avancent eux aussi dans la création de leur monnaie unique. En tous les cas, la France a été elle-même l'un des principaux moteurs de la création d'une monnaie unique dont elle est membre, l'euro. Il n'y a donc aucune raison qu'elle n'appuie pas le projet de création par d'autres pays d'une monnaie unique.

Les autres pays africains membres de la zone franc

Les autres pays africains membres de la zone franc, notamment les pays réunis au sein de la Communauté économique et monétaire de l'Afrique centrale (CEMAC) pourraient eux aussi revendiquer un droit de regard sur l'évolution monétaire en Afrique de l'Ouest que nous préconisons dans cet ouvrage. Est-ce que les intérêts des pays membres de la CEMAC seraient toujours préservés si la zone franc ne comprenait plus que ses pays membres d'Afrique centrale (les pays membres de la CEMAC) et les Comores ? Est-ce qu'un renforcement des liens entre la zone franc Afrique de l'Ouest et la zone franc Afrique centrale au point d'en faire une véritable union monétaire regroupant ces deux zones géographiques serait préférable au départ de la zone franc des pays d'Afrique de l'Ouest membres de cette zone pour former une union monétaire avec les autres pays d'Afrique de l'Ouest au sein de la CEDEAO ? Une telle évolution serait-elle dans l'intérêt des pays membres de l'UEMOA ? Serait-elle dans l'intérêt des pays membres de la CEMAC ? Telles sont quelques-unes des questions que l'on entend souvent venant de cette partie de l'Afrique.

Les interrogations ci-dessus sont pertinentes et constituent l'un des enjeux importants de la monnaie unique de la CEDEAO. Cet enjeu est d'autant plus important que les autorités de la BCEAO et de la BEAC ont récemment annoncé une initiative visant à renforcer les liens monétaires entre la zone franc Afrique de l'Ouest et la zone franc Afrique centrale. Ainsi, les deux banques centrales travaillent-elles sur un projet d'interchangeabilité des billets émis par les deux institutions[125]. Si ce projet avance, son aboutissement logique serait une union monétaire et une monnaie unique pour toute la zone franc Afrique centrale et Afrique de l'Ouest, puisqu'il n'y aurait pas de justification à garder deux monnaies si elles sont parfaitement interchangeables. Une monnaie unique pour toute la zone franc devrait aussi impliquer une seule banque centrale, et probablement aussi l'unification de toutes les autres structures intervenant dans la gestion monétaire dans ces deux zones respectives.

Revenons aux questions que nous avons posées ci-dessus. Nous pensons que le projet de monnaie unique de la CEDEAO doit être mené à son terme pour au moins quatre raisons. Premièrement, les progrès tant sur le plan institutionnel que technique pour l'introduction de la monnaie unique sont tellement plus avancés en Afrique de l'Ouest que retarder, voire remettre en cause, l'introduction de la monnaie unique de la CEDEAO, pour attendre une éventuelle union monétaire entre l'UEMOA et la CEMAC ne ferait pas justice aux efforts constants déployés par l'Afrique de l'Ouest depuis maintenant plusieurs décennies en vue d'introduire sa monnaie unique.

Deuxièmement, les pays membres de la BCEAO peuvent rejoindre la future Banque centrale de l'Afrique de l'Ouest sans aucun préjudice pour la BEAC. En effet, ce n'est pas le même franc CFA qui circule dans l'espace BCEAO et dans l'espace CEMAC, même si ces deux zones font partie de la zone franc. Le franc CFA Afrique de l'Ouest est différent du franc CFA Afrique centrale et il n'existe, pour le moment, aucun lien organique entre la politique monétaire de la Banque centrale des États de l'Afrique de l'Ouest (BCEAO) et la politique monétaire de la Banque centrale des États de l'Afrique centrale (BEAC). En dépit de l'initiative récente de la BEAC et de la BECEAO que nous avons évoquée ci-dessus, il nous semble qu'il y a encore une distance entre la situation actuelle et notre analyse de l'aboutissement logique de cette initiative qui serait une union monétaire entre la CEMAC et l'UEMOA.

---

[125] Voir Agence Ecofin (2016), « Les francs CFA d'Afrique de l'Ouest et du Centre seront "bientôt" interchangeables ». Disponible sur le site : http://www.agenceecofin.com/gestion-publique/1104-37265-les-francs-cfa-d-afrique-de-l-ouest-et-du-centre-seront-bientot-interchangeables#comments. Extrait le 24 mai 2016.

Troisièmement, le schéma d'intégration monétaire de l'Afrique adopté par les chefs d'États et de gouvernement de l'Union africaine prévoit l'intégration monétaire au sein des cinq grandes communautés économiques régionales du continent, y compris une union monétaire en Afrique centrale et une union monétaire en Afrique de l'Ouest. Enfin, et peut-être le plus important, les gains économiques qui découleront de l'union monétaire de la CEDEAO seront, du point de vue des pays membres de la BCEAO, de la CEDEAO et même de l'Afrique, beaucoup plus importants que ceux qui pourraient découler d'une union monétaire entre la BEAC et la BCEAO. En effet, si l'on considère seulement un aspect de ces gains, celui relatif à la suppression des coûts de transaction monétaires, une union monétaire qui inclurait le Nigéria, la première puissance économique du continent, procurerait, pour les pays membres de l'UEMOA, des gains en termes de réduction des coûts de transaction qui seraient de loin supérieurs à ceux qui pourraient découler d'une union monétaire avec les pays membres de la CEMAC. Lorsqu'on examine la structure des échanges des pays de l'UEMOA, l'on se rend compte qu'ils échangent de loin beaucoup plus avec les autres pays de la CEDEAO qu'avec les pays membres de la CEMAC.

En conclusion sur ce point, nous pouvons dire qu'il serait souhaitable que le processus d'union monétaire au sein de la CEDEAO soit mené jusqu'à son terme et que, parallèlement, les pays de la CEMAC recherchent une union monétaire plus large au sein de la Communauté économique des États de l'Afrique centrale (CEEAC). L'Union monétaire figure d'ailleurs parmi les objectifs de la CEEAC même si, à ce jour, peu de progrès ont été réalisés vers cet objectif.

Les autres acteurs possibles (L'Union européenne, la Chine, la Russie, les États-Unis, le groupe des pays BRICS)

Même si, a priori, la création de la monnaie unique ouest-africaine pourrait sembler loin de leurs préoccupations, une analyse plus rigoureuse peut montrer que les grands ensembles comme la Chine, les États-Unis, ou encore le groupe des pays BRICS ne se tiendront pas forcément à l'écart de ce projet. En effet, l'Afrique est aujourd'hui un enjeu important pour ces ensembles. Il nous semble donc important de dire un mot sur les positions probables de ces pays ou ensembles de pays par rapport à un tel projet.

En principe, l'Union européenne[126] et les États-Unis devraient s'aligner sur la position de la France. Nous pensons que la Chine et le groupe des pays BRICS appuieront le projet au moins parce que, de leur point de vue, cela contribuerait à une plus grande ouverture économique et politique de la région. En tous les cas, l'Union européenne a elle-même créé une monnaie unique pour ses pays membres. Il n'y a donc pas de raison qu'elle n'appuie pas le projet de création d'une monnaie par d'autres pays.

Les autres partenaires techniques et financiers

L'appui des autres partenaires techniques et financiers, y compris la Banque africaine de développement, est important pour aider les pays à poursuivre les réformes économiques et accompagner les institutions sous-régionales dans la mise en œuvre des étapes de la création de la monnaie unique.

La Banque africaine de développement devrait appuyer le projet de création de la monnaie unique de la CEDEAO. En effet, la promotion de l'intégration régionale en Afrique figure en bonne place dans les cinq Hautes priorités que les nouvelles hautes autorités de cette institution ont indiquées vouloir mettre au cœur de leur action en faveur du développement du continent. Ce choix réaffirme une orientation déjà présente dans la stratégie décennale 2013-2022, ainsi que dans l'accord portant création de cette institution. Déjà la Banque africaine de développement appuie le projet de modernisation des systèmes de paiements dans la zone monétaire de l'Afrique de l'Ouest et dans l'Union monétaire ouest-africaine qui, une fois achevé, devrait

---

[126] Bien que cela ne soit pas souvent évoqué dans les débats publics dans lesquels la zone franc continue à être présentée comme un arrangement entre les pays africains concernés et la France seulement, il semblerait que des changements introduits au moment du passage à l'euro fassent de l'Union européenne un partenaire institutionnel à part entière de la zone franc. Ainsi, la décision du Conseil européen autorisant la France à substituer l'euro au franc français dans les arrangements de la zone franc, demande à la France d'obtenir au préalable l'Accord du Conseil européen avant tout changement aux arrangements de la zone franc, après avis des autres institutions compétentes, y compris la Banque centrale européenne. Source : Standard Bank (2015), « CFA franc : devaluation or disbandment ? Neither is imminent or even likely», *Africa Flash Note*, 23 October 2015, available at: https://research.standardbank.com/Report?YYY2162_FISRqWkWXsgaeao4Fj1dFdZ7WU5ZAQMlFTi1GBw0PyNu3ogI52y9PLkEv8qfWjHx/xoiITm+eZwLtdOmTXH69g==&a=-1. Extrait le 23 octobre 2015.

contribuer à une mise en œuvre plus efficiente de la politique monétaire unique.

Quant à la Banque mondiale, l'autre institution financière internationale dont les politiques ont une influence considérable sur les politiques des pays en développement en général, elle est aussi généralement favorable aux projets d'intégration économique régionale lorsqu'ils contribuent à la croissance économique et à la réduction de la pauvreté, comme devrait le faire la monnaie unique de la CEDEAO.

Le soutien des partenaires techniques et financiers à la création de la monnaie unique en Afrique pourra se poursuivre à travers les appuis à l'assainissement des finances publiques et à la gestion de la dette. En effet, sans que cela ne puisse être une condition nécessaire au lancement de l'union monétaire comme nous l'avons déjà démontré, le renforcement de la stabilité macroéconomique et des critères de convergence contribue à assurer la solidité de la monnaie unique. Les partenaires techniques et financiers pourront également apporter une assistance pour la réalisation des études techniques relatives au cadre institutionnel et légal de la zone monétaire de l'Afrique de l'Ouest d'une part, et poursuivre le plaidoyer et le dialogue pour une plus grande appropriation par les populations et les gouvernants de l'Afrique de l'Ouest du processus d'intégration monétaire.

Conclusion du Chapitre XIV

En conclusion de ce Chapitre XIV, les enjeux d'économie politique impliquant des acteurs extérieurs à la CEDEAO que soulève la monnaie unique de la CEDEAO sont redoutables. C'est aussi dans le succès avec lequel les acteurs internes gèreront ces enjeux extérieurs que l'on jugera la créativité et l'engagement des parties prenantes intérieures derrière ce projet.

Chapitre XV

Les autres projets de monnaie unique en Afrique

Introduction

Nous avons, tout au long de ce livre, tenté d'identifier et d'illustrer les fondements économiques du projet de monnaie unique de la CEDEAO en Afrique de l'ouest. Nous allons, dans le présent Chapitre, tenter d'élargir la réflexion à la considération d'un projet de monnaie unique dans d'autres espaces d'intégration économiques du continent. Cette entreprise d'élargissement de notre réflexion vise un objectif : il s'agit pour nous d'anticiper les préoccupations que nos lecteurs des autres régions du continent ne manqueront pas d'exprimer si nous limitions les contours du présent ouvrage à la seule CEDEAO. Si, comme nous l'avons démontré tout au long du présent ouvrage, une monnaie unique est si justifiée pour la CEDEAO l'est-elle aussi pour le continent Africain dans son ensemble ? Qu'en est-il du projet de monnaie unique africaine ? Une monnaie unique africaine a-t-elle un sens économiquement parlant ? Que penser d'un projet de monnaie unique pour d'autres parties du continent comme la Communauté économique des États d'Afrique centrale (CEEAC) ou encore le Marché commun de l'Afrique orientale et australe (plus connue sous son appellation anglaise de COMESA), pour ne mentionner que ces deux exemples ?[127] Il nous a semblé nécessaire de faire référence à ces

---

[127] En plus de la CEDEAO que nous avons longuement évoquée dans le présent ouvrage, le *Rapport 2016 sur l'Indice de l'intégration régionale en Afrique* produit conjointement par l'Union africaine, le Groupe de la Banque africaine de développement et la Commission économique des Nations-Unies pour l'Afrique mentionne sept communautés économiques régionales en Afrique : la CEEAC (Communauté d'Afrique de l'Est composée de Burundi, Kenya, Ouganda, République unie de Tanzanie et Rwanda), la CEN-SAD (Communauté des États Sahélo-Sahariens composée du Bénin, Burkina-Faso, Cabo Verde, Comores, Côte

autres projets potentiels d'intégration monétaire sur le continent afin de fournir une réponse complète aux questions que les populations africaines se posent sur ce concept de monnaie unique, et fixer, une fois pour toutes, leurs idées sur les fondements économiques de cet important déterminant de leur destin commun.

Nous allons, dans les lignes qui suivent, tenter, non pas de réexaminer la pertinence économique d'un projet de monnaie unique dans ces différents espaces d'intégration économique africaine (nous l'avons déjà établi dans les chapitres précédents), mais d'examiner leur état d'avancement et les défis qu'ils pourraient rencontrer, notamment sur le plan de l'économie politique dans les régions concernées.

Les autres régions en Afrique doivent élaborer et mettre en œuvre leur projet de monnaie unique respectif

Lorsque l'on examine les analyses aussi bien théoriques qu'empiriques que nous avons développées à cet effet, l'on se rend aisément compte que ces arguments peuvent très bien être utilisés pour fonder d'autres projets de monnaie unique sur le continent, ou même le projet de monnaie unique africaine, commune à l'ensemble

---

d'Ivoire, Djibouti, Egypte, Erythrée, Gambie, Ghana, Guinée, Guinée-Bissau, Kenya, Libéria, Lybie, Mali, Mauritanie, Maroc, Niger, Nigéria, République centrafricaine, Sao Tomé-et-Principe, Sénégal, Sierra Leone, Somalie, Soudan, Tchad, Togo, Tunisie), la CAE (Communauté de l'Afrique centrale composée de l'Angola, Burundi, Cameroun, Congo, République démocratique du Congo, Guinée équatoriale, Gabon, République centrafricaine, Rwanda, Sao Tomé-et-Principe, Tchad), le COMESA (Marché commun de l'Afrique orientale et australe composée du Burundi, Comores, Djibouti, Egypte, Erythrée, Ethiopie, Kenya, Lybie, Madagascar, Malawi, Maurice, Ouganda, République démocratique du Congo, Rwanda, Seychelles, Soudan, Swaziland, Zambie, Zimbabwe), l'IGAD (Autorité intergouvernementale pour le développement composée de Djibouti, Erythrée, Ethiopie, Kenya, Ouganda, Somalie, Soudan du Sud, Soudan), la SADC (Communauté de développement de l'Afrique australe composée de l'Afrique du sud, Angola, Botswana, Lesotho, Madagascar, Malawi, Maurice, Mozambique, Namibie, République unie de Tanzanie , Seychelles, Swaziland, Zambie, Zimbabwe) et, l'UMA (Union du Maghreb Arabe composée de l'Algérie, Lybie, Mauritanie, Maroc, Tunisie). Voir Union africaine, Groupe de la Banque africaine de développement, Commission économique des Nations-Unies pour l'Afrique (2016) ''Indice de l'intégration régionale en Afrique, Rapport 2016''. Rapport disponible sur le site :
http://www.uneca.org/sites/default/files/PublicationFiles/iira-report2016_fr_web.pdf. Consulté le 17 janvier 2017.

des 54 pays du continent et très cher à une bonne partie de l'opinion publique africaine et à l'Union africaine. En effet, l'intégration du continent africain figure en bonne place parmi les 7 objectifs fondamentaux de l'Agenda 2063 de l'Union africaine. Nous avons longuement exposé au chapitre VII le processus de création d'une monnaie unique à l'échelle du continent et l'état de sa mise en œuvre. En dépit des lenteurs et difficultés que connait ce processus, nous demeurons convaincus que d'un point de vue purement économique, le projet de monnaie unique africaine est un projet éminemment censé, cela au vu des arguments développés précédemment. Malgré ses fondements économiques qu'il serait aisé de démontrer, le projet de monnaie unique africaine soulève, comme le projet de monnaie unique de la CEDEAO qui a fourni la matière principale du présent ouvrage, des problèmes d'économie politique d'une ampleur considérable.

Pratiquement toutes les communautés économiques régionales africaines mentionnées ci-dessus ont un agenda d'intégration économique ambitieux. Cet agenda, très souvent présenté dans leur Traité constitutif, inclut généralement des dispositions visant à renforcer la coopération entre les États membres sur les questions monétaires et financières. Parmi les communautés économiques régionales susmentionnées, c'est la Communauté de l'Afrique de l'est qui a récemment formulé un projet d'union monétaire visant la création d'une monnaie unique commune à ses cinq États membres. Ces pays ont, le 30 septembre 2013, adopté un Protocole d'Accord qui prévoit la création d'une union monétaire à l'horizon 2023. Cet Accord prévoit aussi que l'instauration de la monnaie unique, qui sera l'étape ultime du processus d'union monétaire sera précédée de l'harmonisation des politiques fiscales et monétaires, des systèmes de paiements et de règlements, de comptabilité financière et de réédition des comptes, des politiques et des normes en matière de statistiques et, l'établissement de la Banque centrale de l'Afrique de l'Est. Bien que ces processus d'harmonisation soient nécessaires et utiles pour un fonctionnement adéquat de l'union monétaire que la CAE envisage, il est aussi important qu'ils ne soient pas perçus comme des préalables absolus qui, s'ils n'étaient pas pleinement achevés en 2023, devraient impliquer le report de l'introduction de la monnaie unique. En d'autres termes, des progrès satisfaisants vers ces objectifs d'harmonisation devraient suffire pour lancer la monnaie unique en 2023, étant entendu que les pays membres de la CAE continueront leurs efforts d'harmonisation même après l'introduction de la monnaie unique.

Quant aux autres communautés économiques régionales africaines, notamment la CEEAC, CEN-SAD, COMESA, IGAD, SADC et, l'UMA, elles doivent chacune élaborer et mette en œuvre leur projet de monnaie unique au vu des bénéfices économiques potentiels que celle-ci peut procurer à leurs pays membres, individuellement et collectivement[128]. Cette approche de création d'unions monétaires dans les différentes communautés économiques régionales est, rappelons-le, celle adoptée dans le cadre du projet de monnaie unique africaine. Comme nous l'avons longuement démontré dans cet ouvrage, l'argument souvent avancé selon lequel les économies africaines sont trop différentes les unes des autres économiquement pour avoir une monnaie unique commune ne tient pas la route, ni sur le plan de la théorie économique si sur le plan empirique.

Dans l'ensemble, l'intégration monétaire et financière est le domaine où les progrès sont les plus lents en Afrique

La Commission économique des Nations-Unies pour l'Afrique publie annuellement un rapport qui évalue les progrès en matière d'intégration régionale dans huit communautés économiques régionales africaines (CAE, CEDEAO, CEEAC, CEN-SAD, COMESA, IGAD, SADC et, l'UMA)[129]. Ces progrès sont mesurés sur cinq dimensions considérées comme importantes pour l'intégration régionale (l'intégration commerciale, les infrastructures régionales, l'intégration productive, la libre circulation des personnes, et l'intégration financière et macroéconomique. La dimension relative à l'intégration financière et macroéconomique mesure les progrès sur la convertibilité régionale de la monnaie nationale et le différentiel du taux d'inflation).

Dans leur rapport conjoint de 2016 susmentionné, l'Union africaine, le Groupe de la Banque africaine de développement, et la Commission économique des Nations-Unies pour l'Afrique notent que « ...les scores les plus élevés concernent l'intégration commerciale,

---

[128] Les pays qui sont membres de plusieurs communautés économiques régionales choisiront l'union monétaire à laquelle ils souhaitent appartenir.

[129] Voir Union africaine, Groupe de la Banque africaine de développement, Commission économique des Nations-Unies pour l'Afrique (2016), *op. cit.*

avec des scores moyens de 0,540[130] pour les CER (Communautés économiques régionales). L'intégration commerciale est une priorité régionale de longue date pour l'ensemble des CER. Les scores les moins élevés concernent l'intégration financière et macroéconomique, avec des scores moyens de 0,381 pour les CER. L'intégration financière et macroéconomique reste limitée sur l'ensemble des CER, notamment en ce qui concerne la convertibilité des monnaies ou la coordination des politiques macroéconomiques… »

Conclusion du Chapitre XV

Dans ce chapitre, nous avons tenté d'élargir notre réflexion aux projets d'union monétaire dans les autres régions du continent africain. Nous avons conclu que les arguments développés tout au long de cet ouvrage pour fonder économiquement la monnaie unique de la CEDEAO peuvent être utilisés pour fonder un projet de monnaie unique dans les autres parties du continent, y compris même le projet de monnaie unique africaine, qui séduit de plus en plus les populations africaines. Les autres régions doivent donc élaborer et mettre en œuvre leur projet de monnaie unique où alors accélérer la mise en œuvre de ces projets pour celles qui y pensent déjà. Dans cette perspective, nous avons préconisé la mise en œuvre effective du projet de monnaie unique que les pays membres de la Communauté d'Afrique de l'Est ont adopté en 2013, et qu'ils visent à introduire à l'horizon 2023. Les autres communautés économiques régionales doivent donc s'atteler à adopter et mettre en œuvre leur projet de monnaie unique, notamment dans la perspective de la monnaie unique africaine.

Conclusion de la sixième partie

Dans cette sixième partie, nous sommes partis de l'hypothèse que la création de la monnaie unique ouest-africaine est un projet

[130] Les scores sont calculés de 0 (bas, faible intégration) à 1 (élevé, forte intégration).

éminemment politique. Ce projet soulève donc des questions d'économie politique importantes, qu'il nous a fallu explorer. Ce que nous avons essayé de faire en identifiant les parties prenantes clés, tant nationales que sous-régionales, de ce projet et en tentant d'explorer leurs intérêts respectifs dans cet important projet. En définitive, c'est l'adhésion d'abord, des populations ouest-africaines, des puissances sous-régionales, des élites au pouvoir, puis l'accompagnement des acteurs internationaux, notamment les institutions internationales telles que l'Union africaine, le Fonds monétaire international, la Banque mondiale, et la Banque africaine de développement, qui détermineront si la monnaie unique de la CEDEAO sera instaurée en 2020.

Comme le disait le secrétaire d'État américain John Kerry dans une allocution prononcée à la Havane dans le cadre de la reprise des relations diplomatiques entre son pays et Cuba, l'avenir du Cuba dépendra des actions des fils et des filles du Cuba et non de la politique étrangère des États-Unis. Cette observation nous semble aussi valable pour la monnaie unique ouest-africaine. Car au-delà des influences extérieures, c'est ce que voudront et feront les acteurs ouest-africains qui, en définitive, détermineront l'avenir du projet de création de la monnaie unique de la CEDEAO.

CONCLUSION GENERALE

Nous avons montré dans cet ouvrage que la création d'une monnaie unique en Afrique de l'Ouest offrirait aux pays de cette région d'Afrique de l'Ouest une opportunité pour résoudre plus efficacement les nombreux problèmes monétaires auxquels ils sont actuellement confrontés. En effet, dans un contexte où, d'une part, les pays d'Afrique de l'Ouest connaissent des problèmes monétaires d'origine extérieure très importants qu'aucun de ces pays, pas même le géant nigérian, devenu depuis peu la première économie du continent par la taille de son produit intérieur brut, n'est en mesure, seul, de résoudre et d'autre part, les mécanismes de la coopération monétaire internationale ne fonctionnent que de façon imparfaite, la monnaie unique offre, pour cette région, une opportunité de mutualisation de leurs moyens monétaires, indispensable à la poursuite de leurs objectifs monétaires individuels et collectifs.

L'option prise par les pays d'Afrique de l'Ouest d'aller directement vers l'Union monétaire pour la CEDEAO, en supprimant l'étape intermédiaire de l'union monétaire qui était envisagée pour les pays de la ZMAO, parait la plus appropriée dans le contexte économique et politique de la région. Il nous semble à cet égard que pour réduire les risques d'un nouveau report qui affecterait la crédibilité du processus, les autorités devraient privilégier l'option du *Big Bang* en 2020. Ce qui signifierait que tous les pays membres participeraient à la monnaie unique en 2020, ceux qui ne respectent pas les critères de convergence ex ante pourront les respecter ex post. Bien entendu, les efforts des gouvernements devront être maintenus pour respecter les critères de convergence d'ici 2020.

Le processus d'intégration monétaire en Afrique de l'Ouest apparait à l'heure actuelle comme le plus avancé en Afrique en termes de préparation institutionnelle, légale et réglementaire. Des avancées ont été notées en matière de convergence économique et d'harmonisation des politiques sous la houlette de la CEDEAO, mais des efforts importants doivent encore être fournis pour une mise en œuvre pleinement satisfaisante de la feuille de route du programme de monnaie unique de la CEDEAO. Il nous semble en effet primordial d'achever rapidement les études qui doivent conduire notamment au choix du cadre de politique monétaire et de change et des statuts de la future Banque centrale de la CEDEAO d'ici 2018. La mise en place d'un Institut monétaire de la CEDEAO (IMC), précurseur de la future Banque centrale de la CEDEAO dès 2017 nous parait déterminante. À cet égard, une plus grande implication et une plus grande responsabilité devront être accordées aux banques centrales de la région, dans la conduite de ces réflexions et la mise en œuvre des actions critiques pour l'introduction de la monnaie unique. Le renforcement de la communication et de l'information sur le processus d'intégration monétaire auprès des populations, des parlements, du secteur privé est nécessaire pour consolider l'adhésion à la monnaie unique. Les partenaires techniques et financiers, devront accompagner ce processus d'intégration monétaire en appuyant la poursuite des réformes économiques dans les pays, la réalisation des études techniques relatives au cadre institutionnel et légal de la monnaie unique et le dialogue pour une plus grande appropriation par les populations et les gouvernants de l'Afrique de l'Ouest au processus d'intégration monétaire.

Nous avons dans cet ouvrage montré que loin d'aiguillonner un relâchement de l'objectif d'introduire une monnaie unique en Afrique de l'Ouest, comme semble le suggérer le débat actuel, la crise récente de l'euro doit au contraire pousser à accélérer les efforts d'introduction de cette monnaie unique à l'horizon 2020.

ANNEXES

Annexe 1 : Orientation géographique du commerce extérieur des pays de la CEDEAO

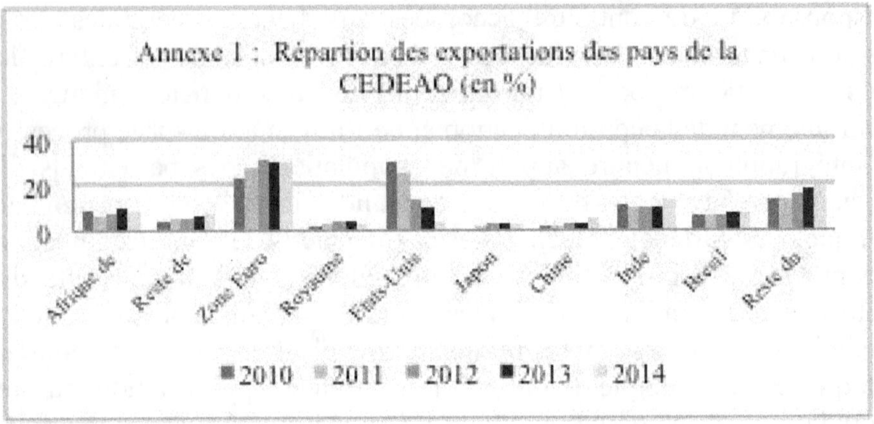

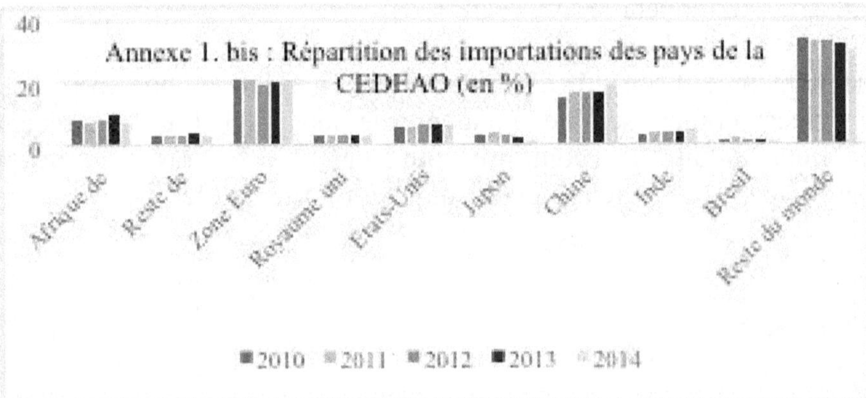

Source : Fonds monétaire international (FMI)

Annexe 2 : Indicateur de déséquilibre monétaire de Goldstein et Turner pour les pays de la CEDEAO

	2004	2005	2006	2007	2008	2009	2010	2011	2012
Benin	0,31	0,34	0,30	0,30	0,25	0,21	0,22	0,21	0,21
Burkina Faso	0,23	0,13	0,12	0,23	0,16	0,25	0,18	0,09	0,08
Cap Vert	0,10	0,14	0,12	0,12	0,09	0,10	0,10	0,05	0,07
Cote d'Ivoire	0,06	0,06	0,07	0,08	0,06	0,06	0,06	0,09	
Gambie	0,18	0,18	0,23	0,18	0,13	0,13	0,11	0,12	
Ghana	0,12	0,10	0,08						
Guinée	0,01	0,02	0,03	0,02	0,03	0,07	-0,01	0,12	0,05
Guinée-Bissau	0,28	0,26	0,31	0,31	0,36	0,42	0,33	0,28	0,27
Liberia	-0,03	-0,03	-0,02	-0,02	-0,02	-0,02	0,01	0,01	0,01
Mali	0,17	0,17	0,11	0,11	0,08	0,15	0,12	0,09	0,08
Niger	0,08	0,07	0,13	0,18	0,17	0,08	0,03	0,08	
Nigeria	0,23	0,24	0,17	0,05	0,03	0,03	0,02	0,01	
Sénégal	0,19	0,15	0,15	0,14	0,11	0,15	0,16	0,12	0,10
Sierra Leone	-0,10	0,00	0,20	0,31	0,21	0,23	0,12	0,07	
Togo	0,13	0,10	0,17	0,15	0,15	0,13	0,07	0,06	0,05

Source : Base de données statistiques BAD

NB : il a été fait l'hypothèse, pour les besoins de ce calcul, que la dette extérieure est entièrement en devises. Le pourcentage de la dette en devises correspond alors au rapport entre la dette extérieure et la totalité de la dette (extérieur + intérieur)

Annexe 3 : Principales mesures prises par le G20

Sommet	Mesures principales	Description
Pittsburgh septembre 2009	Cadres d'action et cadres macroéconomiques	Tous les membres du G20 échangent des informations, entre eux et avec le FMI, sur leurs plans d'action et les résultats qu'ils en attendent pour les 3 à 5 années suivantes. Le FMI en détermine les incidences à l'échelle mondiale.
Toronto juin 2010	Évaluation des politiques économiques des pays membres	Le FMI a évalué la concordance des politiques économiques des pays membres du G20 avec les objectifs de croissance et a simulé un « scénario favorable », dans lequel des mesures concertées donnent de meilleurs résultats pour tous les pays.
Séoul novembre 2010	Processus d'évaluation mutuelle (PEM) renforcé, assorti de directives indicatives	Les dirigeants du G20 mesurent les progrès accomplis vers les objectifs du cadre en utilisant des *directives indicatives* pour détecter et évaluer les déséquilibres. Les services du FMI sont chargés de procéder à une évaluation des pays membres affichant un déséquilibre élevé.
	Engagements	Chaque pays membre du G20 a indiqué les mesures

		qu'il prendrait pour contribuer à la réalisation des objectifs de croissance communs.
Cannes novembre 2011 *(Plan d'action de Cannes pour la croissance et l'emploi)*	Mesures à court terme	Les dirigeants du G20 ont réitéré à quel point il importe que les mesures annoncées par les dirigeants de la zone euro peu avant le Sommet du G20 soient immédiatement mises en œuvre. En outre, le G20 s'est engagé à réaliser des progrès tangibles vers la mise en place d'un système monétaire international plus stable et plus robuste.
	Impératifs à moyen terme	Les dirigeants du G20 ont avalisé des mesures visant à corriger les déséquilibres à moyen terme et à réaliser des progrès vers une croissance forte, durable et équilibrée. Ils se sont engagés à agir avec plus de détermination sur les questions sociales, notamment le chômage et les dispositifs de protection sociale.
	Analyse des grands déséquilibres	Pour sept pays qui présentaient des déséquilibres élevés, des rapports établis par les services du FMI offrent une analyse de la nature de ces déséquilibres, de leurs

		causes fondamentales et des obstacles à l'ajustement.
Los Cabos juin 2012 *(Plan d'action de Los Cabos pour la croissance et pour l'emploi)*	Mesures de politique générale	Les dirigeants du G20 se sont engagés à prendre des mesures pour affermir la demande, soutenir la croissance mondiale et rétablir la confiance, maîtriser les risques à court et moyen terme, stimuler la création d'emplois et réduire le chômage.
	Cadre de responsabilisation	Les dirigeants du G20 sont convenus de renforcer le Cadre d'évaluation de la responsabilisation pour mesurer les progrès accomplis vers la réalisation de l'objectif commun de croissance forte, durable et équilibrée ; ils ont mené à bien la première évaluation selon ce dispositif.
Saint-Pétersbourg septembre 2013 *(Plan d'action de Saint-Pétersbourg)*	Mesures de politique générale	Les dirigeants du G20 sont convenus d'un plan d'action collectif visant à stimuler la croissance mondiale et la création d'emplois, ainsi qu'à assurer la stabilité financière. Ils reconnaissent qu'il est nécessaire que l'assainissement des finances publiques tienne compte de la situation économique, que la surveillance et la réglementation du secteur

		financier soient renforcées et que des réformes structurelles soient engagées pour soutenir la croissance.
Brisbane novembre 2014	*Plan d'action de Brisbane*	Les dirigeants du G20 ont redoublé d'efforts pour parvenir à leurs objectifs de croissance forte, durable et équilibrée en s'engageant à mener des stratégies globales de croissance visant à relever, d'ici 2018, leur PIB collectif de plus de 2% au-dessus de la trajectoire prévue dans le scénario de référence des perspectives de l'économie mondiale d'octobre 2013.
Antalya Novembre 2015	*Plan d'action d'Antalya*	Les dirigeants du G-20 ont fait le point sur la mise en œuvre des stratégies de croissance et ont réitéré leur volonté de les mener à bien intégralement et en temps opportun. Le plan d'action a également mis l'accent sur la promotion de l'investissement et le renforcement de l'inclusion.

Source : FMI

BIBLIOGRAPHIE

African Development Bank (2014), «*Socio Economic Database*», disponible sur http://opendataforafrica.org/.

Agence monétaire de l'Afrique de l'Ouest (2015), « État de l'harmonisation des cadres de politique monétaire au sein de la CEDEAO », Agence monétaire de l'Afrique de l'Ouest, Freetown.

Agence monétaire de l'Afrique de l'Ouest (2015), « État de l'harmonisation des politiques de change au sein de la CEDEAO », Agence monétaire de l'Afrique de l'Ouest, Freetown.

Agence monétaire de l'Afrique de l'Ouest, (2014), « Notes techniques sur la mise en œuvre des activités assignées à l'AMAO dans le cadre de la monnaie unique », Agence monétaire de l'Afrique de l'Ouest, Freetown.

Agence monétaire de l'Afrique de l'Ouest, (2013), «AMAO News 6 juillet 2013». Disponible sur http://amao-wama.org.

Agence monétaire de l'Afrique de l'Ouest, (2008), *Plan stratégique pour la création d'une monnaie unique au sein de la CEDEAO*, Agence monétaire de l'Afrique de l'Ouest, Freetown.

Agence monétaire de la l'Afrique de l'Ouest (2008), *Revue du mécanisme de change de la CEDEAO*, Agence monétaire de l'Afrique de l'Ouest, Freetown. Rapport disponible sur le site : http://amao-wama.org/fr/Publications/Mécanisme%20de%20change.pdf. Extrait le 22/01/2016.

Agence monétaire de l'Afrique de l'Ouest (2012), *Crise de la dette de la zone euro et leçons pour la CEDEAO*, Agence monétaire de l'Afrique de l'Ouest, Freetown. Rapport disponible sur le site : http://amao-wama.org/fr/Publications/Crise%20Euro%20Zone2012.pdf. Extrait le 22/01/2016.

Aizenman J., Jinjarak N., Park D. (2010), « International reserves and swap lines: the recent experience». Article disponible sur le site : https://aric.adb.org/grs/report.php?p=Aizenman. Extrait le 9 mars 2016.

Batini N., et Turnbull K. (2000), «Monetary Conditions Indices for the UK: A Survey», External MPC Unit Discussion Paper n° 1, Bank of England.

Banque Africaine de Développement (2014), « Note économique et financière sur l'Afrique », Volume 1, Numéro 1, période de février 2014.

Banque Africaine de Développement (2014), *Rapport combiné de revue à mi-parcours du document de stratégie d'intégration régionale pour l'Afrique de l'Ouest 2011-2015 et de revue de la performance du portefeuille régional,* Banque Africaine de Développement, Abidjan.

Banque de France (2015), « Note d'information sur la Zone franc août 2015 », Banque de France, Paris.

Berg A., Charry L., Portillo R., et Vlcek J. (2013), «The Monetary Transmission Mechanism in the Tropics: A narrative Approach», *International Monetary Fund Working Paper*, n° WP/13/97, International Monetary Fund, Washington, D.C.

Bernanke, B.S. (2015), «What did you do in the currency war, Daddy ?», Brookings Institution. Disponible sur le site : http://www.brookings.edu/blogs/ben-bernanke/posts/2016/01/05-currency-war-daddy?utm_campaign=Brookings+Brief&utm_source=hs_email&utm_medium=email&utm_content=25015728&_hsenc=p2ANqtz-8kVJj3PaKsBnxtaeT0gDuP0cQjpIig2d305fisonBaq22QYUowzXb-iqq36307GbgL4hhhfqegENnaGVmvFH-9eqIcsQ&_hsmi=25015728. Extrait le 6 janvier 2016.

Bernanke B.S. (2010), «Central Bank Independence, Transparency, and Accountability», Remarks at the Institute for Monetary and Economic Studies International Conference.

Bini Smaghi L. (2007), «Central Bank independence: from theory to practice», Speech at the Conference Good Governance and Effective Partnership.

Carney M. (2015), « The European Union, monetary and financial stability, and the Bank of England», Speech, St Peter's College, Cairncross Lecture, Oxford, 21 October 2015. Available at : www.bankofengland.co.uk/publications/pages/speeches/default.aspx. Accessed November 6, 2015.

CEDEAO (2013), « Rapport de convergence macroéconomique de la CEDEAO pour l'année 2012 ». CEDEAO, Abuja.

Condé L. (2012), « Trois essais sur la monnaie unique de la CEDEAO et les défis associés », Université d'Auvergne Clermont-Ferrand I, Clermont-Ferrand.

Cooper, R.N. (1984), «A monetary System for the Future», Foreign Affairs. Disponible sur le site : https://www.foreignaffairs.com/articles/1984-09-01/monetary-system-future. Extrait le 13/01/2016.

Cottarelli C., Giannini C. (1997), «Credibility Without Rules ? Monetary Frameworks in the Post-Bretton Woods Era», *International Monetary Fund Occasional Paper* n° 154, International Monetary Fund, Washington, D.C.

Daniel J.M. (2012), *8 leçons d'histoire économique : croissance, crise financière, réforme fiscale, dépenses publiques*, Odile Jacob, Paris.

Debrun W., Masson P., Patillo C. (2002), «Monetary Union in West Africa: Who Might Gain, Who Might Lose, and Why ?», *International Monetary Fund Working Paper,* n° WP/02/226, International Monetary Fund, Washington, D.C.

Debrun W., Masson P., Patillo C. (2010), «Should African Monetary Unions Be Expanded ? An Empirical Investigation of the Scope for Monetary Integration in Sub-Saharan Africa», *International Monetary Fund Working Paper,* n° WP/10/157, International Monetary Fund, Washington, D.C.

Diaw A., KA B. (2012), « Régime de change et croissance économique : cas des pays de la Communauté économique des États de l'Afrique de l'Ouest (CEDEAO)». Article présenté à la Conférence économique africaine, Kigali, Rwanda, 30 octobre au 02 novembre 2012.

Diop C. A. (2007), « L'UEMOA et la perspective d'une zone monétaire unique de la CEDEAO : les enseignements d'un modèle de gravité », *BCEAO, Document d'Étude et de Recherche,* BCEAO, Dakar.

Dovoodi H.R., Dixit S., Pinter G. (2013), «Monetary transmission Mechanism in the East African Community: An Empirical Investigation», *International Monetary Fund Working Paper,* n° WP/13/39, International Monetary Fund, Washington, D.C.

Dufrénot, G., Sugimoto, K. (2009), «Pegging the future West African single currency in regard to internal/external competitiveness: a counterfactual analysis», The William Davidson Institute, December 2009.

ECOWAS Commission (2014), *Inaugural Meeting of the Presidential Task Force on the ECOWAS Monetary Cooperation Programme*, Final Report, Niamey.

ECOWAS Commission (2013), *Extraordinary Session of the ECOWAS Authority of Heads of States and Government,* Final Communiqué, Dakar, disponible sur :
http://ecowas.int/publications/en/communique_final/.

Eichengreen B., Haussmann R. (2005), *Other People's Money: Debt Denomination and Financial Instability in Emerging Market Economies*, University of Chicago Press, Chicago.

Eichengreen B. (2010), «Managing a Multiple Currency World», article disponible sur le site :
https://aric.adb.org/grs/papers/Eichengreen.pdf. Extrait le 9 mars 2016.

Fick M. (2016), «Plunging currency piles pressure on Nigeria's reform agenda», *Financial Times*. Disponible sur le site :

http://www.ft.com/intl/cms/s/0/b25c403e-c345-11e5-b3b1-7b2481276e45.html?ftcamp=crm/email/2016126/nbe/WorldNews/product#axzz3yFf2kPpV. Extrait le 26/01/2016.

Fonds Monétaire International (2010), « L'efficacité de la politique monétaire en Afrique sub-saharienne » in *Perspective économiques régionales : Afrique sub-saharienne*, Fonds Monétaire International, Washington, D.C.

Fonds Monétaire International (2013), *Nigeria: Publication of Financial Sector Assessment Program*, Fonds Monétaire International, Washington, DC.

Frenkel J. A., Goldstein M., Masson P. (1991), «Characteristics of a Successful Exchange Rate System», *Occasional Paper* n° 82, International Monetary Fund, Washington, D.C.

Gnansounou S.U., Verdier-Chouchane A. (2013), « Mésalignement du taux de change effectif réel : Quand faudra-t-il de nouveau dévaluer le franc CFA ? », *African Development Bank Working Paper* n° 66, African Development Bank, Abidjan.

Goldstein M., Turner P. (2004), *Controlling Currency Mismatches in Emerging Markets*, Institute for International Economics, Washington, D.C.

Gurara D. Z., Ncube M. (2013), «Global Economic Spillovers to Africa: A GVAR Approach», *African Development Bank Working Paper,* n° 183, African Development Bank, Abidjan.

Gray S., Karam P., Meeyam V., Stubbe M. (2013), *Monetary Issues in the Middle East and North Africa Region: A policy Implementation Handbook for Central Bankers*, Institute for capacity Development and Monetary and Capital markets Department, International Monetary Fund, Washington, D.C.

Glick R., Hutchison M. (2011), «Currency Crises», *Federal Reserve Bank of San Francisco Working Paper* n° 2011-22. Available at : http://www.frbsf.org/economic-research/files/wp11-22bk.pdf. Extrait le 8 novembre 2015.

Glick R., Leduc S. (2013), «The Effects of Unconventional and Conventional U.S. Monetary Policy on the Dollar», *Federal Reserve Bank of San Francisco Working Paper* n° 2013-11. Available at: http://www.frbsf.org/economic-research/files/wp2013-11.pdf. Extrait le 8 novembre 2015.

Groupe d'étude du comité conjoint CUA-ABCA (2013), *Rapport sur la création de la Banque centrale africaine*, Union africaine, Addis-Abeba.

Guillaumont S., Hua P. (2014), « China's African Financial Engagement, Real Exchange Rates and Trade between China and Africa», *Journal of African Economies, 2014, 1-25*, doi: 10.1093/jae/eju020, Oxford.

Harding R. (2014), « Yellen snubs emerging nation pleas over effects of 'taper'», *Financial Times*, Wednesday February 12, 2014.

Harding R., Aglionby J., Strauss D. (2014), « India's central bank chief hits at west», *Financial Times*, Friday January 31, 2014.

Hawkins T., England A. (2015), « Zimbabwe to use China currency in bid to cement Beijing ties», Financial Times, disponible sur le site : http://www.ft.com/intl/cms/s/0/5c2be7e4-a8b7-11e5-9700-2b669a5aeb83.html#axzz3yFIR9iHg. Extrait le 26/01/2016.

International Monetary Fund (2009), *Guidance Note for Staff on the Treatment and Use of SDR Allocation*, International Monetary Fund, Washington, D.C.

International Monetary Fund (2009), *Allocation of Special Drawing Rights for the Ninth Basic Period: Draft Executive Board Decision and Managing Director Report to the Board of Governors*, International Monetary Fund, Washington, D.C.

International Monetary Fund (2009), *Proposal for a General Allocation of SDRs*, International Monetary Fund, Washington, D.C.

International Monetary Fund (2011), *Enhancing International Monetary Stability – A Role for the SDR ?,* International Monetary Fund, Washington, D.C. Disponible sur le site :
http://www.imsreform.org/#panel-4. Extrait le 20 octobre 2015.

International Monetary Fund (2011), *Strengthening the International Monetary System: Taking Stock and Looking Ahead.* Disponible sur le site: http://www.imsreform.org/#panel-3: Extrait le 20 octobre 2015.

International Monetary Fund (2015), « Pan-African Banks : Opportunities and challenges for cross-border oversight», International Monetary Fund, *Departmental paper series.*

International Monetary Fund (2015), *Evolving Monetary Policy Frameworks in Low Income and other Developing Countries", International Monetary Fund Background Paper.*

International Monetary Fund (2015), « West African Economic and Monetary Union: Selected Issues, "Financial Inclusion in UEMOA," and "Developments in Central Bank Liquidity Provision: A Harbinger of Wider Macrofinancial Risks in the UEMOA ? », *International Monetary Fund Country Report* n° 15/101, International Monetary Fund, Washington, D.C.

Kasa K. (1999), «Why attack a Currency Board ?», *Federal Reserve Bank of San Francisco Economic Letter* 1999-36. Available at :
http://www.frbsf.org/economic-research/publications/cconomic-letter/1999/november/why-attack-a-currency-board/.
Extrait le 8 novembre 2015.

Kawai M. (2009), «The Role of an Asian Currency Unit for Asian Monetary Integration», Article disponible sur le site :
https://aric.adb.org/grs/report.php?p=Kawai 6. Extrait le 9 mars 2016.

Kawai M (2010), «From the Chiang Mai Initiative to an Asian Monetary Fund», Article disponible sur le site :
https://aric.adb.org/grs/report.php?p=Kawai 5. Extrait le 9 mars 2016.

Krugman P. (2015), «Europe's many economic disasters», *International New York Times*, Saturday-Sunday, July 4-5, 2015, page 6.

Krugman P. (2015), «Greece over the brink», *International New York Times*, Tuesday, June 30, 2015, page 7.

Lane P.R. (2006), « Global Bond Portfolios and EMU», *International Journal of Central Banking*, Vol 2, n°2, June 2006.

Larrain B.F (2010), «The International Monetary System at a Crossroad». Article disponible sur le site : https://aric.adb.org/grs/report.php?p=Larrain. Extrait le 9 mars 2016.

Laurens B.J., Arnone M., Segalotto J.F., Sommer M. (2009), « Central Bank Autonomy : Lessons from Global Trends», *IMF Staff Papers (2009)* 56, 263-296, International Monetary Fund, Washington, D.C.

Laurens B.J., Arnone M., Segalotto J.F. (2006), «Measures of Central Bank Autonomy: Empirical Evidence for OECD, Developing, and Emerging Market Economies», *International Monetary Fund Working Paper Working Paper* N°*WP/06/228*, International Monetary Fund, Washington, D.C.

Mangudya J.P., Governor, Reserve Bank of Zimbabwe (2016), *Press Statement*, 4 May 2016, page 4.

Mangudya J.P., Governor, Reserve Bank of Zimbabwe (2016), *January 2016 Monetary Policy Statement : Economic Transformation through Transparency and Accountability*, page 25.

Marcus G. (2010), «Has Monetary Policy Independence been undermined ?», *BIS Review* n° 167/2010.

Marcus G. (2013), «Celebrating what is good about South Africa and its economy», *BIS Central Banker's Speeches.*

Masson P., Patillo C. (2001) «Monetary Union in West Africa (ECOWAS): Is It Desirable and How Could It Be Achieved ?»,

International Monetary Fund Occasional Paper n° 204, International Monetary Fund, Washington, D.C.

Masson P., and Pattillo C., (2004), «A Single Currency for Africa ? Probably not, but a selective expansion of existing monetary unions could be used to induce countries to improve their policies», *Finances and Development,* International Monetary Fund, Washington, D.C.

Mboweni T. (2009), *Challenges of central banking in Africa*, Address at a Conference to commemorate the Bank of Zambia's 40th Anniversary, *BIS Review 45/2004.*

McGee P., Phakamisa Ndzamela P., England A. (2012), «Zimbabwe ditches 'worthless' currency for the US dollar», *Financial Times*. Disponible sur le site : http://www.ft.com/intl/cms/s/0/34d75e42-10e8-11e5-8413-00144feabdc0.html#axzz3v2VeBTae.
Extrait le 26/1/2016.

Mistral J. (2014), *Guerre et paix entre les monnaies*, Fayard, Paris.

Moreno R. (1999), «Dealing with Currency Crises», *Federal Reserve Bank of San Francisco Economic Letter* 1999-11. Disponible sur le site: http://www.frbsf.org/economic-research/publications/economic-letter/1999/april/dealing-with-currency-crises/.
Extrait le 8 novembre 2015.

Moreno, R. (1999), "Depreciations and Recessions", Federal Reserve Bank of San Francisco Economic Letter 1999-30. Available at : http://www.frbsf.org/economic-research/publications/economic-letter/1999/october/depreciations-and-recessions/.
Extrait le 8 novembre 2015.

Mougani, G. (2014), « Défis de l'intégration financière régionale et de la coordination monétaire dans la zone monétaire de l'Afrique de l'Ouest et dans la communauté de l'Afrique de l'Est : analyse et recommandations», BAD, *Document de politique sur l'intégration régional-juillet 2014.*

Mundell R.A. (1961), « A Theory of Optimum Currency Areas», *American Economic Review* reproduit in Blejer, M.I., Frenkel, J.A.,

Leiderman, L., and Razin, A. eds (1997), in cooperation with Cheney, D.M., *''Optimum Currecncy Areas: New Analytical and Policy Developments*'', International Monetary Fund, Washington, D.C.

Obstfeld M. (2014), «Exchange Rates and Financial Globalization», *IMF 15th Annual Research Conference,* November 13-14, 2014, Washington, D.C. Présentation Powerpoint disponible sur le site: http://www.imf.org/external/np/res/seminars/2014/arc/pdf/Obstfeld.pdf.
Extrait le 16/01/2016.

Obstfeld M., Shambaugh J.C., Taylor A.M. (2004), «The Trilemma in History: Tradeoffs Among Exchange Rates, Monetary Policies, and Capital Mobility», *NBER Working Paper* 10396. Disponible sur le site : http://www.nber.org/papers/w10396.
Extrait le 28/01/2016.

Obstfeld M., Shambaugh J.C., Taylor A.M. (2004), «Monetary Sovereignty, Exchange Rates, and Capital Controls: The Trilemma in the Interwar Period», *NBER Working Paper* 10393. Disponible sur le site : http://www.nber.org/papers/w10393.
Extrait le 28/01/2016.

O'Connor S. (2014), « Osborne tells emerging nations to fix own faults», *Financial Times,* Friday February 21, 2014.

Palais Royal Initiative (2011) *Reform of the International Monetary System: A Cooperative Approach for the Twenty First Century,* Disponible sur le site: http://www.imsreform.org/#panel-5. Extrait le 20 octobre 2015.

Piketty T. (2013), *Le Capital au XXI*e *siècle*, Seuil.

Pilling D., England A. (2016), « Zimbabwe swaps hyperinflation for deflation with use of US dollar», *Financial Times*. Available at: http://www.ft.com/intl/cms/s/0/9eb1c2d8-c341-11e5-b3b1-7b2481276e45.html?ftcamp=crm/email/2016126/nbe/WorldNews/product#axzz3yFf2kPpV. Extrait le 26 janvier 2016.

Quignon L. (2013), « Les enjeux de l'Union bancaire », *Notes de recherche BNP Paribas*, Disponible sur le site : (http://economic-research.bnpparibas.com/Views/DisplayPublication.aspx?type=document&IdPdf=217373

Rogoff K. (2001), «Why not a global currency ?», *American Economic Review* 91, n° 2: 243-247.

Rose A. (1999), «Is There a Case for an Asian Monetary Fund ?», *Federal Reserve Bank of San Francisco Economic Letter* 1999-37. Disponible sur le site:
http://www.frbsf.org/economic-research/publications/economic-letter/1999/december/is-there-a-case-for-an-asian-monetary-fund/. Extrait le 8 novembre 2015.

Rose A. (2000), « One Money One Market: Estimating the Effect of Common Currencies on Trade», *Economic Policy*, Vol. 15, pp. 7-46. Available at: http://www.nber.org/papers/w7432.pdf

Rossouw J. (2006), «An Analysis of Macro-economic Convergence in SADC», cited in Debrun W., Masson P., Patillo C., (2010) *Should African Monetary Unions Be Expanded ?*

Sachs J.D., Kawai M., Lee, J.W, Woo, W.T (2010), «Executive Summary and Recommendations: The Future Global Reserve System – An Asian Perspective», A project of the Asian Development Bank, in partnership with the Earth Institute, Columbia University. Disponible sur le site :
https://aric.adb.org/grs/report.php?p=Executive. Extrait le 9 mars 2016.

Shanmugaratnam T. (2006), « Asian Monetary Integration: Will it Ever Happen», *The Per Jacobson Lecture.*

Sodokin K., Gammadigbe V. (2013), « A la recherche de la dynamique du pass-through des taux d'intérêt dans l'UEMOA» *Revue économique et monétaire de la BCEAO,* Dakar.

Spiegel M. M. (2004), «Monetary and Financial Integration: Evidence from Portuguese Borrowing Patterns», Federal Reserve Bank of San Francisco.

Spiegel M. M. (2008), «Monetary and Financial Integration in the EMU: Push or Pull ?», Federal Reserve Bank of San Francisco, July 2008.

Shawn D. (2015), «Pacific trade zone nations make currency vow», *Financial Times*, November 5, 2015. Available at : http://www.ft.com/cms/s/0/3d2c1222-83ca-11e5-8e80-1574112844fd.html?ftcamp=crm/email/2015116/nbe/WorldNews/product#axzz3qXGuhYHv. Extrait le 6 novembre 2015.

Singh K (2010), «Reforming the International Monetary System». Article disponible sur le site : https://aric.adb.org/grs/report.php?p=Singh. Extrait le 8 mars 2016.

Stark J. (2011), «The future of the international monetary system – Lessons from 1971 for Europe and the world in light of past and present experience», *BIS Central Bankers Speeches.*

Stiglitz J. (2016), *L'Euro, Comment la monnaie unique menace l'avenir de l'Europe,* Les Liens qui Libèrent, Paris.

Stiglitz J. (2009), «Towards a New Global Reserve System», Article disponible sur le site : https://aric.adb.org/grs/report.php?p=Stiglitz. Extrait le 9 mars 2016.

Tapsoba S. (2009), *Intégration monétaire africaine et changements structurelles : commerce, partage des risques et coordination budgétaire,* Thèse soutenue à l'Université d'Auvergne, Clermont-Ferrand I.

Tsangarides C., Ewenczyk T., and Hulej M. (2006), « Stylized Facts on Bilateral Trade and Currency Unions: Implications for Africa», *IMF Working Paper* n° *WP/06/31*, International Monetary Fund, Washington, D.C

United States Congress (2015), *The US economy by the numbers,* Disponible sur le site www.jec.senate.gov/public, Washington, D.C.

United Nations (2009), *Report of the Commission of Experts of the President of the United Nations General Assembly on Reforms of the International Monetary and Financial System, United Nations, New York.* Rapport disponible sur le site :
http://www.un.org/ga/econcrisissummit/docs/FinalReport_CoE.pdf. Extrait le 28 octobre 2015.

Williams J.C. (2013), « Rebalancing the Economy: A Tale of Two Countries», *Federal Reserve Bank of San Francisco Economic Letter* n° 2013-33. Available at :
http://www.frbsf.org/economic-research/publications/economic-letter/2013/november/balance-china-us-economy-future-factors-challenges/. Extrait le 8 novembre 2015.

Weber A. (2011), «The IMF and the International Monetary System: Lessons from the Crisis», *The Per Jacobson Lecture.*

West African Monetary Institute (2013), *Reassessment of the WAMZ Convergence Criteria: Revisited,* Document WAMI-IMAO/CC.A/2013/03, Accra.

West Africa Monetary Zone (2014), *Report of the 30th meeting of the committee of governors of central banks of the West African Monetary Zone,* Banjul, The Gambia.

Woo, W.T (2010), «A realistic Vision of Asian Economic Integration». Article disponible sur le site :
https://aric.adb.org/grs/report.php?p=Woo. Extrait le 9 mars 2016.

Wyplosz C. (2010), «An Asian Monetary Unit ?», Article disponible sur le site : https://aric.adb.org/grs/report.php?p=Wyplosz. Extrait le 9 mars 2016.

Yam J. C. K, (1997), «Asian Monetary Cooperation», *The Per Jacobson lecture.*

Yiping H. (2010), « Renminbi Policy and the Global Curency System». Article disponible sur le site : https://aric.adb.org/grs/report.php?p=Huang. Extrait le 9 mars 2016.

Zhou X (2009), *Reform the international monetary system*, Essay by Dr Zhou Xiaochuan, Governor of the People's Bank of China, March 23, 2009. Disponible sur : http://www.bis.org/review/r090402c.pdf. Extrait le 11/01/2016.

TABLE DES MATIERES

Économie et Entreprise aux éditions L'Harmattan

Dernières parutions

MONDIALISATION, ACCORDS COMMERCIAUX RÉGIONAUX ET INTÉGRATION DE L'AFRIQUE
Sous la direction de Cécile Bastidon, Ochozias Gbaguidi, Azzedine Ghoufrane, Ahmed Silem
Ce livre porte sur le phénomène du multilatéralisme qui caractérise le système commercial administré par l'OMC issu du traité de Marrakech (15 avril 1994). La mondialisation se double d'accords de libre-échange bilatéraux et régionaux en Afrique. Compte tenu des difficultés rencontrées pour arriver à un accord dans le cadre des négociations du cycle de Doha, ce régionalisme s'accompagne d'un plurilatéralisme qui est sans doute sous-optimal par rapport au multilatéralisme traditionnel.
(19.00 euros, 170 p.)
ISBN : 978-2-343-11849-9, ISBN EBOOK : 978-2-14-003477-0

L'ENTREPRISE – Pour mieux la connaître
Bersinger Sylvain
Ce livre vise à présenter le monde de l'entreprise sous ses différents aspects, principalement à destination d'un public d'étudiants. Écrits dans un langage simple, parsemé d'exemples et de schémas, il se veut accessible aux débutants qui souhaitent découvrir ce monde fascinant qu'est celui de l'entreprise.
(22.50 euros, 220 p.)
ISBN : 978-2-343-11792-8, ISBN EBOOK : 978-2-14-003481-7

HISTOIRE D'UN ENTRETIEN D'EMBAUCHE RÉUSSI
Récit d'une démarche efficace avec les bons outils et la bonne posture
Ramirez Morales Gabriel
De nos jours, le chômage reste élevé et les postes fragiles. Ainsi, la posture de la personne devient un enjeu majeur dans la recherche d'emploi. Cet ouvrage nous permet d'accompagner Claude, sans emploi depuis plusieurs mois. Nous allons apprendre avec lui à trouver la bonne posture, la meilleure stratégie comportementale afin d'intégrer au plus tôt le monde d'exigence qu'est l'entreprise.
(17.50 euros, 164 p.)
ISBN : 978-2-343-11781-2, ISBN EBOOK : 978-2-14-003389-6

POLITIQUE DU TRAVAIL
La fierté professionnelle
Tertrais Laurent
L'ampleur du chômage nous aurait-elle fait oublier le travail lui-même ? La course à l'emploi et à la productivité a pris le pas sur une approche positive de l'activité. On valorise peu les métiers, le goût pour le travail bien fait et la performance collective. La précarité et l'intensification de l'activité nous font paradoxalement oublier que le travail est en soi un objet public. Parlons de nos

identités professionnelles. Donnons alors des moyens contre la solitude, Misons sur la politique éducative et la qualité des parcours dès l'enfance.
(Coll. Questions contemporaines, 15.00 euros, 130 p.)
ISBN : 978-2-343-11501-6, ISBN EBOOK : 978-2-14-003422-0

LES ESPACES DU TRAVAIL
Prévention et santé au travail
Salignac Philippe
En éclairant la théorie par des exemples concrets rencontrés durant son activité professionnelle, l'auteur montre comment l'espace en lui-même et les pratiques spatiales associées peuvent être révélateurs des tensions et des enjeux qui traversent toute entreprise. À partir de situations vécues, il révèle l'importance des spécificités du fonctionnement collectif et étudie leurs effets sur la santé au travail.
(Coll. Sciences et Société, 25.00 euros, 236 p.)
ISBN : 978-2-343-11469-9, ISBN EBOOK : 978-2-14-003407-7

LES DYNAMIQUES D'ÉMERGENCE DANS UN MONDE EN PERPÉTUELLE MUTATION
Schulders Guy - Préface de Phillip LeBel
L'auteur de cet ouvrage pose des questions difficiles sur les enjeux d'un monde nouvellement reformaté, dont aucun pays ne maîtrise plus vraiment ni les rythmes, ni les orientations. Comment les pays en difficulté des continents africain, latino-américain ou du Sud-Est asiatique font-ils évoluer leur processus de croissance vers une dynamique de développement, puis d'émergence ? Quel rôle les BRICS, en particulier la Chine, l'Inde et le Brésil, jouent-ils dans la mise en œuvre des nombreuses synergies avec les autres pays du monde, riches comme pauvres ?
(25.00 euros, 236 p.)
ISBN : 978-2-343-11250-3, ISBN EBOOK : 978-2-14-003251-6

LES PRIX AGRICOLES
Nouveau dialogue sur le commerce des bleds
Boussard Jean-Marc
Dans tous les systèmes économiques, les prix servent de messagers entre les producteurs et les consommateurs, informant les premiers des désirs des seconds, et ces derniers de la difficulté de produire. Dans le secteur agroalimentaire, ni les consommateurs ni les producteurs ne peuvent s'adapter facilement aux variations de prix. Voici proposées quelques solutions pour rationaliser le commerce de produits agricoles, sans rien perdre des avantages liés aux échanges mais en évitant les gaspillages associés à l'instabilité des prix.
(Coll. L'esprit économique, série Le Monde en Questions, 21.00 euros, 194 p.)
ISBN : 978-2-343-11246-6, ISBN EBOOK : 978-2-14-003101-4

L'AUTONOMIE FINANCIÈRE DES AUTORITÉS INDÉPENDANTES
Palma-Amalric Valérie - Préface de Vincent Dussart
(Prix de thèse de la Société française de finances publiques)
Les autorités indépendantes occupent une place considérable dans le fonctionnement des institutions de la Ve République, mais soulèvent de nombreuses questions. À l'heure où les parlementaires discutent d'une proposition de loi portant statut général des autorités administratives et publiques indépendantes, cette étude interroge l'ampleur et la portée de leur autonomie financière apportant des éléments relatifs au financement, au personnel et à la gestion.
(Coll. Finances publiques, 49.00 euros, 622 p.)
ISBN : 978-2-343-11595-5, ISBN EBOOK : 978-2-14-003299-8

L'IDENTITÉ DES MARCHÉS FINANCIERS
Conseils aux épargnants actifs
Gallot Philippe
Le premier objectif de ce livre est d'inciter les épargnants à s'intéresser aux principaux mouvements des marchés financiers. Ces derniers sont en effet porteurs d'enseignements potentiels dignes

d'intérêt : ils offrent des opportunités d'investissements conséquentes. Dans le même temps, une mise en garde s'impose aux épargnants et aux investisseurs car manipulations et dérives sévissent sur ces marchés dont il ne faut pas minimiser les risques intrinsèques.
(29.00 euros, 278 p.)
ISBN : 978-2-343-11503-0, ISBN EBOOK : 978-2-14-003324-7

LA GESTION PLANIFIÉE
Logiques, fondements et perspectives
Amedzro St-Hilaire Walter
Quels sont les liens entre la gestion planifiée et la dynamique des affaires ? Quels sont les facteurs économiques et gestionnaires qui influencent l'interconnexion entre la logique planifiée et la productivité des entreprises ? L'auteur tente ici d'identifier le rôle de l'optimisation des affaires dans l'opérationnalisation de la gestion planifiée et de comprendre comment, au niveau des entreprises et des organisations, l'efficacité décisionnelle oriente les stratégies planifiées.
(Coll. Dynamiques d'entreprises, 26.00 euros, 260 p.)
ISBN : 978-2-343-11402-6, ISBN EBOOK : 978-2-14-003131-1

COMPRENDRE ET PRATIQUER LA BOURSE
Zamble - Bi B. Emmanuel - Préface de Stefan Nalletamby
Cet ouvrage définit la bourse des valeurs, décrit son organisation ainsi que son fonctionnement et présente les produits financiers, notamment les actions, les obligations, les OPCVM et les produits dérivés. Il expose les techniques d'évaluation de société ou d'emprunt obligatoire dans le cadre d'une introduction en bourse, décrit le mécanisme de dénouement des transactions et présente un répertoire des bourses des valeurs d'Afrique et des principales bourses hors Afrique. Afin de faciliter la compréhension, chaque section s'achève sur des exemples pratiques ou des exercices corrigés.
(Harmattan Côte-d'Ivoire, 24.50 euros, 228 p.)
ISBN : 978-2-343-11492-7, ISBN EBOOK : 978-2-14-003260-8

ET S'IL FALLAIT TOUT CHANGER ?
Hébert Michel
Un jour ou l'autre, votre entreprise sera confrontée à un changement brutal auquel elle n'était pas préparée. Il va falloir bousculer toutes nos façons de réfléchir, d'organiser, et inventer de nouvelles façons de travailler. Tout est à revoir, tout devient adaptatif : la vie, la stratégie, le long terme. Rien ne sert de traiter ce monde avec l'état d'esprit d'hier.
(23.50 euros, 230 p.)
ISBN : 978-2-343-10596-3, ISBN EBOOK : 978-2-14-003313-1

DÉCIDER À L'INTERNATIONAL
Est-ce une question de distance ?
Moalla Emna
Cet ouvrage s'interroge sur le rôle de la distance dans les décisions de développement à l'international des entreprises, et examine notamment l'impact de la distance sur le choix de mode d'entrée à l'étranger. Il étudie les différentes dimensions de la distance (culturelle, administrative, géographique, économique) en s'appuyant sur un échantillon de 203 opérations de rapprochement effectuées par des entreprises françaises avec des partenaires localisés dans le monde entier.
(Coll. Entreprises et Management, 30.00 euros, 288 p.)
ISBN : 978-2-343-08938-6, ISBN EBOOK : 978-2-14-003179-3

CHOISIR POUR RÉUSSIR
La psychanalyse adaptée aux problématiques professionnelles
De Queylar Axel
Se développer dans son travail nécessite de quitter la dépendance au profit de la liberté. Cette recherche d'autonomie permet de s'épanouir en étant davantage soi-même. Des entraves personnelles ou extérieures peuvent gêner ce processus et il devient important de les surmonter. Se sentir libre dans ses choix permet d'avancer en confiance. Cet ouvrage est donc un levier

de compréhension et un outil pratique. Il s'adresse à toute personne souhaitant améliorer son positionnement professionnel.
(22.00 euros, 232 p.)
ISBN : 978-2-343-11636-5, ISBN EBOOK : 978-2-14-003216-5

BURN-OUT ET TRAVAIL SOCIAL
Du changement aux résistances à l'épreuve
Ben Mrad Fathi - Préface de Patrick Molodtzoff
Le *burn-out* est devenu un sujet rebattu. Le sous-titre de ce livre traduit la volonté de l'auteur de s'intéresser à la manière dont certains professionnels sont affectés par leur situation, des points de vue physique, psychologique et social. Quels sont les changements personnels que les individus connaissent lorsqu'ils sont confrontés à l'expérience d'un *burn-out* et lorsqu'ils doivent déployer certaines de leurs ressources pour résister et faire face à leur situation ? À partir de ses observations, l'auteur propose de mieux considérer certains éléments minorés dans les travaux internationaux sur le sujet.
(Coll. Questions contemporaines, 20.50 euros, 200 p.)
ISBN : 978-2-343-11558-0, ISBN EBOOK : 978-2-14-003217-2

LA FABRIQUE DU PRÊT-À-PENSER
Mécanismes de diffusion et d'adoption des outils de gestion
(Nouvelle édition)
Zerbib Romain
Comment les cabinets de conseil en stratégie procèdent-ils pour imposer leur offre sur les marchés ? Comment font-ils pour qu'au même moment la quasi-totalité des managers utilisent le même champ lexical, emploient la même pratique de gestion ? Cet ouvrage met en évidence les techniques pour y parvenir, en décryptant le protocole de production, de légitimation et de diffusion d'un dispositif de gestion au sein des médias spécialisés, des universités et des entreprises.
(Coll. Entreprises et Management, 18.00 euros, 160 p.)
ISBN : 978-2-343-11459-0, ISBN EBOOK : 978-2-14-003219-6

MANAGER À L'ÈRE DIGITALE
Le i-management
Sous la direction de Philippe Étienne
Cet ouvrage traite du management à l'ère de la transformation numérique et de l'»ubérisation» des métiers et des fonctions. Il raconte ce qui se passe chez les banquiers, les comptables, les assureurs, les informaticiens, les responsables des ressources humaines ; il décrit les nouvelles façons de se préparer à ces nouvelles formes de travail. Il raconte aussi les nouvelles façons d'apprendre pour se préparer à ces nouvelles formes de travail, ces nouveaux rapports dans l'entreprise, cette nouvelle relation de chacun d'entre nous avec le travail à l'époque du numérique.
(Coll. Horizons anthropologiques, 14.00 euros, 116 p.)
ISBN : 978-2-343-10348-8, ISBN EBOOK : 978-2-14-002998-1

AU CŒUR DE LA DIMENSION CULTURELLE DU MANAGEMENT
Sous la direction de Pierre Dupriez et Blandine Vanderlinden
Préface de Philippe d'Iribarne / Postface de Pierre Calame
L'ouvrage renouvelle la manière d'aborder la dimension culturelle à travers des concepts qui permettent d'évoquer les nombreux défis posés au management dans des situations comme la gestion et la composition des équipes, la RSE, l'innovation responsable, la qualité, l'apprentissage organisationnel, la GRH renouvelée dans des contextes différents, le leadership, la transition culturelle ou encore le développement des communautés rurales. C'est également transcender le quotidien de l'entreprise et voir comment la prise en compte de la dimension culturelle peut contribuer à la construction du futur.
(Coll. Diversité culturelle et dynamique des organisations, 49.00 euros, 673 p.)
ISBN : 978-2-343-10311-2, ISBN EBOOK : 978-2-14-002985-1

L'HARMATTAN ITALIA
Via Degli Artisti 15; 10124 Torino
harmattan.italia@gmail.com

L'HARMATTAN HONGRIE
Könyvesbolt ; Kossuth L. u. 14-16
1053 Budapest

L'HARMATTAN KINSHASA
185, avenue Nyangwe
Commune de Lingwala
Kinshasa, R.D. Congo
(00243) 998697603 ou (00243) 999229662

L'HARMATTAN CONGO
67, av. E. P. Lumumba
Bât. – Congo Pharmacie (Bib. Nat.)
BP2874 Brazzaville
harmattan.congo@yahoo.fr

L'HARMATTAN GUINÉE
Almamya Rue KA 028, en face
du restaurant Le Cèdre
OKB agency BP 3470 Conakry
(00224) 657 20 85 08 / 664 28 91 96
harmattanguinee@yahoo.fr

L'HARMATTAN MALI
Rue 73, Porte 536, Niamakoro,
Cité Unicef, Bamako
Tél. 00 (223) 20205724 / +(223) 76378082
poudiougopaul@yahoo.fr
pp.harmattan@gmail.com

L'HARMATTAN CAMEROUN
TSINGA/FECAFOOT
BP 11486 Yaoundé
699198028/675441949
harmattancam@yahoo.com

L'HARMATTAN CÔTE D'IVOIRE
Résidence Karl / cité des arts
Abidjan-Cocody 03 BP 1588 Abidjan 03
(00225) 05 77 87 31
etien_nda@yahoo.fr

L'HARMATTAN BURKINA
Penou Achille Some
Ouagadougou
(+226) 70 26 88 27

L'HARMATTAN SÉNÉGAL
10 VDN en face Mermoz, après le pont de Fann
BP 45034 Dakar Fann
33 825 98 58 / 33 860 9858
senharmattan@gmail.com / senlibraire@gmail.com
www.harmattansenegal.com

www.ingramcontent.com/pod-product-compliance
Lightning Source LLC
LaVergne TN
LVHW010954061026
849535LV00006B/1713